教育部协同提质计划资金资助

物理文化视野中的教师教育力研究

冯 利 著

西安交通大學出版社
XI'AN JIAOTONG UNIVERSITY PRESS

图书在版编目(CIP)数据

物理文化视野中的教师教育力研究 / 冯利著. -- 西安 :
西安交通大学出版社，2024.3
ISBN 978-7-5693-3690-0

Ⅰ. ①物… Ⅱ. ①冯… Ⅲ. ①中学物理课—教学研究—初中
Ⅳ. ①G633.72

中国国家版本馆 CIP 数据核字(2024)第 055365 号

书　　名 物理文化视野中的教师教育力研究
WULI WENHUA SHIYE ZHONG DE JIAOSHI JIAOYULI YANJIU
著　　者 冯　利
责任编辑 王建洪
责任校对 韦鸽鸽
责任印制 程文卫
封面设计 任加盟

出版发行 西安交通大学出版社
（西安市兴庆南路 1 号　邮政编码 710048）
网　　址 http://www.xjtupress.com
电　　话 (029)82668357　82667874(市场营销中心)
(029)82668315(总编办)
传　　真 (029)82668280
印　　刷 西安五星印刷有限公司

开　　本 700 mm×1000 mm　1/16　**印张** 15.25　**字数** 301 千字
版次印次 2024 年 3 月第 1 版　2024 年 3 月第 1 次印刷
书　　号 ISBN 978-7-5693-3690-0
定　　价 98.00 元

如发现印装质量问题，请与本社市场营销中心联系。
订购热线：(029)82665248　(029)82667874
投稿热线：(029)82665379　QQ：793619240
读者信箱：793619240@qq.com

序

我在编写《物理课程与教学论》教材时，就曾大量使用“物理文化”这一术语。我认为，物理文化及其教育价值是教师开展物理课程与教学活动的具有提前性的“硬约束”，它决定了物理课程与教学活动中“有什么可教”的问题。所以，所有关于物理课程与教学论问题的探讨，都是以物理文化及其教育价值为基础的。

物理文化的提出，是以物理学作为一种文化形态的确认为前提的。

长久以来，人们对物理学本质的认知，通常包括三种：一种认为物理学是一种知识系统，正如康德在《自然科学的形而上学基础》中所说，“每一种学问，只要其任务是按照一定的原则建立一个完整的知识体系的话，皆可被称为科学”。这类主张基于对经验主义和实证主义的分析，提出科学是从事实中推导出来的知识，是“客观事物的属性与联系的反映，是客观事物在人脑中的主观印象”，客观性当然是这类主张的重要特征。一种认为物理学是一种探究活动，物理学家费曼对该主张的表述最具代表性，他指出，科学是导致科学发现的具体活动，它源自科学发现的具体知识，并在某些科学发现后，引导人们实现的技术。显然，这类主张强调物理学知识发现的过程性和实证性。还有一种则认为物理学是一种科学建制，所谓科学建制，就是由人民团体通过一定的组织关系，联系起来，办理社会上某些业务的社会事实（贝尔纳，1983）。在一定的科学建制下，就需要考虑科学伦理、科学家身份、科学共同体价值等问题。

显然，如上主张并未真正涉及文化的本质。

将物理学看作是一种文化，可能要追溯到英国科学家兼作家斯诺对两种文化的探讨。面对西方智力世界中文学知识分子和科学家两个极端集团互不理解的鸿沟，斯诺就提出“我们需要有一种共有文化，科学属于其中一个不可缺少的成分。否则我们将永远也看不到行善或作恶的各种可能性”，他同时指出“科学文化确实是一种文化，不仅是智力意义上的文化，也是人类学意义上的文化……生物学家对当代物理学的理解往往十分模糊，但他们却具有共同的态度、共同的行为标准和模式、共同的方法和设想”。

斯诺对科学文化的论述让我们深刻地意识到，单纯将物理学看作是一种知识系统、一种探究活动，或是一种科学建制，并不能涵盖物理学的全部，应该从人类学视角整体地看待物理学。正如人类学家泰勒在其著作《原始文化》的开篇所提到的，“文化，或文明，就其广泛的民族学意义来说，是包括全部的知识、信仰、艺术、道德、法律、风俗以及作为社会成员的人所掌握的和接受的任何其他的才能和习惯的复合体”，它是一种符号的整合，是一种规范，是一种观念。物理学不正是如此吗？物理学有自己的知识体系，形成了特有的语言符号系统，物理学的精神规约着物理实践者的意识和行为。因此，我提出，物理学是具有文化意蕴的科学，而物理文化是包含了知识体系、观念形态、语言符号、思维方式、社会组织、仪器设备等各方面要素的综合体。

当我们将物理学看作是一种文化，物理学必将展现出如下特性：

一是群体性。即我们要清楚，物理学到底是谁的物理学。作为人类智慧的成果，文化展现着不同社会群体的生活方式，内含着这个群体应该共同遵守的行为模式和准则，规定了在这个社会群体中，哪些行为是合适的、正常的，是符合伦理和道德规范的。所以，文化总是被特定的社会群体所拥有并遵守，而个体习得这一文化后，又不自觉地运用这种文化来规约自己的行为。所以，物理文化是具有群体性的。美国科学史学家、哲学家库恩将这个群体称作科学共同体。他认为，科学是有范式的，当这一范式被大量科学家所认同，这一范式就会在这个科学家群体中起作用，而这一群体就是科学共同体。科学共同体中的成员会按照这一范式开展科学研究活动，而“那些不愿意或不能把他们的工作与该范式相协调的人，他们只能孤立地进行工作或者依附于其他团体中”。所以，当我们说物理文化时，我们必须先理清楚，这个物理文化到底是谁的物理文化。

二是相对性。其实，当我们认同物理学是一种文化，而文化又具有一定的群体性，那么不同群体就有了不同的文化，这种文化的相对性是显而易见的。然而，要让人们认识到物理学的相对性是多么的不可能，因为多年的教育已经告诉我们，物理学理论就存在于那里，它们是科学家经过大量的实验所发现的，是不依科学家个人的意志为转移的。对此，美国科学社会学家李克特提出一种论断——科学是一个文化过程。在李克特看来，科学的观察和实验并不是客观中立的，而科学概念的生成也并不是毫无偏见的。他说，我们观察世界的能力要受到我们知觉的选择性限制，还会受到我们所处的时间和空间的局限性限制，所以，科学的认知发展实际是个体在整合众多其他个体相关成果基础上的文化层面上的对应物，是传统意义上的文化知识在科学领域的一种生长物，是人类文化发展的一种特殊的认知形式。也就是说，科学总是相对于形成这种科学的群体而言的，这就表明，物理学并不是铁板一块，物理学也可以是多元化的。

三是整体性。有人可能会说，既然物理文化具有相对性和多元性，那么物理文化可以不关注其整体性。这种认识显然是错误的。物理学之所以是文化，就是因为形成文化各要素的不可或缺性和整体性。文化的要素有哪些？社会群体所依赖的知识、信仰、艺术、道德、法律、风俗，以及作为社会成员的人所掌握的和接受的任何其他的才能和习惯等，都是文化的构成要素，它们构成了文化的总体。物理文化又包括哪些要素？这必然又牵涉到库恩所提及的范式，库恩称其为成就，即能够让科学家在实际科学实践中所认同的范例，它们包括定律、理论、应用和仪器等，所以，科学共同体成员所依赖的知识体系、观念体系、方法体系、思维体系、语言符号、仪器设备，以及他们所掌握的其他能力等，都是物理文化的构成要素。因此，当我们提及物理文化时，仅仅说它是一种物理知识或物理技能，就显得不合时宜了。

四是变动性。变动应该是物理文化永恒的主题。一个全新物理概念的生成，应该遵循这样的过程：一是，科学家运用现有概念体系处理物理问题时产生了障碍；二是，科学家为了解决这一障碍，需要借鉴其他领域的知识，寻找新的证据；三是，科学家根据新的证据提出新的观点；四是，新观点需要接受其他科学家的质疑和检验，需要得到科学共同体成员的认可。这表明，科学家对物理问题的解答并不唯一，他们所提出的观点具有暂时性和不完整性，不同科学家之间的观点常常会形成竞争，当其中的某类观点因为吸引大量的拥护者脱颖而出，并成为该群体进行类似物理问题实践的范式时，一个全新的物理概念就暂时得以确认。同样，这一物理概念又会接受新一轮的检验，在不断证实和证伪中，物理概念得以丰富、补充或被推翻。

我用一定的篇幅概述物理文化的本质和特征，就是想给读者展示物理学的另一种形象，物理学在表现出一定的客观性、稳定性的同时，还会表现出相对性、多元性和变动性的一面，它会因为社会群体或地域文化的差异，在不同社会群体或地域中形成不同的物理学。不同的物理学并不仅仅只是一个符号表征，或是一个方法输出，它实际是一个文化整体，它是一个群体对外在物质世界的样态、方法、标准或规范等成果的整体性认知。当我们站在如上视角重新审视物理课程与教学时，我们就会不自觉地思考，在物理文化视域中，物理课程与教学的目标到底是什么？在此目标下，教师需要给学生传授何种物理学？教师传授的物理学到底是谁的物理学？接下来需要解决的问题就是，要实现如上目标以及传授如上物理学，教师应该具备何种教育素养？

作为一名边疆地方高校教师，冯利教授长期从事与基础教育物理课程和教学相关的研究工作，他有感于边疆牧区或山区孩子在物理世界认知上的多样性，以及边疆牧区或山区群体处理物理问题的差异性，敏锐地察觉到当下物理课程与教学中对地方物理知识的忽视。面对物理课程标准中所提出的“做有社会责任感的公民”的课程目标，他提出，边疆学生不仅要了解通行的物理知识和方法，还应该了解地方的物理知识和方法，只有这样，学生们才能通过学习，更好地处理所在区域的公民事务、文化事务和经验生产，成为有社会责任感的公民。正是基于如上思考，他选择了“物理文化视野中的物理教师教育力发展研究”这一论题，试图通过对物理文化视野中物理教师教育力的考察，来回应如何在边疆地区更好实现物理文化育人的目标。

需要指出的是，作者眼中的地方物理学，是相对独立于现代物理学之外的，被地方群体认可的物理学。它是一种物理文化，影响、支配着地方群体处理外部世界的各类事务。虽然生活于其中的人们可能意识不到它的存在，但是它却真实地存在于那里，并心照不宣地受到它的支配。而它的确需要出现在物理课程与教学中，让当地的学生们去认识它、实践它。

品读本书，可以清晰地发现作者在撰写上的三条基本线索，它们相互交织、顺序而行。第一条线索是物理教师教育力构建所需要的物理文化基础。虽然教师教育力是作者研究的重点，然而，如果不理清物理文化基础这一概念，其他概念也就没有了依托。为此，就需要作者梳理清楚两个问题：物理学是一种文化吗？如果物理学是一种文化，它的内容包括哪些？第二条线索是物理教师教育力构建所需要的物理教学基础。教育力是一种教育素养，亦是一种教育能力，它依托于物理教学并为物理教学服务，所以就必须清楚在文化视域下，物理文化教学的目标、模式及形态等。第三条线索当然是物理教师教育力本身。它是这本书探讨的核心，只有明晰物理教师教育力的内涵与结构，才能有序地开展基于田野的实证研究。

作者立足科学哲学、科学社会学、教育学和文化学，从理论上阐释了物理文化和物理文化教学等核心概念，构建了物理文化视域下教师教育力的理论模型。作者又以此模型为基础，对边疆地区学校的物理教师教育力现状展开田野调查，并以两位教师为个案开展了基于物理文化的教师教育力培养实践，对如何促进文化视域下的教师教育力培养提供了路径。本书为物理文化教学的组织与实施提供了新的视角，也为文化视域下物理教师素养的培养提供了新的途径。物理文化教学，并不是对现代物理学这一单一文化的教学。随着人们对物理文化多样性认识的深入，特别是对地方物理文化系统性的了解，针对多元物理文化教学的内容、模式及评价的探讨必然也会增多。

是为序。

期待以此为基础，在物理文化教学研究领域取得更多丰硕的成果。

于海波

2024年1月1日

于东北师范大学物理教育科学研究所

前言

自20世纪80年代以来，我国物理课程与教学发生了两次重要的转变。第一次转变发生在20世纪80年代到90年代期间，伴随着世界各国对教育价值和教育使命的探寻，我国展开了关于素质教育的大讨论。在此背景下，物理课程与教学从一个几乎只关注物理知识的获得，转向到更加重视学生对物理知识结构和物理研究过程的理解，这一时期的改革目标定位在使学生能够更好地适应生存。第二次转变发生在21世纪初，科学技术迅猛发展，世界经济进入巨变期，知识更新速度加快，世界各国纷纷提出核心素养的构想，以应对当下的教育功能议题。这一时期，课程改革开始强调面向全体学生，充分考虑学生的个体差异，发展学生的个性，培养学生实现自我和融入社会的必备品格和关键能力。物理课程与教学转向到以物理文化为对象，注重从学生现有经验出发建构知识，强调物理知识与社会、技术和环境议题的有机融合。第二次转变不仅推动了物理课程与教学在社会和个人取向上的统整化，而且强化了物理课程与教学的文化和社会职能。

正如有学者(如吴康宁)将教育看作是一种文化，并提出教育是有目的地传播文化的社会活动一样，将物理学看作是一种文化现象，必然促发新的认知转向，这就意味着，物理学将要脱离其固有的客观性、实在性、纯理性和普遍性的科学形象，转而强调物理学的主观性、相对性、历史性、建构性和社会性。物理学也将脱离其不可一世的强势形象，转而开始随地域传统和社会文化的差异而展现出多样性。我们可以这样描述这种多样性，即物理学除了通常的现代物理学之外，每个地域和社会都会有自己的地方物理学。物理课程与教学作为物理文化传播的重要途径，在推崇现代物理学的同时，它有责任也有必要推行地方物理学，以此彰显物理课程与教学的社会和文化属性。可见，在物理文化视野中的课程与教学，是多元物理文化的课程与教学。

物理文化的课程与教学，其目标定位也将回归到完整的人的培养上，我们把这个完整的人称为物理文化人，即通过让个体置身于完整的物理文化场域中，将学生培养成为能够在完整的物理文化场域中处理物理问题的人。

物理文化人是我们讨论物理文化课程与教学相关议题的非常重要的概念。将物理文化人看作是完整的人，这是由文化的本质所决定的。人类学者泰勒(2005)

提出，文化是包括全部的知识、信仰、艺术、道德、法律、风俗以及作为社会成员的人所掌握和接受的任何其他的才能和习惯的复合体。当个体置身于某类文化中，能够自觉地按照该文化的规范或标准进行觉知、辨识以及实践操作时，个体就成为该文化中的文化人。物理文化人是人类学意义上的术语。所以，文化学视域下的物理文化人，是具有物理文化素养的人，是一个能够从多元视角来理解物理文化，又能够运用物理文化来处理和解决现实问题的人。它表明，当个体处理以物理学为基础的公民事务、文化事务、社会生产以及进行个人决策时，单一物理文化不再具有优势，而多元物理文化的融入，使得个体能够更加全面地审视问题，并能站在不同社会和文化视角处理问题，而这样的人正是对这个多元社会负责任的公民。

教学是培养物理文化人的重要途径。于海波教授认为，物理教学是在教师引导下，以物理文化人的培养为目的，以物理文化为对象，以师生对话、交往为形式的教育实践活动。显然，为实现这一目标，物理教学需要给学生们提供多元的物理文化经验，让不同地域的物理文化能够与现代物理文化一样在课堂上恰当地发声，学生们通过与物理文化的接触，了解现代物理文化，正确地认识其他地方物理文化，并能运用这些物理文化“解释自然现象和解决实际问题”。可见，物理教学有责任帮助学生们对物理文化进行重新定位，厘清未来的物理文化发展走向，帮助学生们组织多元的物理文化经验以及建构新的意义。也就是说，物理教学应为来自不同地域的学生们提供独特发展的机会，以便使每一名学生的潜能都能得以发挥。

在物理文化视域下，物理教学面临着新目标和新任务，迫切地要求物理教师具备与这一目标和任务相适应的素养。叶澜先生将这一素养称为“教育力”，并将其看作是一切教育活动所产生的、对人身心发展起作用的力量，也包括人类其他社会活动中客观存在的、对人身心发展有影响的力量。在物理文化视野中，影响教师开展物理文化教学的力量称为物理文化教育力，它包括物理文化知识、物理文化观念、物理文化态度以及物理文化能力。

知识是个体行动的基础。哈德森(Hodson,1993)在谈论科学教师素养时指出，当教师通过科学教育以帮助孩子们对世界有更深入了解的时候，他们必须要清楚，孩子们眼前的世界到底是谁的世界，是他们的世界(儿童的切身世界)、我们的世界(被我们自己包括科学家和教师所识别的社会和环境)，还是世界(每个孩子被鼓励并且被允许从多角度思考并认识的世界)？这里所提及的三重世界，即表征不同主体眼中的物理文化知识。教师对这些知识的内容及边界认识越清晰，那么教师在解决跨越边界冲突时就越平稳。由此看来，物理文化教师需要具备多元物理文化的知识、不同地域学生特征的知识、物理文化教学法的知识，以及有助于教师创建物理文化教学模式的哲学、社会学、文化学、语言学、心理学等方面的知识。

观念是教师在教学实践中逐步形成的对教学本质和教学过程的基本看法。有学者经常会将观念和知识混淆，认为观念就是知识体系的一部分。其实不然，观念是个体对实践经验的抽象的概括的反映，是高于知识的一种表现形态。在物理文化教学中，教师的教学观念对教师的物理文化教学行为起着先导性的作用，如教师为推进学生对物理文化的学习，要立足学生原有的经验设置情境，通过帮助学生从不同文化视角对教学内容进行批判性地讨论和转换，促使学生建构对世界的理解。这当中，以学生为中心的学生观、建构主义的学习观、尊重多样性的教学观就起着基础性和导向性的作用，是物理教师开展物理文化教学的基本观念。

态度是个体建立在价值观基础之上的看法和行为倾向。课程标准提出了"科学态度与责任"的素养维度，认为科学态度表现为"严谨认真、实事求是和持之以恒"。其实，课程标准中有关科学态度的表征，更倾向于科学家眼中的科学精神。科学社会学家默顿(2001)曾提出科学家应具备的"科学的精神气质"，其中就包括普遍主义、公有性、无私利性以及有组织的怀疑，这些科学精神，更多体现了现代科学共同体成员的理性追求、实践追求和伦理追求。物理文化态度，则是教师对物理文化教学及其相关要素在价值观层面上的基本看法，而这一看法将直接影响物理文化教学实践。所以，为了实现有效的物理文化教学，教师必须认真审视他们对待物理文化教学的态度，并坚持"改变之前先予肯定"的教育信念，包括教师对物理文化认同的审视，以及教师对物理文化批判的检视。

能力总是和顺利完成一定的活动相关联的，离开了具体活动的解决，既不能展现出个体的能力，也不能发展个体的能力。所以，能力是个体顺利实现某种活动的个性心理条件。教师的物理文化能力显然指向物理文化教学的成效，多指教师通过识别、开发和组织物理材料，并将其有效整合到物理教学过程中，以实现学生从多元视角理解物理文化的能力。这种能力，是一种复合型的能力，会涉及物理文化教学的各个层面和各个环节。按教学的过程划分，可以将物理文化能力划分为物理文化教学设计能力、物理文化教学组织能力和物理文化教学评价能力。

如上，我们讨论了构架整本书观点的基本路线。我们发现，虽然我们研究的落脚点是物理教师的教育力，然而研究的起点，却是要论证物理学是一种文化。物理学是一种文化？这一观点的生成的确需要我们克服关于对学科本体认知的固有惯性。长期以来，我们已经习惯于物理学的唯一性和权威性，在我们每个人眼中，物理课本中的那些物理概念和物理规律就是知识，是"真理"，怎么可能是具有相对性和多样性的文化？除了我们当前已经固化的物理学之外，怎么可能还有其他的物理学？当我们提及地方物理学、地方物理知识或地方物理学方法，我们会毫无悬念地运用现代物理学范式对其加以审视或"审判"，要么把它归到现代物理学范式之中，要么把它排除在现代物理学范式之外。多元，对现代物理学来说，是多么的不可能！为此，我们不得不对物理学的本质加以论证，而要论证物理学的文化性，就要付出足够的勇气，因为它不仅仅只是说一句"物理学是一种文化"那么简单，而是要论证物理学符合文化的所有特征。

本质的认知过程，必然是一种从哲学层面审视的过程。笛卡尔如此，波普尔如此，库恩如此，费耶阿本德亦如此……因此，我们需要沿袭文化学的概念框架，走入科学哲学、科学社会学、科学史当中，以它们的观点为论据，从形态到过程，从整体到部分，从静态到动态，逐步勾勒出物理学的文化形象。当我们真正认识到物理学就是一种文化的时候，我们眼前的一切也就豁然开朗了！

为此，本书按照“4W”的撰写思路，探寻教师物理文化教育力生成的理论基础，构建教师物理文化教育力的理论模型，探索教师物理文化教育力的提升机制，丰富物理文化教学的理论。“4W”具体表现在，第一个“W”为 why，即向人们论证为什么在物理教学中需要物理文化教育力，而为了说明这一点，就需要研究者站在科学哲学、科学社会学、科学史和文化学的视角理性地对物理学的文化属性和物理教学的文化属性进行分析，从而向人们展示物理文化的多样性和物理教学的文化样态，而新视角的转向对物理教学提出了新目标和新任务，新目标和新任务必然要求物理教师具备相应的物理文化教育力与其相对应。第二个“W”为 what，即向人们说明什么是物理文化教育力，借鉴国内外科学文化教育理论，结合物理文化和物理教学文化的知识，构建教师的物理文化教育力模型。第三个“W”为 how，即研究者走入物理文化教学现场，与物理教师近距离接触，对不同地域教师的物理文化教育力进行描摹和透视。第四个“W”为 how，研究者实施个案研究，通过不同的干预策略，观察教师的物理文化教育力转变状况，探讨教师的物理文化教育力提升的策略与措施。

本书内容参阅了大量国内外相关研究资料。书中观点仅代表作者观点，由于个人水平有限，书中内容难免存在疏漏之处，敬请各位读者批评指正。

冯利

2024 年 1 月

目 录

第一章　物理学的文化阐释

理论是人们创造出来的一种隐喻，创造它的目的，就是要根据我们所熟悉的、已得到完善处理的现有文化，或者根据新构造的、我们现有的文化资源，以及能使我们领会和把握的陈述或模型，来理解新的、令人困惑的或反常的现象。

——巴里·巴恩斯(鲁旭东 译,2001)

第一节　物理学是一种文化

物理学是一种文化。我们用一种陈述的方式，而非用疑问的方式“物理学是什么?”来明确这一论题，意在表明，物理学作为人类文明的一种成果，它正以多种不同的方式渗入人类的社会生活中，因此，它并非是单一形态的独立存在，而是多维形态的多元存在。如贝尔纳就指出其上位概念科学的多元形态：“科学是一种建制、一种方法、一种累积的知识传统、一种维持或发展生产的主要因素，以及构成我们诸信仰和对宇宙和人类的诸态度的最强大势力之一。”①伯纳德·巴伯也说，“科学首先是一种特殊的思想和行为，在不同历史时期的社会中，人们实现这种思想和行为的方式和程度也不同”②。因此，物理学是一种文化，是物理学多维形态中的一种表达，是社会文化中的一个重要组成部分。物理学家费恩曼对这一观点深信不疑：“我极希望使你对奇妙的世界以及对物理学家看待这一世界的方式有所了解，我相信这是真正的现代文化的一个主要部分。”③那么，物理学应该是一种什么样的文化呢?

一、物理学是一种文化形态

(一)物理学是一种文化现象

何谓文化现象?它是指人类在历史发展过程中，基于共同的心理和精神需求而形成的具有典型性特征的某种外在的形态或外部联系，比如知识、行为、态度、人

---

① 贝尔纳.历史上的科学[M].伍况甫，彭家礼，译.北京：科学出版社，1983：6.

② 巴伯.科学与社会秩序[M].顾昕，等译.北京：生活·读书·新知三联书店，1992：2.

③ 费恩曼，莱顿，桑兹.费恩曼物理学讲义：第3卷[M].潘笃武，李洪芳，译.上海：上海科学技术出版社，2005：结束语.

工制品等。为此，人类学家泰勒将文化界定为“包括全部的知识、信仰、艺术、道德、法律、风俗以及作为社会成员的人所掌握和接受的任何其他的才能和习惯的复合体”①；钱穆先生亦认为：“夫文化不过人生式样之别名，举凡风俗、习惯、信仰、制度，人生所有事皆属之。”②作为文化现象的物理学，它满足文化的最一般形态，即它同其他社会文化一样，也表征着一种复杂的生活方式，它是由一群具有共同传统的人产生出来的，并为该群体成员不断传承、强化和发展的文化形态。在现代物理学体系当中，这一群体被称作物理学共同体(在科学史学家库恩眼中，称其为科学共同体)，他们具有相同的物理学范式，接受着大体相同的理论体系和方法体系，并遵循着共同的研究目标。

正如文化所界定的那样，物理文化可以看作是“人化”和“物化”相结合而成的复合体。所谓“人化”，是指人在认识、改造客观世界和主观世界的过程中，人类理性精神的外化和普遍化③，即人类在认识和改造物质世界的过程中，自觉地将物质世界烙上符合人的主观意向的印记，让其成为人的作品，反映人的创造情趣，从而使客观事物赋予了人文的气息，使实体人文化、符号化和观念化；所谓“物化”，通常是指“人自己的活动，人自己的劳动，作为某种客观的东西，某种不依赖于人的东西，某种通过异于人的自律性来控制人的东西，同人相对立”④。在我们这里，物化是指人们在认识和改造物质世界过程中，将其所创生的文化转变成一定的物质成果，是文化的实体化、具体化。“物化”的物理学随处可见，并因其给人类社会做出的巨大贡献而被世人所推崇。然而，“物化”的物理学仅仅体现着物理学的一个方面，它不能缺失“人化”的成分，正如皮尔逊反复提及的“批判是科学的生命”⑤一样，缺少了观念和精神，物理学就成为无水之鱼。所以，物理学总是与物化的实体在一起，并伴随着其知识、方法、观念和精神而共同栖息。

可见，物理学作为一种文化现象，它不可或缺几个文化构成要素，而正是这几个文化要素共同构成了物理学不可分割的整体。

其一，物理学知识。物理学知识就是指物理科学家共同体成员在长期的科学实践过程中积累下来的具有实证内容的物理事实、物理定律和物理定理的总体，它是“由概念、被认为对这些概念是有效的基本定律以及用逻辑推理得到的结论这三者构成”⑥。物理学知识体系是整个物理文化得以传承和发展的基础，是物理学共

---

① 泰勒.原始文化[M].连树声，译.桂林：广西师范大学出版社，2005：1.

② 钱穆.文化与教育[M].桂林：广西师范大学出版社，2004：1.

③ 李荣善.文化学引论[M].西安：西北大学出版社，1996：155.

④ 卢卡奇.历史与阶级意识：关于马克思主义辩证法的研究[M].杜章智，任立，燕宏远，译.北京：商务印书馆，1992：147.

⑤ 皮尔逊.科学的规范[M].李醒民，译.北京：华夏出版社，1999：53.

⑥ 爱因斯坦.爱因斯坦文集：第一卷[M].许良英，范岱年，译.北京：商务出版社，1976：313.

同体成员以符号的形式进行交流的总体。物理学知识对人类探索物理世界的重要性，我们不用再赘述。物理学知识的属性问题长期以来一直是人们争论的重点。客观主义者认为，世界是由事实构成的，物理学知识就是提供一种关于世界是什么样子的原原本本的说明，而物理事实、定律和定理就是对这一事实的本原描述。而从知识是主体对物理世界建构的视角来看，物理学知识的语境性将极大地凸现出来，既然物理知识是由具有相同范式的研究团体发现、认同和共享的，那么处于不同语境中的研究者，因其所遵循范式的不同，以及社会文化环境的差异，他们对物理知识的理解会有较大的差异性。

其二，物理学器物。它是物理文化的人造物，像望远镜、莱顿瓶、蒸汽机等发明，它们既是物理学活动的物质产品，亦是物理学家进一步从事物理学活动所需的物质设备。我们将其看成物理文化的构成部分在于，诸如望远镜等并非仅仅只是一个无意义的实体，而是背后包含着丰富的人文意蕴：由荷兰眼镜制造师利佩尔兹海制造出第一个望远镜开始，我们想到开普勒、伽利略、牛顿的不断改造；从折射望远镜想到反射望远镜；从光的折射原理想到通过仔细观测而形成的天体运动定律。我们想要说的是，人们使用物理学器具时总是带着一定的观念、理念和理论来审视它，而不是“放弃所谓的所有的观念、对事实不做任何加工地描述”，因为，“没有了理论，就不可能调节一个仪器或诠释一个读数”①。

其三，物理学观念。物理学观念就是指人们对物理学及其特定的研究领域的基本认识、态度、看法和评价，如绝对时空观与相对时空观、地心说与日心说、热质说和热的动力说等，主要表现为对物理学及特定研究领域的理论、方法和价值起着统领作用的基础性学说和观点。所以，物理学观念对研究对象在本体论、方法论和价值论等方面的研究具有引导作用，即对特定的研究实体或研究领域应该研究什么、如何进行研究以及为什么采取这样的方式进行研究，提出某种方向上的见解和看法。显然，物理学观念不是物理学理论，它属于人的主观层面，是人们对其研究领域在形而上层面的信念，但是物理学观念的形成又依托于物理学知识，通过具体的物理学知识而向外加以表征。所以说，物理学观念是物理学知识体系的内核，它对物理学知识体系的持续构建起指导作用。

其四，物理学方法。物理学方法是指物理学研究者在认识和探索物质世界规律过程中所遵循的途径和运用各种方式及手段的总和，是一种行为或操作的规则体系。物理学方法从不同的视角来考察，其结构将会有较大的差异，如从哲学范畴来研究，物理学方法的结构就会有系统论、控制论和信息论上的不同；从逻辑联系的视角来研究，则有理想化方法、类比方法、对称方法、数学方法、科学想象法、等效方法的差异；而从历史发展的角度来考察，则不存在一种最好的方法，不存在一种

---

① 迪昂.物理学理论的目的和结构[M].李醒民，译.北京：华夏出版社，1999：204.

万能的方法①。可见,物理研究者因所持立场的不同,所持有的方法论也会有较大的差异。同样,生活于不同社会环境中的研究者,因其生活经历、经验的不同,其看待物理问题的角度、处理物理问题的方式和解决物理问题的秩序也会有所不同,从这个角度来看,不同的物理学研究者处理同一物理问题时,其方法也是多元的。

其五,物理学精神。物理学精神是物理学共同体在长期的科学实践过程中所形成的科学信念、价值标准和行为规范的总和,它是整个物理文化结构的核心,是物理科学活动所积淀的文化精神的集中体现,它以其根本性和基础性的信念和品格感染人、影响人,并约束着人。“成百上千的人都凭他们的想象解决宇宙问题,但是对我们真正理解自然现象有贡献的人,却是那些对他们想象的产品慷慨地运用批判的人。正是这样的批判,才是想象的科学运用的本质。”②默顿的“科学的精神气质”可以看作是对物理学精神的具体写照,它要求物理学共同体在研究过程中应该遵循四种制度上的规范,即普遍主义、公有性、无私利性以及有组织的怀疑,以此来体现物理学共同体成员的理性追求、实践追求和伦理追求。

其六,物理学共同体。物理学具有“人化”的特征,人在物理文化的形成中起着决定性的作用。一直以来,人们将物理学看成是一种“纯科学”,认为物理学的形成与发展是独立于社会环境的,是与人的社会文化背景、价值取向并无关联的。然而,科学社会学和科学历史学的介入打破了科学的这种孤立主义的观念。默顿认为科学不仅与个体有关,更与群体有关,他提出了“科学的精神气质”的概念,认为它“规定、禁止、偏好和许可”着科学家们的行为,并借助制度性价值而合法化,虽然它并没有明文规定,但却可以从科学家的道德共识中找到③。库恩借助科学史的考察而提出的“科学共同体”观念,则彻底将物理学的形成与人的能动作用联系到了一起,他认为,常规科学是建立在“科学共同体”所知道的世界是什么样的假设之上的,多数人在科学事业上的成功都是得自于“科学共同体”愿意捍卫这个假设。

(二)物理学是一种文化规范

物理学不仅是一种文化现象,更是一套整合的规范或标准,一套“总管个体行为的控制机制——计划、处方、规则、指令”④。将物理学看作是一种文化规范,意味着特定群体的人们来处理物理世界的问题时,总是要遵循相类似的信念、观念、知识和方法;也意味着想进入该文化群体的成员哪些事情能够做,哪些事情不能做,或者该如何去做,正如彭加勒在《科学与假设》的开篇所说:“科学的逻辑是永固

---

① 查有梁.科学方法的结构[J].社会科学,1986(12):58.

② 皮尔逊.科学的规范[M].李醒民,译.北京:华夏出版社,1999:31.

③ 默顿.科学社会学:理论与经验研究[M].鲁旭东,林聚任,译.北京:商务印书馆,2001:363-364.

④ 格尔兹.文化的解释[M].韩莉,译.北京:译林出版社,1999:57.

的，至于学者们有时会犯错误，那是因为他们不知其中的规则。”[①]

其一，物理学的文化规范性是因其范式而由外部加以规约的。

“范式”是由库恩所提出的非常重要的一个概念，它是与库恩的科学理论“常规科学”“科学共同体”这两个概念紧紧联系在一起的。库恩把“常规科学”看作是“坚实地建立在一种或多种过去科学成就基础上的研究，这些科学成就为某个科学共同体在一段时期内公认为是进一步实践的基础”[②]。他同时指出，这些科学成就必须满足两个特征：一是它们空前地吸引一批坚定的拥护者，使他们脱离科学活动的其他竞争模式；二是足以无限制地为重新组成的一批实践者留下有待解决的种种问题。而满足这两个特征的成就，就称为“范式”，它是科学共同体共同遵循的假设、理论、观念、方法和信念的总和。范式既不会从资料中归纳出来，也不会从规律中推导出来，它是物理学共同体成员所接受的规范，对范式的认同和遵循是物理学共同体成员自觉的行为。

通常认为，“常规科学”是一个解谜的过程。在库恩的眼中，当物理学共同体具有了一个范式，并且这样的范式被视为理所当然的时候，“常规科学”中的这些问题（谜）就有了确定的解，因为，依照物理学共同体的规范，只有在某一范式当中的问题才会被承认是科学的问题，物理学共同体才会鼓励它的成员去研究它们。而脱离了这一范式的问题，即使先前被认为是多么标准的问题，都将看作是形而上学的问题，是其他范式需要关注的问题，“或有时作为因太成问题而不值得花费时间去研究的问题而被拒斥”[③]。

物理学范式为物理教科书的编写者和物理教师提出了警示：他们知道自己属于哪一种物理学范式，他们也试图将物理学传授给不理解这一范式的学生。然而，他们却并没有意识到，在教授物理教科书上的内容之前，学生们是分属于不同范式的，他们看待世界的观念、知识和方式与编写者和教师之间是完全不同的。学生们要想理解教科书上所表述的物理学，必须学会运用这种物理学的范式。如果教科书编写者和物理教师仅向学生传输一些事实、概念和规律，学生们依旧处于自己原来的范式中来“理解”这些事实、概念和规律，其实，他们并没有真正理解物理教科书上的内容。

其二，物理学的文化规范性是因其科学的精神气质而由内部加以调控的。

“科学的精神气质”的提出，被看作是科学的社会学研究的最重要的标志。在默顿看来，无论社会环境如何影响着科学知识的发展，或者说，无论科学知识最终如何去影响当下的社会和文化，所有的这些影响都是以科学本身变化着的制度结构和组织结构作为中介的。而这样一个中介体，就像是科学的内核一样，一旦确立，就成为不证自明或无须证明的东西，成为“用以约束科学家的有感情色彩的一

① 彭加勒.科学与假设[M].叶蕴理，译.北京：商务印书馆，1989：1.

② 库恩.科学革命的结构[M].金吾仑，胡新和，译.北京：北京大学出版社，2003：9.

③ 库恩.科学革命的结构[M].金吾仑，胡新和，译.北京：北京大学出版社，2003：34.

套规则、规定、惯例、信念、价值观和基本假定的综合体”[①]。

默顿认为,开展科学活动必须要遵循五项规范:一是希望科学家在评价新知识时应遵循批判的和客观的态度;二是希望科学家在使用他们的发现时持有无私利的风格;三是对科学价值的评价应该持民主的普遍主义规范,它与科学家的个人和社会属性无关;四是科学家的发现应持公有性规范,它不属于个人所有,保密是受到禁止的;五是科学家对待自己的研究在感情上应持有不偏不倚的态度[②]。科学规范并不会直接导致科学知识的生成,但是科学规范却可以使科学家获得同行的支持。不可否认,科学在很大程度上取决于科学家通过个体的观察和实验所获得的事实,以及通过个体所搜集的资料经过自我组织后所得出的结论。然而,这样的结论并不能立即成为人们认可的事实、概念和规律。它需要向公众开放和展示,需要得到同行的承认和支持,并需要经历公众的讨论、批评和质疑。与社会互动的结果是,成员间交换观点且相互之间试图进行说服、劝说和施加影响,或者找到在“缺陷、错误和其他缺点,以及在那些有关知识的主张中以前未被注意到的潜在可能性”[③],这一过程中,这些观点可以得到修改、摒弃或加强。或者有了一种可能,这些结论“可以被一个理论所统一并系统化”[④]。如上知识生成的过程中,怀疑并不是个人怀疑态度,而是一种组织的怀疑态度,并由此而成了一种“受规范约束的并且是通过社会组织起来的认知警戒制度”[⑤]。因此,“普遍主义、公有性、无私利性以及有组织的怀疑”成为规范科学家的科学活动的最重要的精神气质。

从科学规范内涵来看,它应该是针对每一位物理学共同体成员的规则和指令系统,而科学的精神气质更像是物理学共同体成员的内在品质。其实,当外在的科学规范作用于每一位物理学共同体成员身上,并得到每一位成员认同的时候,他们就会自觉地遵守并内化为一种习惯和品质,所以“科学规范”强调的是物理学共同体成员的“他律”,而“科学的精神气质”则强调的是物理学共同体成员的“自律”。

二、物理学是一种文化过程

(一)物理学是一种被文化的过程

从物理学的形成来看,物理学是一种被文化的过程。“被”,表明有遭遇和遭受之意,表征着物理学的生成具有受动性的特征。在许多人眼中,物理学自身的发展会受到社会、历史、文化及技术的影响,但是,物理学的观念、知识、方法等并不会受

① 默顿.科学社会学:理论与经验研究[M].鲁旭东,林聚任,译.北京:商务印书馆,2003:350.
② 克兰.无形学院:知识在科学共同体中的扩散[M].刘珺珺,顾昕,王德禄,译.北京:华夏出版社,1988:5.
③ 默顿.科学社会学:理论与经验研究[M].鲁旭东,林聚任,译.北京:商务印书馆,2001:viii.
④ 默顿.十七世纪英格兰的科学、技术与社会[M].范岱年,吴忠,蒋效东,译.北京:商务印书馆,2000:271.
⑤ 默顿.科学社会学:理论与经验研究[M].鲁旭东,林聚任,译.北京:商务印书馆,2001:ix.

到这些要素的影响，即它的知识是真实的，它的方法是公正的，它的研究模型是无偏见的。并且，许多物理学家在其著作中的刻意掩饰更加重了人们的这种认识，“为了许多冠冕堂皇的理由——为了达成更加无偏见的共识——现代科学家们总是尽力使他们的个人奋斗经历从其发表的研究成果、教科书中抹去”[①]。然而，随着人们对物理学的社会学分析的加深，人们越来越多地认识到物理学的生成与社会文化之间具有密切的关系。

其一，物理学的观察受文化的影响。

物理学是人们在观察物质世界基础上的解释科学。人们在观察物质世界的过程中，要观察什么或忽略什么，在什么地方以及什么时间观察，总与人们的知觉的选择性或成见相关联。若非这样，“不但一切实验将变为废物，并且似乎人们情愿把它变为不可能的了”[②]。既然这样，很多观察者都倾向于认为自己观察到了所观察物体的全部，却并没有意识到自己观察是具有局限性的，即自己的观察仅是多元观察视角中的一个角度；另外，他们也无法将“印象中代表了真正之观察的那些方面与那些反映内部刺激之感觉的方面区分开来”[③]，也即是说，他们可能无法分清哪些是直观的观察，哪些是自己内部加工后的想象。

观察局限性的修正也与研究者的个体差异及其所处的文化相关。首先，技术上的修正无法改善观察上的偏见，远还是近、暗还是亮、大还是小、软还是硬、静止还是运动等，都会受到其观察偏见的影响，即使研究者明确了自己的立场，也具有良好的技术，就像对一个坚持“地心说”的研究者来说，即使当时已经具备了较好的技术，但并不会改变其观察的偏见。其次，模糊的观察会用想象的推论来弥补，而想象的源泉则来源于现实的文化，正像亚里士多德对物体下落的观察那样，他认为宇宙中的每一个物体都有其固有位置，当其在固有位置时，物体处于静止状态，而一旦将其移到其他位置，它便开始作返回固有位置的运动。再如，自亚里士多德以来，月亮就被看作是表面完全光滑的永不会改变的天体，然而自哈里奥特通过观察并画出草图，标明月球中有明暗界限并显示出锯齿状缺口的线而不是平滑曲线，再到伽利略通过观察并得到月球表面“不是光滑、同质的，也不是精确的球体……而是崎岖的、粗糙的，充满了洞穴和凸起，山脉与深谷相间，与地球表面并无两样”[④]的论述时，是什么给了他们不一样的“眼睛”，很显然，正是伽利略对哥白尼宇宙体系的信奉，而使其深信行星与卫星具有相似性。可见，观察者所处的文化背景是其

---

① 霍尔顿．爱因斯坦、历史与其他激情：20世纪末对科学的反馈[M]．刘鹏，杜延勇，译．南京：南京大学出版社，2006：79．

② 彭加勒．科学与假设[M]．叶蕴理，译．北京：商务印书馆，1989：102．

③ 李克特．科学是一种文化[M]．顾昕，张小天，译．北京：生活·读书·新知三联书店，1989：77．

④ 霍尔顿．爱因斯坦、历史与其他激情：20世纪末对科学的反馈[M]．刘鹏，杜延勇，译．南京：南京大学出版社，2006：81．

观察偏见产生的根源。

其二，物理学的解释受文化的影响。

研究者对物理学进行解释的文化资源往往来源于两个方面：一是物理学共同体；二是社会的文化环境（我们也可以叫主导研究者文化的环境）。

首先，研究者受物理学共同体的影响是不言而喻的，研究者总是处于某一物理学范式中来处理物理学问题，或者说，他们一般只在自己范式中观察特定的现象以对其做出解释。正如我们前面所描述的，同一事物会有不同的方面，也会存在不同的关系，不同关系之间会存在不同的事实，因此也会有不同的概念图式，并且会发展出不同的物理学范式。在不同的物理学范式中对同一个物理学现象进行观察，所得到的解释是完全不同的。另外，鉴于物理学家所遵循的科学的精神气质，“要使一个科学体系在科学共同体中得到承认，‘内部一致性’和‘合理性’是必须具备的”[①]，研究者首先要将自己的研究成果介绍给他的同行，他通常会采用同行能够理解的方式进行介绍，以期得到同行的认可，或者通过与同行的社会互动（有组织的怀疑），重新修订自己的解释。可见，研究者对物理学事实的解释通常不会脱离物理学共同体的影响而自成体系。

其次，社会文化环境对物理学解释的影响。我们这里所说的环境，是指研究者所遵循的物理学范式之外的社会文化环境。虽然物理学的发展像巴恩斯所说的那样已经具备这样的趋势：“由于科学已经越来越多地结合到它在其中繁荣发展的那些社会的文化资源之中，因此，随着专业之间的交流取代文化变迁过程中的‘纯外部’输入，它的内部已经变得越来越自足了”[②]，然而，物理学的发展仍旧会找到众多“外部的”文化对物理学解释产生影响，因为，“人们是通过一种‘习惯的解释图式’来看待经验事实的”[③]，并且这一“习惯的解释图式”又是由“生活习惯”所决定的“思想习惯”来决定的。首先是物理学非正式的推论或术语中社会文化话语的介入，如法拉第向皇家学会报告电磁感应现象时，他引入了“磁线”的概念，并解释“磁线是磁力的线，……其状况可用铁屑来图示，也可以通过小磁针形成它的切线来说明”[④]，再如“电荷之间相互‘吸引’或‘排斥’”“直到外力‘迫使’它改变这种状态为止”等表述。显然这些社会生活术语的介入，使其在新语境中具有了新的内涵，“物理学家采用这些术语，是因为他们熟悉并因此通过类比法能够运用这些概念，从而使物理学家能够进行从已知向未知的推理”[⑤]。其次是非正式协商过程中物理学与社会文化环境之间的文化交换。研究者并不是生活在真空的个体，他需要与社

---

① 李克特.科学是一种文化[M].顾昕，张小天，译.北京：生活·读书·新知三联书店，1989：55.

② 巴恩斯.科学知识与社会学理论[M].鲁旭东，译.北京：东方出版社，2001：164.

③ 巴恩斯.科学知识与社会学理论[M].鲁旭东，译.北京：东方出版社，2001：17.

④ 广重彻.物理学史[M].李醒民，译.北京：求实出版社，1988：287.

⑤ 马尔凯.科学与知识社会学[M].林聚任，等译.北京：东方出版社，2001：129.

会交往和接触，社会中那些“非科学”的观念、价值、责任和信念总会不自觉地影响着研究者对物理学的决定。正如霍尔顿在考察希腊科学时就发现，希腊科学的基本假设很明显是从当时的社会思想中获得的。开普勒在最初解释行星的运动时就怀着神性的想法，认为行星具有灵魂或意志，是它们有意识地使行星在运动，只是在其发现了速度与距太阳距离成反比这一结果后，他才抛弃了灵魂的想法，提出了力作用于行星的见解，而此时的力也是借鉴了当时的吉尔伯特的“磁力”的思想。而伽利略关于摆动等时性的规律也是受到了比萨教堂摆头的油灯的启发。可见，“非科学”性的资源并非是以正式的方式进入研究者的思维系统当中，甚至研究者自己都很难意识到，然而，正是基于这种不自觉当中的文化交换，促使研究者获得灵感或产生顿悟，并经过改造后进入公共的物理学领域。

（二）物理学是不断发展的文化过程

几乎没有人会怀疑物理学作为一种文化的成长性。从培根开始，笛卡尔、牛顿、赫歇尔、惠威尔、赖欣巴哈、波普尔、库恩、图尔敏、法伊尔阿本德等都从不同的视角来探讨物理学的产生和发展问题。然而，人们的争论在于，物理学到底是以一种什么样的模式来进行发展的，是累积的方式还是变动的方式，是单一的方式还是多元的方式？在我们看来，物理学的发展既有累积，也有变动，既存在着单一性，也存在着多元性。

其一，物理学发展是一种逻辑性增长的过程。

物理学逻辑性增长过程，也即物理学累积性发展的过程。物理学的累积，意味着一位研究者的物理学观念和思想总是建立在原来研究者的物理学观念和思想之上，它是物理学观念和思想在共同体成员之间的不断扩散，是物理学早先观念和思想的逻辑性结果。

物理学发展的逻辑性生长过程，可以与库恩理论的“常规科学”阶段相对应。依照库恩的观点，“常规科学”阶段的任务，就是为了“解谜”，就是处理范式确定之后的“扫尾工作”。在他看来，范式的成功，就在于“在开始时很大程度上只是选取的、不完备的、有可能成功的预示”，而常规科学就是要实现这种预示，他们总是试图将尽可能多的资料纳入一个概念图式中，并努力探索该概念图式与范式预测之间具有多大的吻合程度，从而使范式自身更加清晰。所以，库恩指出：“如果不是一门成熟科学的实际实践者，就很少有人会认识到一种范式给人们留下非常多的扫尾工作要做，而完成这些扫尾工作又是多么令人迷醉……大多数科学家倾其全部科学生涯所从事的正是这些扫尾工作。”[①]库恩将常规科学阶段的活动比喻成“由范式提供的已经制成且相当坚实的盒子”[②]。“坚实”意味着科学家所有的研究活

---

① 库恩.科学革命的结构[M].金吾仑，胡新和，译.北京：北京大学出版社，2003：22.

② 库恩.科学革命的结构[M].金吾仑，胡新和，译.北京：北京大学出版社，2003：22.

动都在这个“盒子”之中，没有被纳入“盒子”中的现象是被拒斥的；“坚实”也意味着，常规科学并不鼓励人们去创新，更不容许新的理论创生，因为常规科学并没有给予新理论任何的空间。常规科学的研究所要做的，就是要以范式所倡导的知识、方法、观察和精神为基础，去澄清范式已经提供的理论和现象。可见，物理学在常规科学阶段的发展正是其在物理文化体系中的逻辑性成长的过程。

其二，物理学发展是一种变动性成长的过程。

物理学的变动性成长过程，是指物理学的交替变更过程。它意味着旧的物理学观念、理论和方法体系被一个新物理学观念、理论和方法体系所取代，它们之间并不存在严格的逻辑性成长的关系，即“一个科学理论，一旦达到范式的地位，要宣布它无效，就必须有另一个合适的候选者取代它的地位才行”①。或者说，物理学的变动性成长过程，是由于创生了一套全新的解决问题方法的结果，它能够解决旧有的物理学体系无法解决的难题。

物理学的变动性成长过程，被库恩看作是“科学革命”的过程。而“科学革命”往往是以全新的科学范式的形成作为标志的。事实上，常规科学中的反常是科学革命的源起。一种反常产生，就会有科学家试图构思一种新的概念图式对其加以解释。通常来说，科学家通常是以修改而不是以推翻原有范式的方式来应对这种反常的。然而，当反常是相当强烈和深刻的，以至于可以把这种反应强烈的领域看作是日益增长的危机时，人们预感到了原有范式进行解谜的失效性，并在对原有范式实施的“攻击”中寻找新的范式。此时，用以解决反常的多元的范式进入人们的视野并形成竞争，人们需要在这些多元的范式之间进行抉择。并且，他们也不能依照常规科学中的范式进行评估，因为正是常规科学范式的困境才产生了多元范式的竞争。当多元范式中的一个范式逐步被大多数人所接受，并逐步成为一个新的科学共同体的范式时，一次科学的革命就取得了成功。于是，“范式一改变，这世界本身也随之改变了。科学家由一个新范式指引，去采用新工具，注意新领域”②。

第二节　物理学之文化属性：形态之维

任何文化都具有独特性，当我们将这种独特性特征化，就称其为文化属性。胡适通过比较东西方文化，特征化了近代社会文化的三个属性：一是理智化，即科学要求一切信仰须要经得起理智的评判，须要有充分的证据；二是人化，即不应信仰上帝而应靠人自身的智慧；三是社会化，即人们既要注重个人的修养提高，又要去

① 库恩.科学革命的结构[M].金吾仑，胡新和，译.北京：北京大学出版社，2003：71.

② 库恩.科学革命的结构[M].金吾仑，胡新和，译.北京：北京大学出版社，2003：101.

追求更大多数人的幸福[①]。胡适先生对近代社会文化特征的描述，在很大程度上蕴含着物理文化的部分特性。物理文化大多源自科学文化，而科学文化又生成于通行的社会文化，这一系列的关系表明，物理文化具有社会文化的特征，更具有异于其他文化的独特性。因此，要想对物理学的文化内涵进行深入解读，就需要对物理文化的这些独特性进行较为全面的分析。为此，我们利用两节的内容以期对物理学的文化属性加以概括，本节内容我们关注的就是作为文化形态的物理文化属性。

一、物理文化构成要素的属性分析

（一）物理学共同体的文化属性

物理学共同体既是物理文化的“产物”，也是物理文化的创生和承担主体。从结构来看，它具有一定的层级结构，其上位是全体物理学家组成的物理学共同体，又下设各子专业物理学家组成的小的物理学共同体。物理文化就是由不同层级的物理学共同体不断创生与承担，代代相传并不断向前推进的过程。物理学共同体作为物理文化构成的一部分，其表现出如下文化属性。

其一，物理学活动的规范性。物理学共同体就是具有共同范式的物理学家群体。范式决定了共同体成员具有相同的理论基础，具有相近的世界观、价值观和方法论，并为他们进行“特定的连贯的科学研究的传统提供了模型”[②]，因此，范式对于物理学共同体来说，具有对其实践活动的定向功能和价值的规范功能，也就是说，范式决定了物理学共同体成员应该选择什么样的研究问题，遵循什么样的研究方法，以及采取什么样的评价标准等。当然，“范式的存在并不意味有任何整套的规则存在”[③]，但是对于物理学家来说，他们通常都是根据学科内部习惯或“价值”来行动的[④]。从另一个方面来说，正是由于范式的存在，也就会出现不同的物理学家或物理学工作者利用不同范式来看待世界的现象，不同范式中的个体总是试图利用新资料的解释、所获得相关事实的鉴别以及获得事实的方法，来“劝说”另一范式中的个体来认同自己。

其二，物理学实践的自主性。范式决定着物理学共同体成员的行为被“限制”在一定的范围当中，但是并不是说范式就会局限他们的思维，“独创性的学术规范要求他们具有问题选择的自由”[⑤]，波塞尔也说，“行动的自发性和思维的创造性构

---

① 胡适. 尝试集：我们对西洋文明的态度[M]. 北京：华夏出版社，2009：226.

② 库恩. 科学革命的结构[M]. 金吾仑，胡新和，译. 北京：北京大学出版社，2003：9.

③ 库恩. 科学革命的结构[M]. 金吾仑，胡新和，译. 北京：北京大学出版社，2003：41.

④ 张之沧. 科学：人的游戏[M]. 北京：中国青年出版社，1988：226.

⑤ 齐曼. 真科学：它是什么，它指什么[M]. 曾国屏，国辉，张成岗，译. 上海：上海科技教育出版社，2002：249.

成了我们的基本经验”[①]，即物理学要求共同体成员依靠自己，独立思考，张扬在一个高度个性化的物理文化之中，即他们应该在研究活动中保持个体自主性。这种自主性不仅体现在共同体成员选择研究问题的“自动性”上，体现在他们对自己的研究方向、内容、方法和水平的主动而全面的认知上，还体现在他们能对自己的研究提出独到的见解上，虽然这样的见解不一定是独一无二的，但是它必须是“自己的观点，而不是单纯模仿和抄袭”[②]，所以库恩提出，“科学家至少必须是潜在的革新家，他必须具有思想的灵活性，他必须随时准备找出麻烦之所在”[③]。

其三，科际内外的互动性。物理学共同体十分注重具有相同范式或学科同行间的交流与互动，“互动使一些观念纳入科学发展的洪流，否则这些观念仍然是私人的”[④]。一是，物理学成果产生之前，物理学家之间的小范围交流，能够获得相应的建议和启发，以便促进新成果或新思想的产生，如胡克与牛顿关于行星运动假设在书信中的争论，以及之后哈雷与牛顿关于从反平方力导出椭圆轨道问题的交流，都对牛顿形成自己的理论提供了启示。二是，物理学成果形成之后，物理学家之间大范围的共同体内的交流，意在对成果进行初步评价和筛选，以便决定是否传播和应用。然而，随着学术科学的兴起，不同范式的科学共同体或不同学科间的交流已经成为物理学家的备选之项，因为它可以“打探学术贤人共同体的远见，集合在终极理论的旗帜下共同前进”[⑤]，即通过跨越不同范式之间的边界，为物理学家在现有想法基础上产生新的创意制造联系。

（二）物理学知识的文化属性

物理学知识体系是人类对物质世界本质的假设和说明，是现象与本质的对立统一体。它既是物理学活动的结果，也是物理学活动的基础，它构成了物理学文化大厦的基础。从物理学知识的形成与存在方式来说，物理学知识体系具有如下文化属性。

其一，客观性与主观性的统一。传统科学观认为，物理学知识是外在于主体的客观存在，物理学家可以通过观察和实验的方式来获得这些客观知识。知识的客观性表明物理学知识是一种通过充分证据的检验、辩护和判断而进入物理学系统的稳定的真实存在，它为所有人所共享，但却不会被人的行为、概念或思想所影响。可见，在传统科学观面前，客观性充当着物理学共同体进行判断的共有准则。当代科学观对客观性的绝对化提出了反驳，其支持者认为，传统科学观所强调的客观性

---

① 波塞尔．科学：什么是科学[M]．李文潮，译．上海：三联书店，2002：228.

② 张之沧．科学：人的游戏[M]．北京：中国青年出版社，1988：226.

③ 库恩．必要的张力[M]．范岱年，纪树立，译．北京：北京大学出版社，2004：232.

④ 默顿．十七世纪英格兰的科学、技术与社会[M]．范岱年，吴忠，蒋效东，译．北京：商务印书馆，2000：332.

⑤ 齐曼．真科学：它是什么，它指什么[M]．曾国屏，国辉，张成岗，译．上海：上海科技教育出版社，2002：256.

不足以完全确定任何一种方法，假设每个人都有一种方法，而且每一种方法都有共同点，由于每个人在做出任何决定之前都必须做主观的考虑才能使客观准则完善起来，故每个人的方法也是完全不相同的。因此，他们强调人的主观性在知识形成中的重要性，认为物理知识的形成“取决于客观因素和主观因素的混合”①，或者说，物理知识的形成不仅“依赖于共有准则——那些批评者称之为客观性，还依赖于个人经验和个性所决定的特异性因素”②。

其二，确定性与相对性的统一。在逻辑实证主义者看来，科学知识的形成，就是研究者通过归纳发现某些规则，从而形成某种假说，研究者再通过证据的收集来验证假说，若假说一旦确证，则假说成为科学知识。科学知识具有绝对真理性，它是确定性的知识，是一种以线性累加的方式不断增长的知识。然而，在历史主义者看来，“自然科学中的证实或确定是一种逻辑的不可能性”③，这是因为，科学活动本身就受到社会历史条件、人的认识水平以及研究对象复杂性的限制。历史与时代背景的差异，使研究者所借助的物质手段，以及指导其研究的理论、观念、技术和方法都将产生较大的差异，因此研究者科学活动的深度和广度必然受限，所以，对物质世界的认识必然随着时代的发展而不断深入；同样，对特定的研究对象来说，研究者不可能实现对研究对象全面的认识，而只能实现某部分和局部的认识。所以说，一切的物理学理论、推论都是不确定的和相对的。然而，认识到科学知识的相对性，但绝不能否定科学所固有的确定性，“任何科学认识都是相对与绝对的对立统一，都既有真理的成分，也有谬误的成分”④。

其三，多样性与同一性的统一。库恩曾提出，常规科学即是解谜⑤。对物理学的研究过程，正如解谜一般，不同的理论基础、经验和文化背景，可以确定不同的谜底。例如，在17世纪之前，人们对光的本性的认识存在多种解释，如光是从物质固体中发射出的粒子，光是物体与眼睛之间媒质的变态，光是媒质与从眼睛发射出物质的相互作用等。每一学派都从自己的学说出发寻找证据加以解释，以试图让其他的科学家信服自己学说的优越性。即使在17世纪末，以牛顿为首的光的微粒说处于主流，胡克和惠更斯却依然确信光是一种波，毕奥则支持射气说。可见，物理学在原则上总是会存在无数个与经验一致的理论，物理学家就需要从这些理论的竞争中，或者淘汰一些理论，或者通过同化和合并，最终选择共同体认可的理论。物理学的多样性与同一性表明，物理学对外部世界的表述在理论和经验上都注重向多元开放，然而在时间进程中，则更倾向融合为一般性的图式。

---

① 库恩.必要的张力[M].范岱年，纪树立，译.北京：北京大学出版社，2004：316.

② 库恩.必要的张力[M].范岱年，纪树立，译.北京：北京大学出版社，2004：320.

③ 张之沧.科学：人的游戏[M].北京：中国青年出版社，1988：116.

④ 张之沧.科学：人的游戏[M].北京：中国青年出版社，1988：116.

⑤ 库恩.必要的张力[M].范岱年，纪树立，译.北京：北京大学出版社，2004：32.

(三)物理学器物的文化属性

物理学器物之所以成为物理文化的一部分,并非是器物本身,而是附着于器物之上的精神,正如有学者说,“物质文化,实际上就是以物质为载体的文化,是精神”①,人类学家马林诺夫斯基也指出,“单单物质设备,没有我们可称作精神的相配部分,是死的,是没有用的”②。因此,物理学器物必然是通过其观念性形态而展现其文化特性的。

其一,物理学器物的意义表征性。意义表征,意指个体对外部事物在头脑中的意义再现,对于器物来说它仍是器物,但关键是器物在人的头脑中再次加工。物理学器物的形成,总是内含着某一共同体内设计者及构造者的内在理念和知识,它是人化的产物。当个体选择和运用物理学器物进行物理学活动时,个体必须要了解附着于器物之上的物理学知识,甚至需要挖掘器物所能展现出来的更深层次的价值和理念要素,以便能够实现个体与设计者在心智上的“沟通”,以及与掌握该器物精神内涵的其他个体进行有效交流,否则器物仍是器物,而不能成为物理学活动实在的实体。所以,迪昂在阐述物理实验的条件时指出,物理实验操作者“仅有警觉的注意和实践的眼光是不够的,必须知道所接受的理论,必须了解如何应用它们。一句话,他必须是一位物理学家”③。皮克林也说,“科学绝不仅是制造机器,如果没有科学的观念和表征的维度,任何人都不能声称对科学进行了分析”④。

其二,物理学器物的文化渗透性。物理学器物同人类生活中的其他人工器物一样,是隶属于物理文化这一亚文化下的文化人工制品,因此,它坚持着物理学范式中的所有表述编码方式,遵循着物理学共同体内所有的规范和准则,从这一点看,物理学器物似乎成为被物理文化这一意义之网所包围下的对外不可通约的物质实体。然而,从更广阔的文化群体看,物理学器物的生产者既属于物理学共同体的成员,又隶属于某一社会群体中的成员,正如某个体是中产阶级男性的凝聚态物理研究员一样,意即说,每一个个体都是多元文化相混合的个体,因此,物理学器物虽是某一物理学范式的产物,但却是整个人类的共享物,是可以从一种文化向另一种文化延伸并加以理解的实体物。

(四)物理学观念的文化属性

物理学体系包含三部分的内容:其一是处于核心的物理学观念;其二是处于中间的物理学理论;其三是处于外层的物理学事实。所以,物理学观念体系构成了指导人们处理研究领域中物理学问题的形而上学的信念体系。据此,物理学观念可

---

① 孙显元.“物质文化”概念辨析[J].人文杂志,2006(3):7-13.

② 马林诺夫斯基.文化论[M].费孝通,译.北京:华夏出版社,2002:5.

③ 迪昂.物理学理论的目的和结构[M].李醒民,译.北京:华夏出版社,1999:163.

④ 皮克林.作为实践和文化的科学[M].柯文,伊梅,译.北京:中国人民大学出版社,2006:7.

以表现出如下的文化属性:

其一,物理学观念的具象性。虽然同属于物理学体系,但物理学观念与物理学理论、物理学事实明显不同,物理学理论是对以实验为基础的经验现象的整合、归纳和解释,物理学事实是对以实验为基础的经验现象的描述,而物理学观念则是对特定物理研究领域的内容、过程、方法和价值在头脑中的整体性理解,它具有极强的抽象性、概括性和浓缩性,是人们对事物的整体性理解"在头脑中呈现的一幅有序的图景"[①],这幅图景将现有的经验与尚等发展的事实联系在一起,互为关联、互为因果,是对客观事物的直观化和形象化。因此,物理学观念的本体总是指向一些并不可直接观测的实体,这些实体可能是物质性实体,如场、粒子或以太等,也可能是过程性实体,如宇宙的形成。这种具象化的实体往往"通过科学理论具体化,并与经验世界取得联系"[②]。

其二,物理学观念的引领性。物理学的观念虽然形成于个人,但是一个核心的物理学观念却属于某一科学共同体,是特定物理学范式的重要组成部分。"范式既是观察自然的向导,也是他们从事研究的依据"[③],这样,我们完全可以说,物理学观念之形而上的信念将会因为物理学共同体成员的信奉而对整个物理学活动起着引领或导向作用。从研究对象的选择来看,物理学观念能够帮助研究者确定研究对象的性质、大小和范围;从研究方法的选择来看,物理学观念则能够指导研究者采用何种手段、运用什么样的程序以及使用什么样的分析方式等;从物理学理论的生成来看,研究者则依据其头脑中的物理学观念结合实验和经验形成自己的建构性解释,物理学观念在这里具有协助理论生成的功能;从物理学活动的评价来看,研究者始终以其内在的观念为指标对物理学活动的整个过程进行比较和调整。由此可以看出,不管是针对物理学共同体成员的训练,还是针对公众的物理学教育,都应该重视加强对物理学观念的教育。

(五)物理学方法的文化属性

物理学的发展依靠两只"翅膀",其一是物理学理论,其二是物理学方法。物理学方法来源于物理实践,又高于实践,它是事物发展的客观逻辑在主观上的反映,是人们认识客观物质世界的重要工具。从物理学发展历程来看,重要的物理学发现往往来源于方法的变革,所以无论是物理学家还是科学哲学家,都十分重视方法的使用。物理学方法作为物理文化的一部分,其在文化属性上主要表现如下。

其一,物理学方法在物理学理论形成中的导源性。从宏观的方法论层面,物理学方法可以为研究者提供一般性的研究问题的思路,并从总体上规范和指导着问

---

① 陈俊伦.科学发现的本质[J].湖北大学学报(哲学社会科学版),2006,33(2):136-139.

② 诸大建.科学观念简论[J].同济大学学报(人文社会科学版),1990(1):94-97.

③ 库恩.科学革命的结构[M].金吾仑,胡新和,译.北京:北京大学出版社,2003:94.

题研究的途径和方向,如研究者可以通过实证归纳上升到理论的方法,或者从一般性的原理出发演绎推理出具体原理的方法,抑或用两种方式相结合的方法解决问题。从具体的方法论层面,物理学方法则为研究者提供了问题解决的具体程序和步骤,并逐步引导着研究者主动认识研究对象,朝着恰当的认知方向前行,如研究者采用控制变量法来探究多元变量与因变量之间的关系时所必须遵循的程序等。所以,物理学方法既从认识层面确定研究对象的先后,又从思维层面引导着思维运动的进程,为物理学概念及理论的形成起着导向的功能。

其二,物理学方法在物理实践过程中的多样性。现代社会的科学实践或物理教育存在这样的倾向,即固守某种或某类物理学方法而忽视多元物理学方法的学习或运用。对此,法伊尔阿本德曾明确地提出应"反对方法",他所反对的是科学实践与科学教育中那种刻板的、单一的和僵化的方法,而提倡的是能够证明复杂的认识对象更多事实总量的多元的、开放的方法,即"不管什么方法,只要看来合适,他都采用"①。显然,对于我们眼前的未知世界来说,它是复杂的、不可预测的,对于许多事件来说,它又是偶发的、不连续的,甚至是受到多方因素干扰的,所以,通向未知世界的道路本身就应该不是单一的、现成的,要想深入地了解未知事物的本原,必须运用多元的方法、多维的视角对事物展开实验和探索。

(六)物理学精神的文化属性

物理学精神是人们在物理学活动进程中所提炼出来的一种信念、气质和品格,是整个物理文化体系的灵魂,它是用以约束科学家的有感情色彩的一套规则、规定、惯例、信念、价值观和基本假定的综合体②。与物理学知识、物理学方法和物理学观念相比,它更具有基本性和根本性的特征。

其一,物理学精神的内隐性和外显性。物理学精神是共同体成员在长期的科学实践中的非物质产物。在物理实践过程中,共同体成员逐步造就了有助于物理学方法论需求的具有倾向化的人格化气质,当该气质逐步凝练、泛化时,就形成了共同体共享的价值信仰体系。当然,物理学精神通常是以内化的方式内隐于科学共同体之中,并以道德和价值规范的方式加以外显,用以对共同体的价值观念、行为方式、思维方式等进行影响和制约。通常情况下,物理学精神并不是以通行的文字或制度性的约束作为规范性准则,也不会以处罚的方式强制执行,它通常是靠物理学共同体成员的情操来加以维持。一旦物理学共同体成员有违反规范的行为发生时,对内将受到自我道德感的谴责,对外则受到共同体成员所表达出来的反对情绪的抑制。

---

① 法伊尔阿本德.反对方法:无政府主义知识论纲要[M].周昌忠,译.上海:上海译文出版社,1992:导言(Ⅰ).

② 默顿.科学社会学:理论与经验研究[M].鲁旭东,林聚任,译.北京:商务印书馆,2001:350.

其二,物理学精神的稳固性和可变性。作为一种内化的信念和价值观体系,物理学精神一旦形成,就具有一定的稳定性。特别是,当随着违背科学规范的事件发生,个体及共同体对其所产生的愤慨、藐视以及其他表示厌恶的情绪将会使这一体系或结构更加稳固。例如,对于成果归属权的争论,对于抄袭、伪造等劣迹的唾弃,对于无视他人劳动成果而自我霸占等恶劣行为的谴责,往往会不断地强化共同体成员所固守的精神信念。物理学精神又具有一定的可变性,这不但发生在个体身上,也会作用于共同体之上。对个体而言,"科学态度不是与生俱来的"[①],随着个体物理学观念、物理学理论知识的增多,以及参与物理学实践活动更加频繁,个体通过自我体验和感受,会不断窥见及习得物理学的更多精神实质,从而使得自我的物理学精神体系得以改变;对于共同体来说,范式作为一套物理学共同体成员从事物理学活动的共有信念和价值标准,科学的革命带来范式的变革,随之而来的精神体系也会产生适度的变化。

其三,物理学精神具有他律性和自律性。物理学精神的最直接功能,就是对共同体成员的价值体系加以规范,它会通过物理学教育或者共同体中其他成员的榜样、示范、阻止、许可、反对或谴责等方式,在向学习者传授物理学的知识与技能的同时,"告知"学习者在物理学活动中哪些行为是正当的,哪些行为又是违规的。这种他律式的文化熏陶方式将这些特殊的文化内容潜移默化地植入共同体成员的内心深处,并使它们内化为学习者的价值体系当中,从而指导和规范自己在科学活动中的行为。应该说,物理学精神体系为共同体成员提供了稳定的社会环境,只要人人都遵守这些规则,那么在相当程度上就可以预知他们对事件和彼此行为的反应[②]。

二、作为文化规范的物理学属性分析

(一)物理文化的整体性

其一,从狭义的视角看,物理学是结构完整的理论体系。逻辑分析学派和还原论者认为,物理学中的每一条假设都可以看作是独立地被经验所证实或证伪,于是,当各种检验确证了它们的"可靠性"时,那么这些假设在物理学体系中就处于一个确切的位置。整体论者则提出,"实际上,情况并非如此,物理学不是一台听任它自己被拆散的机器",物理学是一个有机整体,它是"必须作为一个整体看待的体系"[③],因此,他们提出,"物理学家从来也不能使一个孤立的假设经受实验检验,而

---

① 齐曼. 真科学:它是什么,它指什么[M]. 曾国屏,国辉,张成岗,译. 上海:上海科技教育出版社,2002:41.

② 齐曼. 真科学:它是什么,它指什么[M]. 曾国屏,国辉,张成岗,译. 上海:上海科技教育出版社,2002:41.

③ 迪昂. 物理学理论的目的和结构[M]. 李醒民,译. 北京:华夏出版社,1999:209.

只能使整个假设群经受实验检验；当实验与他的预言不一致时，他获悉的是，至少构成这个群的假设之一是不可接受的，应该加以修正；但是实验并没有指明应该改变哪一个假设”①。在他们看来，物理学就是由构成它的全部命题、定律和定理所编织成的整体性网络体系，在这一体系中，每一个命题、定理都是彼此相互联系、相互制约的。显然，那种对某一假设的探究并不能替代对自然复杂状况的理解，而对自然各部分理解的拼接也不会实现对自然整体的把握。

其二，从广义的视角看，物理文化就是作为整体成果的意义网络。库恩将科学看作是一种牢固的网络，一种承诺，一种范式，“各种承诺——概念的、理论的、工具的和方法的——所形成的牢固的网络的存在，是反映常规科学与解谜联系起来的隐喻的主要源泉”②，这一网络为科学家的研究及解决问题提供了各类规则，这些规则会“告诉成熟科学的专业实践者世界是什么样的，他的科学又是什么样的，如此，他就能满怀信心地集中钻研由这些规则和现有知识已为他界定好了的深奥问题”③。对物理文化来说亦是如此，它是器物、知识、观念、方法及精神体系的综合，但并不是说，物理文化整体就是所有这些文化部分的简单总和，实际上，它是“各部分的独特安排和相互关系的结果”④，是各部分相互关联下所形成的一个新的不可分割的实体。物理文化的每一部分总是以其特有的方式展现着物理文化人在物理实践活动中的生活基础、生活习性和生活状态，是以物理学科学活动为媒介，在物理学观念的指引下，利用物理学知识去构建意义、彰显其精神气质和智慧魅力的过程，所以，物理文化就是物理文化人（物理文化人详见下一章）的生活样态、价值规范、行为标准及其发展取向的整体化彰显。

（二）物理文化的人文性

物理学作为一种规范性文化，需要面对两个主题，一是要回答物理学“是什么”的问题，二是要考虑物理学“应该怎样”的问题，前者是对物理学在其本体和方法论上的陈述，如物理学的理论、方法和物化成果等，后者则是对物理学所追求价值的思考，如物理学的理想、精神、信念、审美和伦理等，它反映着人类对其在物质世界中的生命存在、尊严、意义及其理想的理解的最好展现，意即物理文化始终渗透着强烈人文气息。物理文化的人文性之表征主要体现在求真、求善、求美三个层面。

其一，物理文化之求真毋庸置疑，因为物理学本身就是人类不断探索世界之本真的过程。自然的神秘性催生了人们了解物质世界本质的需要，人们期望通过调查来对物质世界进行描述和解释，来消除这种神秘性，为此，消除神秘性成为西方

---

① 迪昂. 物理学理论的目的和结构[M]. 李醒民，译. 北京：华夏出版社，1999：205.

② 库恩. 科学的革命[M]. 金吾伦，胡新和，译. 北京：北京大学出版社，2003：38.

③ 库恩. 科学的革命[M]. 金吾伦，胡新和，译. 北京：北京大学出版社，2003：38 - 39.

④ 本尼迪克特. 文化模式[M]. 何锡章，黄欢，译. 北京：华夏出版社，1987：36.

科学最重要的一个智力目标①。物理学家确信，世界是可被认知的，通过运用自己的智慧，并且借助扩展感官功能的仪器，人类完全可以发现宇宙间各种特性的规律。然而，物理学家也确信，世界永远不能完全被认知，物理学所获知的每一个物理学事实，都是向真理的不断迈进，所以物理学家力求通过精密的实验测量、严密的逻辑分析、细致的数学计算，以获得对真理的逼近。也正是这重意义上，波普尔提出"科学的目的是追求真理"，是"追求有意义的、有启发性的真理"②。

其二，物理文化之求善，在于其向技术的转化与融合。对物理的探索，一是源起于人类对世界的好奇，二是源起于人类期望获得征服和改造自然的能力，前者如果是表达着人类求真的热情，那么后者则反映着人类求善的愿望。将物理学研究成果转化为技术并造福于人类，是人类对自我生存权的珍视，是人类对自我精神境界提升的不断追求，爱因斯坦所说的"用创造性的工作所产生的成果为提高人类的精神境界而作出贡献"③，正是对这种物理文化之善的不懈追求。同时，物理文化之善还表现在它强烈反对物理技术应用的无节制性，量子理论促成了微电子技术，相对论解决了能源危机，然而电磁辐射、核辐射同样也威胁着人类自身，正是这样，物理学要求人应关注人与自身、自然和社会的和谐共存，所以萨顿曾说"科学必须人性化，这意味着它至少不能横冲直撞"④。

其三，物理学文化之求美体现在物理学自身的给予人的内心以快感与愉悦。正如萨顿所看到的，有些科学家"只是通过科学的物质成就来理解科学，却不去思考科学的精神，既看不到它内在的美，也看不到它不断地从自然的内部提取出来的美"⑤，所以，物理学之美不仅表现在物理学实验的精致与巧妙所带来的现象之美，还表现在物理学理论将宇宙间纷繁复杂的现象和万物间相互作用运用简洁、精确、清晰的语言进行描述，最终利用完美的数学结构所构筑的物理学理论给人以美的享受，由此，杨振宁将物理学之美称为物理学的现象之美、理论描述之美、理论结构之美⑥。

（三）物理文化的相对性

物理文化的相对性是相对于客观性而言的。在逻辑实证主义者眼中，物理学是客观的，物理学理论独立于主体而存在，而且能够精确地表示某种客观实在。他们还认为，即使物理学的生成、增长会在很大程度上受到社会因素的影响，但其内

---

① AIKENHEAD G S, OGAWA M. Indigenous knowledge and science revisited[J]. Cultural Studies of Science Education, 2007,2(3):539 - 591.

② 波普尔. 客观知识：一个进化论的研究[M]. 舒炜光，卓如飞，周柏乔，等译. 上海：上海译文出版社，1987:60,58.

③ 爱因斯坦. 爱因斯坦文集：第三卷[M]. 许良英，范岱年，译. 北京：商务印书馆，1979:50.

④ 萨顿. 科学史和新人文主义[M]. 陈恒六，刘兵，仲维光，译. 北京：华夏出版社，1989:141.

⑤ 萨顿. 科学史和新人文主义[M]. 陈恒六，刘兵，仲维光，译. 北京：华夏出版社，1989:10.

⑥ 杨振宁. 美和理论物理学[J]. 自然辩证法通讯，1988,53(1):1 - 7.

容不会受到社会因素的影响，因为物理学共同体独特的规范性已经保证其问题的选择、观察的方式以及理论的生成都避免了偏见、成见和非理性因素的介入。这种乌托邦式理解的确能够满足作为某一确定共同体成员的高傲性，因为他们认为，自己正在超然的世界中寻找着“真理”。然而，事实表明，物理学观察并非超然，而物理学理论也并不客观。

其一，物理学观察并不中立。正如上一节中我们所叙述的那样，物理学观察总是受到社会文化的影响，甚至我们还可以用美国哲学家汉森的一句话来加以概括——“观察渗透着理论”。这表现在，相同的刺激物，具有相近理论背景的两位研究者去观察，其观察的角度、方法及结果会相当；而理论背景相差较大的两位研究者去观察，则其结果将会有相当大的差异。另外，我们也不可能获得直接的、“不做加工”的事实，因为我们总是戴着“理论眼镜”来发现经验事实，也就是说，我们没有充足的依据断定，在验证过程中按照预言“所找到的”(假如这是可能的)必定是“所预言的”①。可见，理论决定了我们去观察什么，以及我们能够观察到什么。可见，逻辑实证主义者眼中的“观察中立论”并没有看到人们认识客观世界的复杂性和非线性，而以一种简单化的、直线性的思维来看待物理学实践，认为只需观察者被动地依据感官、仪器就可获知客观的实在，这本身就是一种不切实际的奢望。

其二，物理学理论仅是一种假设。虽然物理学家会矢志不渝地找寻对物理世界本质的解释，但似乎他们从来不会达到终点，始终停止不了对物理世界的认识，原因或许只有一个，那就是物理学的任何理论和学说都只是一种推断和假设。我们只是相对的确认，某些被普遍接受的定理或定律是非常正确的，但是我们并不能确证这些定理或定律是完全正确的。虽然诸如彭加勒等人认为，存在着“确定性”的结论，如数学，“以它固有的那般精确性，它迫使我们确立一切不用它我们也会做的假设，但我们并不怀疑它”②，但它的“确定性”也仅是来自其形式的推理而已。波普尔从理论是可错的、可证伪的理解出发，认为理论就是一种猜想，一种假说，“是我们自己的发明物，是我们自己的观念；它们不是强加给我的，而是我们自己创造的思想工作”③。为了确认这一猜想与假说(甚至几种猜想与假说)，人们需要通过排除错误来做出选择，并接受较好的经受住检验的理论，当然这一理论将来还会面临着进一步的证伪。虽然范式理论很好地解决了人们进行科学研究的规范和标准问题，但是任何一种范式也仅是相对的，它是在对反常现象的众多解释中被人们认为最合理的一种范式，但它绝对不是唯一确证性的一种范式，更多反常的发生就会有新的危机的到来，也将会导致新的科学革命。

---

① 谢鸿昆.科学是真理吗？[J].科学技术与辩证法，2002，19(5)：4-8.

② 彭加勒.科学与假设[M].叶蕴理，译.北京：商务印书馆，1989：108.

③ 波普尔.猜想与反驳：科学知识的增长[M].傅纪重，纪树立，周昌忠，译.上海：上海译文出版社，1986：165.

(四)物理文化的公众性

其一,物理文化本质上是群体作用的结果。物理学的研究成果在很大程度上依赖于物理学家个体的素养,但是物理学共同体成员之间的交流与合作却是科学得以发展的重要条件。我们绝不能说,牛顿运动定律的发现就是牛顿一人所为,以万有引力定律的发现为例,从第谷的观测到开普勒的推导,再从布里阿德的假设到胡克给予的提示,最终才有牛顿在《自然哲学的数学原理》的《论物体的运动》中对万有引力细致的阐述①。这一探索历程表明,物理学上的重大发现,需要社会的协作,而这样的结果理应属于社会所有,牛顿的名言"如果我看得更远,那是因为站在巨人的肩膀上"正是说明了这一点。

其二,物理文化是需要得到物理学共同体成员认可的文化。"承认和尊重是科学家对自己的发现的唯一的财产权"②,物理学家要想使自己的研究成果得到他人的认可,首先要获得他们的物理学同行的支持和认可,这就要求他们需要谨慎而细致地阐述他们的研究结果是什么,该结果能够解释什么,以及能够使别人信服的根据和理由又是什么,只有这样,他们才不会招致同行们体无完肤式的批驳。如果同行们对物理学家的见解不能首肯,那么也就意味着这样的见解不能成为共同体范式的一部分,也就无法向公众传播。虽然这样的方式可能会使一些重要的发现沉睡多年,但是却能够保证物理学研究成果在其范式上的一致性和严格性,因此,物理文化是需要得到物理学共同体成员认可的文化。

其三,物理文化是需要向社会大众普及的文化。一旦物理学成果获得了科学共同体成员的承认,那么它就不受国界的限制,不受种族的限制,成了社会"共同的遗产"③,成为社会的公共知识,并开始通过书本、期刊、会议等媒介"向其他的科学家、学生和整个社会传播"④,这样,公众就会更好地了解这些成果,信服并且利用这些成果。依照默顿的看法,将科学文化向公众普及以及公众对科学的支持,其实质是一种良性的"社会互动",它使得本属于个人的科学观念和经验大众化,也使得科学观念和经验变成了创新和发现的要素⑤,使得其他的物理学家获得灵感和发现物理研究的不足。

第三节 物理学之文化属性:过程之维

物理学作为一种文化过程,可以从两个层面上加以体现:一是其生成会受到社

① 郭亦玲,沈慧君.物理学史[M].北京:清华大学出版社,1991:27-36.
② 默顿.科学社会学:理论与经验研究[M].鲁旭东,林聚任,译.北京:商务印书馆,2001:370.
③ 默顿.科学社会学:理论与经验研究[M].鲁旭东,林聚任,译.北京:商务印书馆,2001:369.
④ 齐曼.真科学:它是什么,它指什么[M].曾国屏,国辉,张成岗,译.上海:上海科技教育出版社,2002:43.
⑤ 默顿.十七世纪英国的科学、技术和社会[M].范岱年,吴忠,蒋效东,译.成都:四川人民出版社,2000:330.

会文化的影响；二是物理学自身就处于一种发展进程之中。前者体现着物理文化在生成过程中与社会文化之间的相互作用和影响；后者则说明人类对物质世界永不停息的实践与探索，也表明人类对物质世界的认识永远不可能仅停留在一个水平上，也正彰显了物理文化作为特定历史时期文化规范的相对性和不确定性。本节我们将继续从物理学作为一种文化过程的视角，对物理文化的属性做较为深入的分析。

一、文化生成视角下的物理学属性分析

（一）物理文化生成的社会依存性

科学知识社会学的研究表明，科学在本质上是一种解释性的事业。科学知识的生产、评价和使用受制于人类力量的约束和利益①。因此，对物理文化生成的认识，必须脱离那种以纯粹的、客观的知识观来理解物理学，逐步走向对作用于物理学的其他社会力量的承认当中。作用于物理文化的社会力量可以分为内在力量和外在力量，内在的社会力量是物理学共同体自身，而外在的社会力量则是对物理文化形成影响的其他社会要素。

其一，物理学的内在依存性。物理学具有独创性的精神气质，它要求物理学共同体成员不断地在其研究领域中提出新的物理学问题、实施新的科学研究、提供新的科学数据，并能够提供新的理论成果或提出新的假说，然而这种独创性成果或假说并不是任意妄为的凭空想象，它通常是来自"'既定知识'的坚固网络中"②，是受到一定的规范所制约的。也就是说，物理学的认识活动总是有形或无形地受到特定共同体范式的影响和制约，它践行于其中，并力争符合该范式所要求的各种规范。物理学共同体成员的独创性成果还需要获得该范式下专业人士的认可，"受到变化多端的环境、他人的观点和事实教导的东西的忠告、强调、指导以及有时是绝对的命令"③，这种对物理学范式及共同体成员的内在依存性是必须的，因为，它可以保证物理学理论或假设能够在物理文化结构中获得自己相应的地位。由此看来，物理学理论并不是突然创造的产物，而是"从现存的文化状态中构造出来的"④，逐步渐进进化并得到认可的结果。

其二，物理学的外在依存性。物理学的外在依存性可以表现在两个方面。一是对物质技术条件的依存性。皮克林认为，科学可以视为一种科学家与物质力量

---

① 皮克林. 作为实践和文化的科学[M]. 柯文，伊梅，译. 北京：中国人民大学出版社，2006：9.

② 齐曼. 真科学：它是什么，它指什么[M]. 曾国屏，国辉，张成岗，译. 上海：上海科技教育出版社，2002：289.

③ 迪昂. 物理学理论的目的和结构[M]. 李醒民，译. 北京：华夏出版社，1999：247.

④ 皮克林. 作为实践和文化的科学[M]. 柯文，伊梅，译. 北京：中国人民大学出版社，2006：17.

较量的持续与扩展，而各种仪器与设备就是科学家与物质力量进行较量的核心①。正如大家所知道的，光学望远镜的使用明显优于人类用肉眼观察时而形成的对宇宙空间的理解，而射电望远镜运用则使人们对宏观世界的理解更加深入和透彻，所以科学家对物理世界广度和深度的理解，正是得益于他们将各种仪器与设备通过各种方式进行组合、提升及操控，以及他们运用这些仪器与设备对研究对象实施精确观察。物理文化对物质手段的依存性显示出物质手段在物理文化发展中的技术中介作用，即物质手段既是人类创造出来的物质性智力成果，它又为人类深入地探索物质世界提供物质和智力性支持。也就是说，在物理学的实践过程中创生了先进的物质手段，这些手段又强烈地制约和影响着研究者的研究方式和思维方式，继而会促进新的研究成果的生成，新的研究成果又会物化为新的物质工具，这些良性的循环不断驱使物理学的进步与发展。二是对当下的社会文化的依存性。物理学家并不是生活在真空中，他们始终会受到当下社会文化的影响。例如，民主的社会为物理学发展提供了适宜的环境保障，可以使物理学家自由地表达自己对物质世界的观点；不同物理学范式成员间有序地交往，为共同体成员解决问题打开了缺口；物理学家的意识形态和非科学的因素可能会影响到物理学家研究的视角；物理学家的研究取向、获得资助时的建议、记录数据的方式、进入公众领域的方式等，无不体现出物理学作为一种实践活动的外在依存性。我们说物理文化具有外在依存性，并不是说物理文化是由外在的社会力量所决定的，而只是说物理文化是在与社会文化互动过程中通过协商而得以确立的。这更进一步表明，通过协商而确立的结论并不是关于物质世界确定性的解释，它只是“处于特定文化和社会背景中的具体行为者群体所认为适当的主张”②。

（二）物理文化生成的历史性

物理文化是人类历史发展的产物，其本身就处于人类历史的发展进程中。因此，不管是从静态上看，还是从动态上看，物理文化在其生成上都具有鲜明的历史性和时代性。

其一，从静态上看，不同时期的物理文化展示着本时期的时代特征。正如库恩所提出的，在不同范式中工作的科学家是“生活在不同的世界里”一样，那么物理文化本身就代表着特定历史语境下的文化和科学家的生活方式。有很多人认为，经院自然哲学相比于近代科学之所以错误，是由于它们不重视经验而沉湎于思辨，这是我们用近代科学的眼光而没有运用历史的眼光来理解经院自然哲学的缘故。其实二者皆重视经验，只是两种重视经验的框架有所不同，如亚里士多德的“地静框架”得到了肉眼观察下资料的支持，而哥白尼的“地动理论”则获得了望远镜资料的

① 皮克林.作为实践和文化的科学[M].柯文，伊梅，译.北京：中国人民大学出版社，2006：7.

② 马尔凯.科学与知识社会学[M].林聚任，等译.北京：东方出版社，2001：124.

支持。另外，两者所处的社会历史背景的差异，如前者受到宗教的支持，而后者则受到文艺复兴的熏陶，也是造成不同范式的成因之一。“一个给定时代的科学，不但隶属于这个时代的传统，包括其自身的方法、价值和积累的知识在内，而且隶属于它的那个历史时代。”[①]法伊尔阿本德主张“回到史料中去”，通过深入分析社会、政治、经济等外史的各个方面以及内史的具体细节来拓宽方法论视野，以获得对物理文化全面的认知。其实，每一位生活在一定物理学范式中的研究者，其研究总是依赖于一定的研究框架，又何尝不是历史性的一种印证呢？当我们这样思考的时候，物理学家总会带着其时代的文化价值与偏见进入到研究中的论证就不难理解了。

其二，从动态上看，物理文化是在动态的历史进程中不断向前发展的。我们以“冲力理论”的发展为例来阐述这一问题。物体的运动本质，一直是哲学家和物理学家思考的主题。在亚里士多德看来，物体之所以运动，是由于它离开了其固有位置的缘故。离开了其固有位置，如果不受障碍则回到其固有位置，物体的运动是自然运动，否则都是强制运动，它们只有在外力的持续作用下才会发生。然而，对于抛射体的运动则无法运用这样的理论来进行解释。亚里士多德提出了“冲力理论”，认为投掷物体的手或器械做投掷动作时，使得与物体接触的媒质也带动了起来，并把动能（使其他物体运动的机能）传给了媒质，这样这个媒质层对下一个媒质层反复进行着同样的作用，以此类推，一层层的媒质便推动了物体向前运动。然而，“冲力理论”却与其主张的媒质阻碍运动的命题相矛盾。6世纪的哲学家斐罗波诺斯注意到了这个矛盾，并提出空气的确要阻碍物体的运动，促使其运动的是投掷的人将某种非物质的动力传给了物体本身。这一观点被法国的“唯名论者”所采纳，他们提出了“冲力”的概念，认为使动者将“冲力”传给了物体，即使使动者停止对物体作用，冲力的作用依然使物体向前运动，而物体运动速度之所以变慢，就是由于空气阻力使冲力不断减弱的结果。这样的结论对于我们现代人来说显然不能认同，但对于当时那个时代的人来说，这样的表述却成为当时论述运动的一个基准，即使处于16世纪末期的伽利略也是“冲力理论”的信奉者。而将“冲力理论”摆脱中世纪的框架进入近代力学的范式当中，则归功于对天体运动的考察。人们数个世纪对“冲力理论”的热衷直到运动力学产生的历史表明，物理文化是在人们不断对世界本质的追逐中前行的。虽然中世纪运动力学的命题与近代运动力学看上去多么相似，但是却不能说明这些命题具有近代力学的概念。因为那个时代的物理学范式与近代的物理学范式发生了截然不同的改观，所以，“要建立近代科学，必须使世界观、概念框架和方法来一个大变革”[②]。

---

① 梅森．自然科学史[M]．周煦良，全增嘏，傅季重，等译．上海：上海译文出版社，1980：566.

② 广重彻．物理学史[M]．李醒民，译．北京：求实出版社，1988：7.

(三)物理文化生成的建构性

对物质世界本质的探索一直是物理学家追求的目标。尽管客观主义者一直倡导,物质世界存在一种客观实在,并且利用物理学活动可以发现这一客观实在,并且通过经验可以推导出事实性知识与这一客观实在相对应。但是,越来越多的研究表明,所谓的"事实性知识"只是一种解释、一种假说、一个需待证实的问题、一个通过科学的逻辑而加以建构的问题。

其一,从主体的角色看物理文化的建构性。长期以来,客观主义者多是将物理学知识看作是不依赖于人这一主体而独立存在的客观性知识,物理学研究活动就是研究者针对物质世界进行客观地观察和记录,并将这些数据条理化的过程。在观察的过程中,观察者要"抑制置于超越实际可观察现象之上的信念"①,就是要避免自己主观经验的介入,以保证数据的真实性和客观性。通过这种方式所归纳出来的物理学理论就被认为是物质世界内在规律的真实表达,按他们的话说,就是"首先要有一个支撑点,理论家的作用就是保证这些杆直接安置在这些支撑点上"②。然而,我们真的不能也不可能忽视人的因素,人是具有自己的世界观、经验和信念的人,物理学研究不能将研究者的主观经验完全排除在外。从实验的观察和数据的收集来看,观察者的确需要"依据他们的个人兴趣、预期和经验对数据作转化和诠释",而"每一次观察行为都必须从一个最初的假设开始,随后依据经验进行验证和修改"③;从物理学知识的形成来看,物理学知识的确需要研究者将"从整个智识和实践环境中抽取出来的部分'合在一起'"④,并通过思维加工而形成对观察事实的解释。这表明,在物理学知识的形成过程中,研究主体并不是对物质世界被动的、机械的、简单的和价值中立的反映者,而是积极的、主动的、创造性的、具有个人价值取向的建构者。

其二,从认识论视角看物理文化的建构性。在客观主义者看来,物理学知识是对现实的一种表征,它是被发现的,而不是创造的,人们能够根据一组组经验数据来识别、归纳并发现这一知识。"发现",意味着表征事物之间规律性的知识本身就存在,而我们要认识这一规律,就是要通过一定观察、实验及逻辑程序将这一规律"找"出来。然而,物理学家对物质世界的认识,却并非仅是"找"这么简单。我们必须承认,世界中各物质之间存在着必然的关系和联系,物理学家就是要通过利用或排除一些偶然因素,并且通过控制一些不利因素或非本质因素,让我们寻求的主要

---

① 弗拉森.科学的形象[M].郑祥福,译.上海:上海译文出版社,2002:8.

② 洛西.科学哲学历史导论[M].邱仁宗,金吾伦,林夏水,等译.武汉:华中工学院出版社,1982:201.

③ 齐曼.真科学:它是什么,它指什么[M].曾国屏,国辉,张成岗,译.上海:上海科技教育出版社,2002:127.

④ 齐曼.真科学:它是什么,它指什么[M].曾国屏,国辉,张成岗,译.上海:上海科技教育出版社,2002:284.

方面或本质的东西显现出来，这样才会有利于物理学家更深入、透彻地认识物质世界。而这一系列过程均是在物理学家人为的和受控的状态下实施的。另外，物理学规律是由一系列概念构成的，然而，概念并不会先天就在其经验数据中显现，如楞次定律“感应电流的磁场总要阻碍引起感应电流的磁通量的变化”中的“磁通量”，只是人们为了更好理解规律而确定的一种假设性概念。换句话说，物理学理论并非只是对事物或现象本身的关注，也并非只是对所获得的数据的关注，因为“每一个物理理论都是远远超过手头所掌握的数据的创造性过程的顶点”①。同时，面对给定的经验数据，往往面临无数的解释。研究者选择某一种解释，并非仅是沿着设定好的唯一渠道，而是更多依据他们自己的理解并借助可利用的概念而建立起来的符号结构。所以从认识论的视角，物理文化并非仅仅是一种发现、一种归纳，它更是一种建构、一种创造、一种假设，是“创造性和控制这两者的一种微妙的小心平衡的联合的结果”②。

其三，从方法论视角看物理文化的建构性。自培根以来，许多物理学家和科学哲学家就支持实证主义的研究方法，认为物理学命题或理论是否有意义，取决于运用经验实证的方法确定是否为真。当运用经验得到了证实，这样的命题或理论就具有意义，就成为真理。然而，证伪主义者却认为，通过经验归纳而来的理论并不一定为真，这些所谓的理论只是“人类智力自由创造的推测性和试探性的猜想或猜测，试图克服先前理论遇到的问题，给世界或宇宙某些方面提供适宜的描述”③，所以，他们提出了经验证伪的方法，认为只有经历过证伪的命题，才是更具普遍性和真理性的命题。库恩则从历史主义的立场提出了“范式”的概念，认为一切科学理论都处于一定历史境况下的科学范式中，科学家选择哪一种范式，“取决于他给予不同的因素何种优先地位”④。即使这样，法伊尔阿本德也不会认同，他提出，“不存在什么特殊方法，可用以保证科学成功，或者使之成为可能。科学家之所以会解决问题，并不是因为他们持有一根魔棒——方法论或者合理性理论，而是因为他们长时间研究一个问题，因为他们对其情势了如指掌”⑤。如上为科学划界的方法论可以表明，物理学家从事物理学研究的方法可以是多种多样的，获得物理学成果的途径也是不同的，并不存在普遍适用的物理学方法，物理学家在解决物理问题时的方法论选择和使用是完全自由的，物理学不应该也不倡导人们用任何规则、原理、方法来束缚和压制自己的想法和创造性。

---

① 邦格.物理学哲学[M].颜锋，刘文霞，宋琳，译.石家庄：河北科学技术出版社，2003：12.

② 法伊尔阿本德.反对方法：无政府主义知识论纲要[M].周昌忠，译.上海：上海译文出版社，1992：261.

③ 查尔默斯.科学究竟是什么[M].鲁旭东，译.北京：商务印书馆，2007：48.

④ 查尔默斯.科学究竟是什么[M].鲁旭东，译.北京：商务印书馆，2007：91.

⑤ 法伊尔阿本德.反对方法：无政府主义知识论纲要[M].周昌忠，译.上海：上海译文出版社，1992：262.

二、文化发展视角下的物理文化属性

(一)物理学发展的偶然性和必然性

物理文化的发展历程与人的认识过程一样,总是遵循着从简单到复杂、从特殊到一般、从表面到本质的一条必然性和规律性的道路。然而,物理学的认识活动并不总是如归纳逻辑主义者所阐述的那样,经验总是会与所谓的科学事实达成一致。不确定因素的介入,使得信息具有了更多的随机性和偶然性。物理学的研究,就是通过这些不确定的因素"探索出与之相关的确定性,也就是寻找隐藏在偶然背后的必然性"①。

其一,从内在本质上说,偶然性和必然性是物理学发展历程中相互依存的辩证统一。恩格斯很早就预言,偶然性和必然性是自然活动和社会活动不可分割的对立统一,"偶然性只是相互依存性的一极,它的另一极叫作必然性。在似乎也是受偶然性支配的自然界中,我们早就证实,在每一个领域内,都有在这种偶然性中为自己开辟道路的内在的必然性和规律性"②。我们从物理学发展的具体实例出发,来阐述物理学发展的偶然性及其与必然性之间本质关系的确证。在19世纪初,物理学家多以数学为工具,因循牛顿的自然观,认为宇宙所发生的一切事情,都具有严格的因果关系,即已经确定了初始状态和力的原理,就可以严格决定未来的一切状态③,学者们称其为"严格决定论"。然而,"严格决定论"在解决分子运动论问题时却遇到了"反常"。麦克斯韦发现,气体分子运动速率并不是单个分子的确定行为,而是大量气体分子的统计平均;同样,玻耳兹曼试图运用"严格决定论"来解决熵增加原理的时间方向性与牛顿力学的时间可逆性之间矛盾的失败,这使他意识到,与熵增加相反的趋势也可以低概率的存在,这反映出"热力学同概率论的已知定律及物质运动论联系起来"④,丹皮尔将其称作"统计决定论",即可以用统计的方法研究大量单个偶然事件的平均行为和统计规律,自然过程在统计学意义上的平均仍是决定性的。海森堡"测不准原理"的发现则彻底推翻了"严格决定论",他认为,单个微观粒子的某些物理量,如位置和速度,不可能同时具有确定的数值,其中一个量越确定,则另一物理量就越不确定,但两者在测不准幅度上的乘积总等于同一个量。这样,"量子定律的发现宣告了严格决定论的结束"⑤,从而使得自然过程不仅从大量粒子运动的平均表现上,而且从单个粒子运动的统计平均上均表现

① 洪晓楠.必然性-偶然性问题与当代自然科学[J].安徽师范大学学报,1993,21(1):8-13.
② 恩格斯.家庭、私有制和家庭的起源[M].中央编译局,译.北京:人民出版社,1972:172.
③ 桂起权,沈健.物理学哲学研究[M].武汉:武汉大学出版社,2012:114.
④ 丹皮尔.科学史及其与哲学和宗教的关系[M].李珩,译.北京:商务印书馆,1975:329.
⑤ 玻恩.我这一代的物理学[M].侯德彭,蒋贻安,译.北京:商务印书馆,1964:59.

出了偶然性与必然性的辩证统一关系。至此,物理学研究过程中的偶然性问题就从“可有可无”甚至是“科学的敌人”的状态回归到其本原的位置。

其二,从形式上说,偶然性是必然性的客观表现,偶然性可以通过自组织系统转变为必然性。当代物理学的发展已经表明,物理学的发展受到多维变量的制约,各变量自身就显现出偶然性和随机性,如它们既可以表现为微观世界粒子运动的跳跃性和无规则性,又可以表现为宏观运动形态的多样性和“误差量”的波动性;既可以表现为人类总体活动的主动性、随意性和多自由度选择性,又可以表现为个体思维活动的突发性、跳跃性和不确定性;既可以表现为实验环境要素的多样性,又可以表现为观察角度的多维性。这些变量相互影响、相互间干扰而产生综合性效应,从而使科学发现呈现出随机性、偶然性和波动性。物理学活动中的这些非确定性变量,阐明了物理学发现的偶然性在寻求物理学发展总体规律过程中的客观性和普遍性。然而,偶然性所发现的毕竟仅是个别的物理学的事实,物理学事实不是物理学理论,它只是物理学理论构成的素材和原料。物理学发现的偶然性如何转变为物理学的必然性?耗散结构理论提出,必然性都是通过系统中的涨落、偏离、振动和变异等这些偶然性来实现的,也就是说,物理学作为一种自组织系统,物理学的必然性会自动发挥作用,使得混沌走向有序,起因于偶然性的要素可以通过非线性正反馈机制,放大并转变为必要性要素①,从而使得偶然性转化必然性。

其三,从动力上说,偶然性的发生可以加速或延缓物理学发展的进程。矛盾是科学发展的动力,科学发展的过程总是处于一系列的矛盾之中。在这些矛盾中,既有推动科学发展的根本性矛盾,也有起制约和干扰作用的非根本性矛盾,前者决定了物理学发展的总体方向、规律性和必然性,后者则决定着影响或制约物理学发展的机遇性和偶然性。必然性作为物理学发展过程中总体规律的必然取向,并不会以纯粹的方式来体现,它总是以偶然性来为其开辟道路,并通过大量的偶然性加以展现。换句话说,物理学根本性矛盾所展现出的动力,驱使物理学总是向前发展的,物理学事实也终究会被研究者所发现,只是这些事实所发现的时间和空间受到那些偶然性要素的制约,进而会对物理学的发展造成加速和延缓效应。阿基米德在澡盆中的偶然遭遇,使他快速解决了浮力和液体体积的关系,从而标志着流体静力学的诞生;奥斯特关于电和磁关系的偶然发现,加速了电磁学的发展和这门新学科的产生;伦琴和贝克勒尔关于放射线的发现,打开了人们探索微观结构的大门。相反,如果卡文迪许能将他在静电学上的发现告知公众,那么静电学的研究将会提前几十年。然而,偶然现象的发生并不是说任何人以任何捉摸不定的方式去制造,它通常是特定的人在自觉状态下保持警觉的态度,一旦偶然事件出现就会被识别并把握它,所以拉格朗日在谈到牛顿所经历的机遇时指出,“这样的偶然性仅仅被

---

① 桂起权,沈健.物理学哲学研究[M].武汉:武汉大学出版社,2012:137.

那些理应得到它们的人所碰上”[①]。

（二）物理学发展的渐变性和突变性

物理学是一个动态的文化发展过程。物理学发展具有渐变性和突变性两种演进方式。所谓渐变性，通常是指物理学的演化所呈现的平稳、和缓的累积发展方式，如物理学事实的不断增加、物理学原理或物理学理论的不断完善，均是在相对较长的时间内发生在量上的变化等；而突变性则是指在物理学演进中的突然、迅速的跃进方式，如在相对较短的时间内实现的概念、原理或理论发生的质的改变。从物理学史的发展来看，物理学既不可能像归纳主义者所宣扬那样，物理学的发展始终保持继承性和连续性，也不可能像证伪主义所支持的那样，物理学的发展始终处于革命和否证的进程中。对我们来说，物理学的发展应该是渐变和突变、连续和间断相互交织与交替的进程。

其一，物理学发展进程的渐变性。物理学发展进程中的渐变性，是由认知对象的复杂性和认知主体的认知规律所决定的。以物体动力学的研究为例，我们是将物体看作质点还是看作刚体，物体是平动还是转动，物体的运动是匀速还是加速，物体的运动是沿直线还是曲线……可以发现，即使同一认知对象，它也始终处于错综复杂的关系当中，而要实现对该物体运动本质的全面了解，并不是任何人一朝一夕就能够实现的。因此，处于特定时空的物理学共同体成员，只能从认知对象的某一局部出发，实现认知上的阶段性的累积，或者说，处于特定系统的认知主体，只能通过逐个层次再到整个系统的认知上的累积，才能实现由浅入深、由局部到全体、由模糊到精确、由相对到绝对的科学本质的认识[②]。同样，从认知主体的认知特性看，人类的科学实践也只能在连续的渐进中前行。杜威将人类对深入认识事物的过程称作“反省思维”，他指出，人的反省思维是一个由观念和结果构成连续体，各个连续的部分相因而生、相辅相成、来往有序，并向着共同的目标持续不断地运动[③]。皮亚杰也提出了人类的“认知螺旋”模型，指出人类的认识过程就是一个开放的、连续的、不断向前扩展的倒置圆锥。所以，从认知主体的认知特性看，认知主体对科学的认识是一个从局部到全面、从层级到系统渐进的、连续的过程，只有这样，认知主体才会运用所掌握的物理学知识与方法系统地作用在后继的层级上，以获得对系统更深入的理解和把握。

其二，物理学发展进程的突变性。一般来说，物理学发展中的突变具有两种方式：其一是偶然性所造成的突变，即物理学发现在没有任何预兆前提下的突然发生，这大多是基于偶然性和个体的非智力因素作用而产生的，如机遇、直觉、灵感、

---

① 安卡约里．物理学史［M］．戴念祖，译．呼和浩特：内蒙古人民出版社，1981：222．

② 张之沧．揭开科学的奥秘［M］．长春：吉林人民出版社，1989：357．

③ 杜威．我们怎样思维：经验与教育［M］．姜文闵，译．北京：人民教育出版社，1991：2．

顿悟等。在科学史上,X 射线的发现、奥斯特的实验、普朗克子能量子概念的提出、德布罗意物质波概念的提出等,都属于这类物理学的突变。相对于整个物理学体系来说,这类突变只能算是物理学理论体系中较低层次的科学发现。其二是结构性的突变,表现在物理学家在其探索与实践过程中所发生的物理学范式的变革,如牛顿的动力学理论、爱因斯坦的相对论、麦克斯韦的电磁学理论等,它主要体现在人类认识活动发展的必然性和不可避免性[①]。从认知主体而言,由于其认知对象都可以看作是由不同的阶段和层次构筑而成的连续统一体,所以认知主体每获得一个层次或阶段的知识,就实现了在该层次上认知上的突破和飞跃,从而表现出认知上的突变性;从常规科学的解谜而言,当常规科学中"反常"问题的增多,某一范式的物理学处于危机当中,众多物理学家提出更多的选择性范式,其中的一个范式被多数的物理学家承认、接受和支持,并能够基于该范式继续进行探索研究,此时物理学就发生了革命性的突变。

其三,物理学发展进程中渐变与突变的相对性和交织性。首先,物理学发展中的渐变和突变是相对的,这种相对性是针对不同的层次和时间而言的。如果将物理学的总体发展看作一个大体系演变过程,那么物理学在其演进过程中就可以分为不同的阶段和层次。这样,如果我们将物理学理论发展的某一阶段与更小的阶段相比,它可以看作是一种渐变;然而,将其放在更大的连续体系当中进行比较,它将被看作是一次突变。以电磁学理论的建立为例,麦克斯韦从 1855 年发表第一篇论文《物理学力线》至 1873 年发表著作《论电和磁》经历了 18 年,将这段时间与奥斯特关于电和磁关系的偶然发现相比,可以将其看作是平稳而缓慢的累积,但若将其与吉尔伯特 1600 年发表《论磁》算起的历史相比,则就可以看成是一次突变或者革命了。其次,物理学发展中的渐变和突变又是相互交织的。通过对渐变和突变相对性的认识,我们可以知道,物理学发展的不同层次和体系中,更高层次的渐变总会包含着较低层次的突变,较低层级的突变构成了较高层级渐变。

第四节　多元视角的物理文化再审视

前几节,我们着重探讨了物理学的文化内涵,也对物理学的文化属性进行了分析,这些分析让我们认识到:物理学并非像一些科学家、一些物理教育工作者所想象的那么客观、实在、纯理性和普遍性,物理学实际上具有强烈的主观性、相对性、历史性、建构性和社会性。我们必须意识到,在前几节的讨论中,我们借助西方现代物理学话语来阐释物理学的文化及其属性问题,并极力回避着其他文化中存在物理学的主张的这一可能性。然而,法伊尔阿本德对知识本质的理解或许能够表征我们对现实的这种忧虑:"不

① 张之沧.揭开科学的奥秘[M].长春:吉林人民出版社,1989:361.

存在什么单一的知识概念。有许许多多各种各样的词用来表达我们今天所认为的形形色色知识或各种获得知识的方法。"①我们不禁要问：是否还存在着除现代物理学之外的其他物理学？更为重要的是，随着对物理学多元文化属性的理解，在当前学校这一教学场域中，我们是否应该对物理学这一术语重新加以标签化？

这一思考让我们必须重新审视物理文化的相对性和建构性：既然物理文化是相对的，那么除主流社会所主张的物理学之外，应该还具有其他形式的物理学；既然物理文化具有建构性，除以主流文化为代表的共同体可以建构物理文化之外，其他以非主流文化为代表的群体亦可以构建自己的物理文化。这样的理解让我们对物理文化的认知打开了另一扇窗口：物理教学中的物理文化并不必然就是由主流社会所主张的单一的物理文化，物理文化本身就是多元的。我们很容易发现，当我们站在不同的视角上，物理文化会有着不同的分类，如从空间维度看，会存在外来物理文化和地方物理文化之分；从时间维度看，会存在古典物理文化和现代物理文化之分；从社会群体维度看，又会存在主流物理文化和非主流物理文化之分。即使在同一维度下，如同样是空间视角，地方文化又会分为这个地域群体的地方文化和那个地域群体的地方文化。我们还会发现，不同视角下的文化具有不同的分类，而不同视角的文化又会相互交织在一起，如外来的物理文化可能是现代的，也可能是古典的，可能是主流的，也可能是非主流的，如"西方的现代的主流的物理文化"就表征了这类物理文化的交融性。可见，对物理文化进行标签化，源自"谁对这种知识体系和认识自然的方式更有贡献，以及他们产生了什么类型的知识"②。本节中，我们并不想以这种传统的分类方式来对物理文化的多元性加以论述，而是立足于当下，以正在被不同社会群体所认同或所使用的文化形式来提出物理文化的多元概念，将物理文化划分为两种大的类型：现代物理文化和地方物理文化。

一、现代物理文化与地方物理文化

（一）现代物理文化

我们这里用的现代物理文化是特指以西方现当代物理学为主导的，并且被当代主流社会所倡导及推行的物理文化。在许多学者的眼中，一直将主流科学看作是"西方科学"（Western science）或者叫作西方现代科学（Western modern science），由此将主流的物理文化看作是"西方物理文化"或者"西方现代物理文化"。现代物理学源起于西方的欧洲文化是不争的事实，但是现当代学者（如李约瑟）的

① 法伊尔阿本德. 反对方法：无政府主义知识论纲要[M]. 周昌忠，译. 上海：上海译文出版社，1992：215.

② AIKENHEAD G S，OGAWA M. Indigenous knowledge and science revisited[J]. Cultural Studies of Science Education，2007，2(3)：539 - 591.

研究表明，不仅具有亚洲文化背景的人在欧洲文艺复兴中为数学和物理学的发展奠定了基础，而且阿拉伯人、印度人和非洲人对物理学的发展也做出了卓越的贡献。因此，用现代物理文化来指称主流物理文化，就是要表明物理文化并不是西方人或现代西方文化所独有的一种亚文化，特别是物理学受全球化影响的今天，用这样的称谓更具有现实意义。

其一，现代物理文化是因其强势而君临一切。物理学的形成，得益于物理学共同体成员的集体承诺，他们共享物理学的基本假设和基本方法，他们运用相同的话语体系，分享着相同的科学精神气质。正是这种承诺，使其权威性得以伸张："科学观点的权威性保持着基本的相互性；这一权威性是建立在科学家之间，而不是建立在他们之上。科学家们在彼此之上行使着他们的权威性。因此，科学家们作为一个整体，并不会把科学的权威性坚持在普通大众之上"[①]，这就意味着，现代物理学仅仅只是被物理学共同体自身来证明其合法化，而对于其他群体或机构要么被排除在物理学的合法化"审判所"之外，要么被期望没有任何异议地去接受下来。物理学具有公众性的科学精神气质，然而，这一公众性却是建立在物理学君临一切的基础之上，它对它的实践者不是说服，而是强制，它不需要它的实践者去理解，"也不愿宽容不同的思想体系，因为他们有力量把他们的愿望强加于人"[②]。而这样的做法，不仅发生在科学兴起之初西方入侵者对非西方部族的镇压，使非西方部族遭受肉体的伤痛和理智的丧失，乃至其传统文化的丢失。它还发生在当代社会对教育的统治上，即它只允许科学学科成为学校的必修科目，只允许学习现代物理学，而不允许有更多别的选择。由此看来，物理学作为科学的一种类型，并没有像其宣扬的那样具有民主性和公众性，有时它就像一座"孤峰"，高高在上，凌驾于其他的非现代物理学的假设之上。

其二，现代物理文化只是物理文化中的一种。我们已经知道，物理文化并不是客观的和价值中立的，它是受历史、社会文化和意识形态浸染的，是带有一定偏见和成见的科学。现代物理学倡导合理性，而这一合理性仅仅只限于现代物理学范式当中的合理性，并不能否认其他物理学共同体对物质世界解释的合理性，"在实践中，日本人普遍倾向于遵循一定的习惯和行为规范。基于他们的基础准则和道德评价，日本人致力于一个具有普遍的倾向的有限的社会代码。因此，在这个意义上，我们可以宣称对他们来说的合理性——合理性是符合规则的行为"[③]；现代物

---

① OGAWA, M. Science education in a multiscience perspective[J]. Science Education, 1995,79(5): 583-593.

② 法伊尔阿本德. 反对方法：无政府主义知识论纲要[M]. 周昌忠，译. 上海：上海译文出版社，1992: 256.

③ OGAWA M. Science education in a multiscience perspective[J]. Science Education, 1995,79(5): 583-593.

理学倡导因果关系，然而，许多非现代物理学更加倡导相关性，只是这种相关性表征着“所有事物都和我有关系”，这是一种整体观，而不是现代物理学倡导的物质和精神分离的二元对立观，精神成为这个关系体中的重要成分，“如果一切是有生命的，那么一切都是有精神的和有知识的。如果一切都有精神和知识，那么所有的事物都像我一样。如果所有的事物都像我一样，那么所有的事物都和我有关系”①。现代物理学认为只有自己才会给物质世界以依赖的技术和确切的回答，但是，“在旧石器时代，曾有过一种高度发展的、国际闻名的天文学，这种天文学在事实上是恰当的，在情感上是令人满意的。它既解决了物理问题，又解决了社会问题，它以十分简单而又机智的方式得到了检验(英国和南太平洋的石头观象台)”②。因此，不用迷信现代物理文化的“权威性”“唯一性”“实在性”“客观性”……物理学只是理解物质世界的一种方式，并不是理解物质世界的特有方式。它凭借其整体性的结构和内在的一致性，成为理解物质世界强有力的方式。但是，所有这一切，并不能磨灭其仍然仅是建构世界的一种方式。

(二)地方物理文化

现代物理学相对性使我们意识到，我们需要对物理学这一术语的概念进行重新审视，即必须将物理学看成是狭义和广义两种类型：从狭义的角度看，物理学就是指源起于西方的并且当下正在主流社会广泛运用的现代物理学；从广义上看，每个地域群体和每个社会中都会有自己的物理学，而这一物理学的功能在于维持其母体的社会和文化。因此，我们就将处于特定地域群体文化中的物理学叫做地方物理学。

其一，地方物理学是集体对物理现实具有文化依存性的理性感知。这里的理性，并不意味着单一的具有普遍意味的现代理性，而是建立在特定的地域背景下，又与这一地域背景紧密相连的理性，也即是说，理性是相对的，它是以符合特定地域传统规则为基准的。这里的感知既表征着某一群体通过参与物理现实而形成的对物理现实的意义建构，也表征着他们形成对物理现实认知结构的过程。可见，同现代物理学一样，地方物理学并不具有个人特质，而是由特定的地域群体所持有。它是特定地域群体对物质世界的集体认识，它本身是缄默性的，甚至于即使生活在这种地域之中，人们可能也意识不到它的存在，也意识不到自己会在不自觉中被它所支配。在很多情况下，地方物理学通常是通过日常的交往和地域群体的活动从一代转移到下一代。列维-布留尔的“集体表象”的概述为我们理解地方物理学提

① BEAR L. Jagged worldviews colliding[M]//BATTISTE M. Reclaiming indigenous voice and vision. Vancouver: University of British Columbia Press, 2000:77-85.

② 法伊尔阿本德. 反对方法：无政府主义知识论纲要[M]. 周昌忠，译. 上海：上海译文出版社，1992：266.

供了帮助："表象在该集体中世代相传；它们在集体中的每个成员身上留下深刻的烙印，同时根据不同情况，引起该集体中每个成员对有关客体产生尊敬、恐惧、崇拜等感情。它们的存在不取决于每个人；其所以如此，并非因为集体表象要求以某种不同于构成社会集体的各个体的集体主体为前提，而是因为它们所表现的特征不可能以研究个体本身的途径来得到理解。"[①]也就是说，每一个体并不会如特定的理论体系那样很完整地表达出地方物理学，但是，他却能和其所属地域群体的人们一样，集体性地感知并共同地经历地方物理学。因此，一个人可以意识到他自己的地方物理学，并受地方物理学的感染。比如说，当他与相同地域群体的人们共同处理物质世界问题时的默契感，或者他与其他地域群体的人处理物理问题时的不适感，都在说明地方物理学对他的影响。

其二，地方物理学是一种物质和精神相统一的文化。我们已经知道，现代物理学是一种整体性的文化，在多数情况下，它是处于一种割裂的状态，即人们一般注重其形而下的物质文化，而忽视了形而上的精神文化；或者人们仅把物理学看成是一种实在性的知识，而忽视了物理学的人文属性。地方物理学是一种统一性的文化，它将物质和精神统一在了一起。例如，鲁（Loo，2005）就指出，原住民具有一元论的世界观，它不同于笛卡尔二元论的世界观，一元论的世界观注重将物质和精神交织在一起，作为一种结果，宇宙中的一切如动物、植物、人类、岩石、天体、自然力量等都被赋予了生命[②]。列维-布留尔也指出，"我们叫作经验的东西和在我们看来对于承认或不承认什么东西是实在的这一点上有决定意义的那种东西，对于集体表象则是无效的。原住民不需要这种经验来确证存在物和客体的神秘属性：由于同一个原因，他们对待经验的反证也是完全不加考虑的。问题在于，受着物理实在性中作为稳固的、可触的、可见的、可把握住的东西的那一切所限制的经验，恰恰漏掉了对原始人最重要的东西，即神秘的力量"[③]。一元论的世界观使得原住民在处理物质世界的问题时要考虑多重的关系以达到和谐与平衡，而将这些关系分割开来将会造成他们对物质世界理解的极大的不和谐。

其三，地方物理学是一种动态的规范性文化。世界上的每一个地域群体都具有其数百或数千年来保存下来的独特的世界观和知识体系，与这些世界观一起延续下来的是与其紧密相连的价值观和信念。它根植于这一地域群体之中，并为长期生存于这一特定地域的每一个人提供深厚的地方性知识和经验，也为他们寻求

---

① 列维-布留尔.原始思维[M].丁由，译.北京：商务印书馆，1981：5.

② LOO S P. The two cultures of science: On language-culture incommensurability concerning 'nature' and 'observation'[M]//LOO W P, SARMIENTO C Q. Proceedings of the Japan foundation intellectual exchange project workshop: Southeast Asian and Japanese cultural influences on the understanding of scientific concepts. Penang, Malaysia: RECSAM-SEAMEO, 2005: 1-14.

③ 列维-布留尔.原始思维[M].丁由，译.北京：商务印书馆，1981：56.

对这个世界的理解提供着一种规范和标准。正如格尔兹所提及的文化的解释一样，文化是“由个人必须知道或相信以便能够按照该社会成员可以接受的方式操作的一切所组成的”[①]。与现代物理学通过观察和大量的实验来确证其对物质世界的假设不同，地方物理学是内在一致性的，是自我验证的；它的规范是基于其自身的优势、概念框架和实践取向的；它具有逐步去理解和认知的规范过程；它有着自己所支持的关于现实本质的形而上学；它关涉到一个整体性的关系系统；它关注的是宇宙中的能量和过程；它为实践提供了理解这个世界的框架和基础；它将自己完全整合进完整的生命体系当中[②]。与现代物理学相类似，地方物理学也处于动态的发展当中。地方物理学通过代际关系实现文化的传承，在每一代中，个体会通过自己的观察，将自己的体验与上一代人所持有的体验进行比较，来测试知识的可靠性，并与他人交流着自己的体验，地方物理学就在个人的和社区的层面上进行着修改。“原住民的知识体系比起西方的科学思想更加具有自我意识感的经验，尤其是在个人层面上。每个人都必须是科学家，他们通过作为一名猎人、渔夫、觅食者，或用最小的机械技术的农民去维系生活”[③]，为此，地方物理学伴随着所属地域群体新的观察、新的技术、新的见解和新的精神信息，处于动态的演变之中。

二、物理课堂中的物理文化

物理文化的相对性，让我们看到了物理文化的多样性，即物理文化不仅包括现代物理文化，也包括根植于不同地域群体当中的地方物理文化。基于国家层面的课程要求，“打好共同基础，关注地区、学校和学生的差异，适当增加课程选择性，提高课程适宜性”[④]，物理课堂教学应该对现代物理文化和多样化的地方物理文化给予必要的回应。然而，除了这两类物理文化，我们认为，还应该包含着第三类物理“文化”，即个人物理“文化”。之所以将“文化”一词标注引号，是因为文化总是表征着一个群体对现实世界的整体感知，它存在于人类群体的显著成就当中，因此，个人对现实世界的感知并不是传统意义上的文化。

我们借助地方物理文化是“集体对物理现实具有文化依存性的理性感知”这一理解，可以将个人物理“文化”看作是个体对物理现实的综合性的理解。它意味着，虽然物理文化被某一集体（或物理学共同体）所持有，但是个体由于受到家庭教育和学校教育的影响，以及个体与社会其他成员的相互交往，他们完全可以建构出属

---

① 格尔兹. 文化的解释[M]. 韩莉，译. 北京：译林出版社，1999：14.

② CAJETE G A. Igniting the sparkle: An indigenous science education model[M]. Skyand, NC: Kivaki Press, 1999:84.

③ AIKENHEAD G S, OGAWA M. Indigenous knowledge and science revisited[J]. Cultural Studies of Science Education, 2007, 2(3): 539 - 591.

④ 中华人民共和国教育部. 义务教育物理课程标准[M]. 北京：北京师范大学出版社，2022：4.

于个体自身对物理现实的独特理解。我们也可以这样认识:在物理课堂中,不管是教师还是学生,每一个体都具有个体独特地对物理文化的理解。

个人物理“文化”与现代物理文化、地方物理文化之间必然存在着关联性,我们以一位具有地方文化背景,并在现代物理学环境中学习和研究的物理工作者的成长经历为例,来说明这三者之间的关系。物理工作者在进入现代物理学领域之前,都会带有个人物理“文化”,此时的个人物理“文化”深受其所属地域的地方物理文化的影响,对外表现出地方物理学的文化特质。当物理工作者进入现代物理学的研究或学习领域中,地方物理学的文化价值和形而上学的观念会介入现代物理文化的学习当中。当然,他们学习和体验现代物理文化,现代物理文化反过来又开始影响其个人物理“文化”,并通过他与自己所属群体文化中其他成员的沟通与交流,影响到自己所属群体文化中的地方物理学的发展。可见,个人物理“文化”是在动态中不断向前发展的,并且个人物理“文化”又与现代物理文化和地方物理文化紧紧交织在一起。我们可以将三者之间的相互交融关系用图 1-1 加以表示。

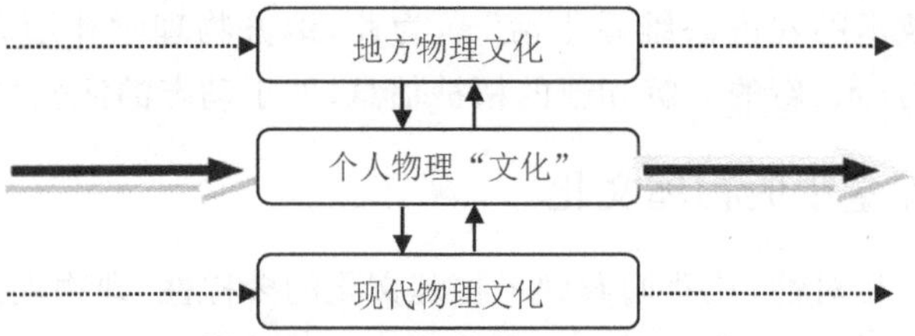

图 1-1　个人物理“文化”、现代物理文化和地方物理文化的关系

这样,我们就可以大概勾勒出物理课堂教学中的物理文化图景。在物理教学过程中,必不可缺少三个基本要素:教师、学生和教学内容。根据我们上面的讨论,教师不仅具有与其所属地域相对应的地方物理文化,也具有其个人物理“文化”,这样的情况同样也适用于具有不同文化渊源的学生们。因此,在任一物理课堂中,会存在着多元的地方物理文化,以及教师和每一位学生所彰显的个人物理“文化”。当然,教师和学生们又共同面临着现代物理文化。我们用一个简单的图形来表示传统意义上的物理课堂教学中物理文化之间的互动关系,见图 1-2。

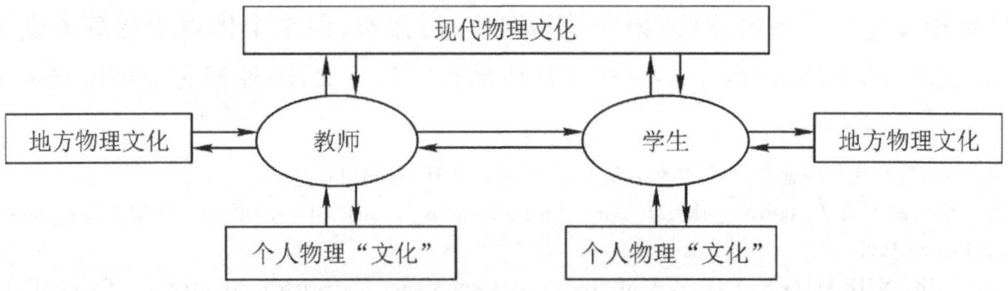

图 1-2　物理课堂教学中物理文化的相互作用关系

面对这样一种物理文化互动的场景，我们可以设想到一个相当富有成效的场面：教师与来自不同地域群体的学生一起，运用各种各样的物理文化“透镜”来审视现代物理文化。同时，物理教师又通过激发学生之间的交流与互动，让多元的物理文化也处于互动与交流之中，使他们同时可以了解现代物理文化、地方物理文化和其他同学的个人物理“文化”，学生们在从多角度来理解物理文化的同时，又会形成个体对物理现实的独特性理解。达特(Dart)在尼泊尔所做调研的数据可以很好地证实这一点，他在向当地居民询问地震产生的原因时，几乎所有人都存在两种表述：第一种表述是“地球被鱼背所支撑着，当鱼在成长中累了，它就转移重量，这样就摇动了地球”；第二种表述是“有火在地球的中心，它试图逃跑，有时会使地球破裂，从而造成了地震”①。达特的调研数据表明，虽然尼泊尔人并没有告诉我们什么样的世界是他们所相信的，但他们的确是从多个角度来理解同一现象。除了这些理解，每一个体都会有机会去问自己：“这种现象对于我来说，看上去应该是怎样的？”这样的问题就属于个人物理“文化”的范畴。而对于这类问题的回答，正是当前物理教学所需解决的问题。

① DART F E. Science and the worldview[J]. Physics Today，1972,25(6):48－54.

第二章　物理教学的文化学转向

我们并不是简单地认为知识是信念和事实的堆积，其真实性依赖某一文化群体，而是进一步认为，知识是关于那些信念和事实的精神活动的一些结果。知识不是固定不变的，而且，正如在某些非工业化的文化中那样，只有当它继承了传统线索时，它才是可接受的、受尊重的。但这并不就是说，传统的精神活动是完全被动呆滞的，只能得出同样的结果。

——〔美〕马尔塞拉(李本达 译,1991)

我们已经知道，物理学是一种文化，而且物理学是一种相对的、建构的、具有社会依存性的文化。物理文化的相对性决定了物理文化的多样性。从文化学视角看，现代物理文化已经不再是物理教学中独一无二的文化，而处于物理教学各种问题中心的物理教师，将不得不重新审视物理教学中物理文化传递问题。

物理教学的核心目标是为了培养人，并通过对人的培养来促进社会的发展。显然，当我们接受物理文化多样化的观点，并将我们的视角触及人类这一社会场域时，我们对物理教学的理解也必然会随之发生转变，对物理教学中的一些核心问题也必然要重新加以思考。

第一节　物理教学目的的文化学转向

物理教学的目的就是为了培养人，并通过培养人来实现社会的目标。然而，我们必须要思考，通过物理教学应该培养什么样的人？这样的人应该具备什么样的素质来适应当下社会发展的需要？为此，我们期望通过对社会上“流行”的几组物理教学目标观的追问，对物理教学的目的重新加以审视。

一、“物理知识人”的现实追问

物理教学目标的第一种取向是培养物理知识人，它是以逻辑实证主义科学观为其哲学根基的。当代科学教育学者马修斯(Matthews,1994)指出，科学是一个智力活动，其真理发现的目标不会在原则上被国家、阶级、种族或其他文化差异所影响，因此，科学为我们提供了解这个自然世界的最好形式，所以，教师对科学教学的义务就是给学生们传递这些科学知识①。这样的科学教学目标观附着于教育之中,并盛行了几个世纪。如英国哲学家斯宾塞的"科学知识最有价值"的论断就代表了这种教学目标取向。他认为,将科学知识教给学生的目的就是为了实现人未来完满的生活,即它可以直接或间接地保全自己的生活;可以指导父母完成自己的职责;可以使公民合理地调节他的行为;可以为公民进行艺术创作和欣赏做好准备;可以让人们实现智慧、道德、宗教训练的目的②。

这样的科学教学目的观深深影响着当下物理教师的教学目的观。在许多物理教师的眼中,物理学就是被观察和实验所获得的经验所证实的知识或知识体系,是真的经验命题的体系,而"全部的科学,包括日常生活中的命题在内,都是知识的体系,除此之外,再没有一个'哲学'的真理的领域"③。因此,物理学是一种知识体系,而且是最高形态的真理体系,是静态的、可被发现且可被预测的唯一知识实体,它表征了客观世界的所有意义和本质。学生们只要获得这些知识,就掌握了通向未来完满生活的一把钥匙。所以,物理教学的目标就是要将这些知识教给所有的学生们,物理教学的任务就是要把学生们培养成物理知识人:学生在教学场域中的存在程度,要由他们所获得物理学知识的多少及准确程度来加以确证;学生的价值要通过其所拥有的物理学知识来做出判断,学生在物理课堂中的地位有赖于其物理学知识学习的优劣;学生的发展是物理学知识的发展,物理学成绩的提高被看作是学生发展最佳的体现。在物理知识人的培养中,物理学知识已经成为物理教学中作为第一要务的、自成目的的东西。

我们必须要承认,物理学知识是人类对物质世界的理性感知,它从一个侧面表征了现实物质世界的形态。因此,物理学知识的教学可以使不同地域的学生从不同侧面深入地了解眼前的这个物质世界,以使他们更进一步地认识和探索这个世界。然而,物理学并不是物理学知识的简单积累,物理学也并不仅仅只有物理学知识这一维度;物理教学不应只是进行简单的知识传授、传递和累积,所以,物理教学的目标也并非仅是培养物理知识人。

其一,物理学知识并不是物理教学内容的全部。物理教学的任务之一是实现物理文化的传承。物理文化作为一种整体性的文化,它包括"形而下"和"形而上"两个层次的内容:前者是指物理文化中可见到的部分,包括物理知识、物理方法和物理学器物;后者是指物理文化成果中无形的成分,具体表现为物理学精神、物理学价值和物理学观念等。虽然物理学知识是物理学文化的重要成果和载体,是物理文化的结晶,但是却并不能代替其"形而上"部分在物理文化形成与发展中的重

① MATTHEWS M. Science teaching: The role of history and philosophy of science[M]. New York: Routledge Press, 1994:182.

② 斯宾塞.教育论[M].胡毅,译.北京:人民教育出版社,1962:43.

③ 洪谦.逻辑经验主义[M].北京:商务印书馆,1989:8-9.

要地位。如果仅以物理学知识作为物理教学的唯一目标，必然会造成知识与文化的割裂，这就犹如只见树木不见林。同样，物理学知识也并非是静态的和唯一的逻辑，物理学的文化属性已经证明，物理学知识是一种猜想、一种假设、一种对物质现实的意义建构，不同地域及不同成长环境中的个体会对同一物理现象有着不同的理解。在知识人的培养中，物理教学如果仅是把物理文化看成是绝对的、静止的、必然的物理学知识，它就无法使学生们去追寻物理文化的多重意义，无法彰显人在物理文化生成中的作用和价值，无法看到物理学作为一种文化所展现出来的多样性、动态性和发展性，也就无法领悟物理学所带给人的多元属性。

其二，物理知识人的培养并不是完整的人的培养。首先，知识人的培养是对全面发展人目标的割裂。物理教学的主旨是培养人，关于“人”的界定，马克思和恩格斯指出：“人，不是抽象的纯生物的个体，而是一定社会的具体成员。人的体力、智力、知识、才能、兴趣、爱好和意识倾向、行为习惯等，都是由他们所处的生产关系和生产方式决定的。人们所生活于其中的各种社会关系，如民族的、阶级的、家庭的等，这些社会关系决定一个人能够发展的程度。”[①]马克思和恩格斯所讲的人，是全面发展的人，它强调“人的智力、情感、社会、身体、创造力、直觉、审美和精神潜能”的整体性与和谐性[②]，这样的人具有健全的人格，是既能够学习物理文化知识，又能够从整体审视自己，并对社会有责任感的人。而物理知识人却并不关涉情感、社会、创造性、直觉和审美，因为在物理知识人看来，物理学知识是价值中立的、客观的，并且需要排除一切超验的、形而上的命题，因此，知识人充其量只是单向度的人。其次，知识人的培养在目的和手段上的错位。完整人的培养是为了使人能够丰富多彩的生活，而为了使人能够更好的生活，需要人们去获取知识。因此，物理知识的获得仅是一种手段，最终是为了实现个体更好的生活。知识人的培养则是以物理学知识的获得为旨归，他们认为知识无所不能，知识可以解决一切，因此物理教学的一切活动与生活都是围绕物理学知识的获得而展开的。当学生们的各种生活被迫成为获得物理学知识的手段时，学生们就丢失了自我，忘记甚至牺牲了自己的生活。因此，物理知识人培养的结果是：“知识得到之时，也是人自身、人的生活被异化之时。”[③]最后，知识人的培养在意义探求上的缺失。完整人的教育注重人的文化素养提升，但也绝不是仅仅只是让学生们掌握物理文化知识，而是以物理知识的学习为手段，对物理现实进行反思，能够“基于事实证据和科学推理对不同观点和结论提出质疑和批判，进行检验和修改，进而提升创造性见解”[④]，提升自己批判性看待问题的能力。物理知识人的培养恰恰回避了这样的反思，因为在现代

---

① 马克思，恩格斯.马克思恩格斯全集：第3卷[M].北京：人民出版社，1957：295-296.

② 谢安邦，张东海.完整人教育的缘起与思想理路[J].全球教育展望，2007，244(11)：48-52.

③ 鲁洁.一个值得反思的教育信条：塑造知识人[J].教育研究，2004，293(6)：3-7.

④ 中华人民共和国教育部.普通高中物理课程标准[M].北京：人民教育出版社，2020：4-5.

物理学称雄的世界中，物理知识的绝对性、客观性和价值无涉性已经决定了人们对现实物质世界意义的追寻已经变得毫无意义。人们不需要追寻，更不需要反思，不需要感悟，人们所需要的只是接受。而此时，人被排除在追寻意义的世界之外，人成了学习物理学知识的附属品、接受品和传声器。从这层意义上来看，知识人培养的教学并不是“为了人”的教学，而是“为了知识”的教学。

二、“物理工具人”的现实迷思

物理教学目标的另一种取向就是培养物理工具人，它是以功利主义科学观为基础，以物理教学和物理学外在的功能和用途来考察物理教学，认为物理教学是一种实现目标的手段，以此把学生培养成达成某种目标的人，如把学生培养成社会发展有用的人，或者培养成具有较高科学技术素养的人等。正如斯宾塞所提出的，要想制定一种“合理的课程”，我们必须首先确定最迫切需要知道的事情是什么；或者用培根那句话来说，就是“我们必须弄清楚各种知识的相对价值”①。有学者的观点很好地论证了这一点：“一个拥有现代化机器设备的企业要生产出高科技、高质量的产品，就要通过科学教育，培养造就出掌握现代科技，具有较高工艺素质的人员，才能准确操作现代化的生产工具与流水线。”②在他们的眼中，物理教学就是为了适应某种外在于物理教学本身的目标而存在的，物理教学的目标就是“奋力”地与其外在的功利和功用相契合，并被其功效和功用所制约。

物理教育的工具性对我国的物理教学影响至深。中国近代物理教育发起，源自清末实施的所谓新政，即洋务教育。鸦片战争后，清政府洋务派有感于西方科技的强大，提出“中学为体，西学为用”，以便“师夷长技以制夷”，认为学习物理可以更大限度地抵御外侮侵略。在此目标下，京师同文馆列入格致课程，再由“壬寅学制”(1902 年)、“癸卯学制”(1903 年)逐步使物理课程合法化和体制化。民国初期，南京临时政府颁布《普通教育暂行办法》(1912 年)，提出以道德教育为核心，将培养受教育者具有共和国国民的健全人格作为首要任务，在小学和中学开设理化课程③，认为“科学能解决所有人生问题”④。新中国成立初期，教育在本质上被看作是上层建筑之一，是意识形态领域内的劳动形式之一，物理教学的目标就是“使学生奠定辩证唯物主义世界观的基础，培养学生能以正确的科学方法观察和研究问题，而且能把学得的知识用到实际问题上去，并且在教学过程中要启发学生的爱国

---

① 斯宾塞. 教育论：智育、德育和体育[M]. 王占魁，译. 北京：中国轻工业出版社，2016：7 - 8.

② 顾志跃. 科学教育概论[M]. 北京：科学出版社，1999：34.

③ 孙培青. 中国教育史[M]. 上海：华东师范大学出版社，2008：361 - 362.

④ 孙培青. 中国教育史[M]. 上海：华东师范大学出版社，2008：393.

主义和国际主义思想"①,提出物理教学必须要具有强烈的思想性②。改革开放后,教育开始向"生产力"目标转向,"教育必须为社会主义建设服务","应该遵循教育要面向现代化、面向世界、面向未来的战略思想,贯彻国家的教育方针,为实现普通高中的任务和培养目标更好地作出贡献",此时期的物理教学"由应付考试的局面转变到全面提高学生素质的轨道上来"③,重在追求效率、促进生产、培养人才。素质教育起始至今,看似物理教学目标开始向完整人的教育发生转变,然而,政策与应试的大潮却在绑架着物理教育的方向:为了提高学生的学业成绩,物理教学被看作是"零件的装配车间",学生不需要熟悉物理学知识的内涵,不需要获悉物理文化,只需要按照教师给定的解题套路,将自己变成解题的工具就万事大吉。

物理教学强调把学生培养成对社会有用的人才,这一目标定位本没有错。毕竟,物理学是社会中的科学,它来源于社会,并服务于社会,这是物理学作为社会文化的职能所在。人作为社会中的成员,创造了物理学,也应该将掌握到的物理科学与技术为社会去服务,这对于人和社会两方面的发展来说都具有积极的意义。然而,物理教学如果仅从其功利和功用性来看待其目标,那么物理教学就低估了物理学的文化价值,也低估了物理教学的自身价值。

其一,物理教学应彰显物理文化的价值。物理文化是整体性的文化,它在"形而下"和"形而上"两部分上的功效,决定了物理文化的价值:物理文化"形而下"的价值是显而易见的,物理文化及其衍生的技术力量作为一种文化力量,改善着人类的安全、健康、交通、娱乐、通信等社会生活状况,提升着人类抵御自然灾害和改善自然生态的能力,为人类生活和社会发展发挥着积极的作用,这正是物理教学的功利主义者所看重的东西;然而,物理文化"形而上"的价值却是我们需要时刻关注的,它虽然摸不着,也看不见,但它所起的作用却是实在而深远的,它超越了功利主义和实用主义,倡导公有主义、普遍性、无私利性、独创性和有组织的怀疑性,正是这些无形的力量体现着物理文化价值的本原和意义,它是物理文化的灵魂。因此,物理教学不可忽略物理文化的精神价值和人文意义,如果物理教学仅看到物理文化的"形而下"的功用性,而将物理文化的学习看作是一种按步骤操作输出的"产品"或者是解决某一具体问题的技术,则是对物理学作为一种文化整体的割裂。缺少了"形而上"要素的物理文化不是物理文化,缺少了灵魂的教学也称不上是教学。所以,物理工具人的培养不能称之为教学,而是训练,"训练是一种心灵隔离的活动,教育则是人与人精神相契合,文化得以传递的活动"④。

---

① 褚圣麟.对于最近公布的中学物理教学大纲(草案)的认识[J].物理通报,1952(6):205-206.

② 方嗣槾.我对于中学物理教学大纲(草案)的体会[J].物理通报,1952(6):206-208.

③ 人民教育出版社物理室《全日制中学物理教学大纲》的修订说明[J].课程·教材·教法,1990(7):25-26.

④ 雅斯贝尔斯.什么是教育[M].邹进,译.北京:生活·读书·新知三联书店,1991:2.

其二,物理教学应重视教学自身的价值。物理教学自身最大的价值是“为了人”,是“站在人的主场上,用人的眼光去看待他自身发展与生成,它在人自身的生命活动中揭示出人之所以发展与生成的根据”[①]。所以,人是教学活动的唯一主体,人既是教学活动的起点,亦是教学活动的终点。教育对人类、对社会发展所负的责任总是通过对人的培养来实现的。这里所说的人,是那种具有理智属性的人,是具有自我建构属性的,能够有目的、有计划、有意识地认识和批判物质世界,并能够创造性地改变物质世界的人,是具有自我理想、信念、精神、伦理等价值观念的人,因此,物理教学中的人应是一个和谐发展的丰富多彩的人。然而,功利主义的物理教学却往往忽视丰富多彩的人的培养,其教学内容呈现技术化,教学组织趋于程序化,教师作用表现权威化,教学评价变得标准化,学生是受教的、接受现成知识与技术的个体,学生已被客观化、工具化和技术化。功利主义的物理教学关注的已经不是具有人文性、思想性和建构性的人,而是仅关注能否实现工具价值和技术价值的工具人。这样的人受困于所谓“客观”的知识、技术、程序、训练当中,作为完整的人所具有的怀疑、批判以及创新意识被这些物化的知识、技能、标准和程序所取代。其结果是,“当一个人变成像一只蜜蜂或蚂蚁那样仅仅是社会的一种工具,而社会又是由没有独创性和个人志愿规格统一的个人所组成,那么这样的社会也将是一个没有发展可能的不幸的社会”[②]。

三、“面向全体人”的现实反思

“面向全体人”是物理教学对国家和社会的一种承诺,它既是一个指向的问题,也是一个数量的问题。指向是指主体是谁,是人还是物;数量则是指主体的数量的多少,是主体的部分还是主体的全部。面向全体人的物理教学是针对人的教学,而且是针对全体人的教学。我们需要了解,全体的人是何种类型的人,全体人的教学应该是何种类型教学的问题。

其一,物理教学面向的是全体学生的教学。对于“全体”的理解,美国科学促进协会在其编写的《面向全体美国人的科学》中有如下概述:“对所有的年轻人来说,不论他们的社会环境和生平抱负如何,这些建议都构成他们在学习科学、数学和技术时一个共同的学习核心。”[③]我国《普通高中物理课程标准》指出:“教材的编写应注重纳入相关的物理核心内容,注重全体学生的学习需求,注重对全体学生物理学科核心素养的培养,为公民科学素养的提升作出贡献。”[④]可见,物理教学所实施的

---

① 鲁洁.教育的原点:育人[J].华东师范大学学报(教育科学版),2008(6):15－22.

② 爱因斯坦.爱因斯坦文集:第三卷[M].许良英,范岱年,译.北京:商务印书馆,1979:143.

③ 美国科学促进协会.面向全体美国人的科学[M].中国科学技术协会,译.北京:科学普及出版社,2001:导言 XIX.

④ 中华人民共和国教育部.普通高中物理课程标准[M].北京:人民教育出版社,2020:69.

并不是针对少数人的精英教育，而是面向全体学生的大众教育。

其二，物理教学实施的是差异性的教学。物理教学既然是面向全体学生的大众教育，因此，我们必须要考虑面对来自不同地域不同成长环境的学生，应该实施什么样的物理教学。差异性教学显然是一种可行的方式。差异性教学的出发点，是要承认学生间存在个体差异，即不同学生因其知识经验、能力基础、学习习惯和认知方式的不同，而存在学习需求上的差异。正如许国梁先生在《中学物理教学法》中提出的“教学的统一要求与因材施教相结合的原则”①一样，我们在物理教学中，既要关照所有学生的共同需求，提出统一的要求，更要承认学生之间存在的差异性，因材施教，满足不同学生在知识、能力、思维方式上提升的需求。所以，差异性教学的最终目的，是促进每个学生在原有的基础上都得到最大的发展，促进自我教育②。学生的发展，总是建立在学生原有经验基础上的自我建构。教学不能脱离学生的原有经验而“信马由缰”。在物理课堂中，面对附着在不同地域学生之上的地方物理文化，要让学生们获得对现代物理文化的独特理解，不考虑地方物理文化与现代物理文化的差异，不考虑学生原有认知方式与现代物理文化中关于物理思维、物理方法、物理精神之间的差异，而采取一种统一的不加区分的教学方式，显然是难以达成对学生最大限度发展的，也难以实现社会对不同层次、不同类型人才的需求。

四、物理文化人：物理教学目标的文化学转向

物理教学培养的不是物理知识人，这表明，物理教学不应把物理知识看作是物理教学的全部，物理知识只是物理学作为文化的一部分，所以，物理知识人的培养是不完整人的培养。物理教学培养的也不是物理工具人，它告诉我们，物理教学不应以外在的功利和功用作为目标，功利性和功用性的人是感受不到完满幸福生活的人。“教育的最高目标是为了使人们能够过一个实现自我和负责任的生活做准备”③，因此，我们必须重申：物理教学是为了人，是为了培养更好地适应这个丰富多彩的社会，并能在这个丰富多彩的社会中更好生活的人。要想让物理教学回归到完整的人的培养，必须将物理教学置身于完整的物理文化场域中。所以，我们提供一个新的术语叫物理文化人，即物理教学培养的是物理文化人。

（一）物理文化人是具有人类学意义上的文化人

人类学意义上的文化人，不同于我们日常所说的那种具有文学素养、文化底蕴

---

① 许国梁．中学物理教学法[M]．北京：高等教育出版社，1997：64．

② 华国栋．差异教学论[M]．北京：教育科学出版社，2007：17．

③ 美国科学促进协会．面向全体美国人的科学[M]．中国科学技术协会，译．北京：科学普及出版社，2001：导言．

或文化品位的人。怀特海将后一种认识看作是具有“柏拉图的形象”的人,是“一种对思想和审美鉴赏的”、具有“思想名著、有想象力的文学名著和艺术杰作方面的知识”的人[①],很明显,这样的文化人是将物质客体排除在外的文化人,这样的文化人并不是对文化具有全面理解的人。人类学意义上的文化人,承载着作为通常意义上的文化所具有的一切,他不是由一些支离破碎的行为、信念或能力来加以支撑,而是由一套整合的规范或标准来予以支持,他是“全部的知识、信仰、艺术、道德、法律、风俗以及作为社会成员的人所掌握的和接受的任何其他的才能和习惯的复合体”[②]中的一员。正如斯诺理解科学是“人类学意义上的文化”[③]一样,物理文化人是具有人类学意义的完整的人。

物理学给人们传递的是完整的文化,它不仅具有知识、器具、方法,还具有观念、精神,甚至还有生成这种文化的人群。不管是现代物理学还是地方物理学,不同的群体都从不同的视角表征着这个世界是什么以及如何去做。当人们认识、理解及掌握了某种群体的物理文化,那么他们的态度、信念、思想与行为就被这种物理文化加以组织,并自然而自觉地依据这种物理文化的规范或标准对事物、事件或行为赋予特定的意义和价值。当个体置身于某种文化中,能够自觉地按照该文化的规范或标准进行觉知、辨识及实践运作时,个体就成了该文化中的文化人。所以,物理文化人,是适应不同物理文化的人,是能够在不同物理文化语境中生存、发展,并能够创造性地运用这些物理文化解释和处理实际问题的人。

其一,物理文化人是文化语境中的人。由于受到不同物理文化的规范或标准的影响,面对既定的事件、器物或行为,他们会赋予这些事件、器物或行为以意义和价值,同时表现出与该物理文化相符的态度、情绪。所以,当我们“处理不同的文化信念以及源于这些文化信念的行为模式时,我们总是必须考虑到其象征化历程的基础”[④],即物理文化人总是可以在其不同文化语境中找到其合适的位置。卡西尔将所有的文化形式都看作是符号,从而把人定义为“符号的动物”,因为“只有这样,我们才能指明人的独特之处,也才能理解对人开放的新路——通向文化之路”[⑤]。

其二,物理文化人是发展性的人。个体成为物理文化人,首先在于对特定物理文化的继承,当社会成员自发地按某类物理文化的规范去运作和行事时,他就逐步成为该文化中的物理文化人。与物理文化的累积性和变动性一样,物理文化人并不满足于对特定物理文化的继承,他会通过运用该物理文化所规范的知识、方法和理念来处理物质世界中的问题,或者通过文化间的交流,学习到其他的物理文化中

① 怀特海.教育与科学:理性的功能[M].黄铭,译.郑州:大象出版社,2010:22.
② 泰勒.原始文化[M].连树声,译.桂林:广西师范大学出版社,2005:1.
③ 斯诺.两种文化[M].纪树立,译.北京:生活·读书·新知三联书店,1994:9.
④ PAI Y,ADLER S A. Culture foundation of education[M].黄纯敏,译.台北:学富文化,2006:29.
⑤ 卡西尔.人论[M].甘阳,译.北京:西苑出版社,2003:46.

的知识、方法和理念，在实现对原有文化重新审视、理解和建构的同时，创造性地解决问题。所以，卡西尔这样理解文化人的发展性，“只要人把自己局限在他的直接经验——观察事实的狭隘圈子里，真理就不可能被获得”，“科学只有靠着引入一种新的尺度、一种不同的逻辑的真理标准，才能超越这些最初阶段”①。库恩将这种发展性界定为“科学革命”，“他们很少在以前的实践中受常规科学传统规则的束缚，他们特别有可能看出，那些规则已不再适用了，并且去设计出另一套规则替代它们，向新范式的转变便是科学革命”②。

其三，物理文化人是批判性的人。有组织地怀疑始终是科学的精神气质的要素之一，因此，批判性是物理文化人的必备要素之一，它也是个体处理不同类型物理文化之间冲突的必备要素。当物理文化人面临一种不同类型物理文化间的文化识别与文化冲突时，他不仅要站在自己原有的地方物理文化立场上加以考察，而且也要把自己放在一个与地方物理文化立场不同的文化语境中，“基于证据大胆质疑，从不同角度思考问题”③，从对方的视角寻找识别和冲突的结合点，寻求解决问题的办法。于是，当我们能够批判性地思考不同类型物理文化间差异性甚至冲突，并对所出现的问题和状况选择最合时宜的行动时，我们就成为这个社会中有效能的决策人。

（二）物理文化人是熟悉不同类型物理文化的人

其一，物理文化人能够从不同物理文化立场感知自然。物理教师总是以物理文化为载体来组织教学活动的。然而，文化视角的转向，使我们不得不认真地面对物理文化的多样性，来认真审视物理教学的目的。站在传统物理教学的立场，物理教学应该是站在现代物理学的视角，使学生们获得现代物理学知识、观念和方法等，并把物理教学的目的定位为“提升学生的物理学科核心素养”，具体来说，是“帮助学生从物理学的视角认识自然、理解自然，建构关于自然界的物理图景；引导学生经历科学探究过程，体会科学研究方法，养成科学思维习惯，增强创新意识和实践能力”④。然而，站在文化学视角下，物理学科核心素养显然并不全是现代物理文化下物理学科核心素养，其中的物理学应该是包含了现代物理学和地方物理学等多样性存在的物理学。之所以这么考虑，是因为物理教学还要“引领学生认识科学的本质以及科学、技术、社会、环境（STSE）的关系，形成科学态度、科学世界观和正确的价值观，为做有社会责任感的公民奠定基础”。做有社会责任感的公民，就是要能够有效地融入当下的社会，能够参与这个社会的公民事务、文化事务，能够

---

① 卡西尔.人论[M].甘阳，译.北京：西苑出版社，2003：216.

② 库恩.科学革命的结构[M].金吾仑，胡新和，译.北京：北京大学出版社，2003：83.

③ 中华人民共和国教育部.普通高中物理课程标准[M].北京：人民教育出版社，2020：6.

④ 中华人民共和国教育部.普通高中物理课程标准[M].北京：人民教育出版社，2020：1－2.

有效地进行经济生产，能够正确地处理科学、技术、社会和环境之间的关系。显然，如果公民仅仅熟知现代物理学的知识，而缺失特定地域群体对自然界认知的知识，那么，他们在处理公民事务、文化事务和经济生产时，就会出现不适合当地实际造成“水土不服”的问题。

学过现代物理学知识的人们都有着这样的经验：当我们步入边远山区，去了解当地人对物质世界的理解和看法时，当地人对物态变化、日月星辰、热传递的理解与我们对这些问题的认识有着相当大的“出入”，我们当中的许多人会将其看作是“迷信的”“不科学的”，并试图运用现代物理知识和方法来予以“纠正”，而当地人却坚持着自己的信念，从内心抵制我们的“纠正”。其实，这样的认知冲突正是由于我们缺乏必要的地方物理知识所造成的。对待不同的物理文化，我们必须怀揣这样的理念：既然我们能够认可物理学是一种文化，并且这样的文化是由维持其社会的愿望和价值所驱使的，那么用不同的愿望和价值的社会来规范和组织不同的物理文化就变得合法了。显然，不同社会中因为有不同的“理性标准”，就会有不同的“调查”重点和不同的方法问题，其结果是，不同的调查策略和方法就会构建出不同的理论和知识基础①。具有现代物理文化的个体，如果始终固守单一的现代物理文化来思考问题，就永远无法领略地方物理文化的奥秘，也就无法打开与地方群体开展科学对话的大门。

其二，物理文化人能够关注不同的社会议题。物理教学不能脱离社会的责任和学生的现实生活而单独存在。一方面，物理教学通过让学生进行物理文化的学习，让他们掌握进行社会生产和文化生活的物理文化知识和技能，使学生们具备在不同文化环境中生存、适应、发展以及胜任某类社会工作的能力。另一方面，物理教学还要引导学生们积极思考物理学与日常生活、物理学与社会文化、物理学与经济生产之间的各种关系，正确地处理好个人、物理学与社会之间的关系问题，形成积极的、可持续发展的价值观念和态度。

首先，物理文化人能够推进个体进行科学决策。教育的目标是为个体能够过一个实现自我和负责任的生活做准备。物理教学应该培养学生具有良好的思维习惯，能够独立思考并积极面对人生，从而使学生成为一名有社会责任感的公民。有责任感的社会公民，通常能够正确处理科学、技术、社会、环境之间的关系，能够具备探索自然的内在动力，具有严谨认真、实事求是和持之以恒的科学态度，能够遵守道德规范，保护环境并推动可持续发展②。所以，物理文化人的一个特质，就是能够进行个体决策，即面对不同物理场景和自然环境，个体能够考量所有的社会影

---

① HODSON D. In search of a rationale for multicultural science education[J]. Science Education, 1993,77 (6):685 - 711.

② 中华人民共和国教育部. 普通高中物理课程标准[M]. 北京：人民教育出版社，2020:5.

响，诸如地域、性别、社会阶层，甚至要考虑经济、科技、生态等社会要素，从中选择一个合适的理论，运用科学的思维，采取适切的方法，依照恰当的程序开展合理的活动。

其次，物理文化人能够推动个体意义建构。物理文化人成长的过程，实质是个体意义建构的过程。意义，标志着对事物新的理解，也是对新事物赋予了新的意义，是个体基于原有的知识经验，对新事物的所有信息进行重新选择、加工和再处理的过程。这里的意义建构，既包括个体从地方物理学向现代物理学的意义建构过程，也包括从现代物理学向个体物理学的意义建构过程，是一个有效融入其他社会文化要素的过程。需要指出的是，意义建构的过程，并不是将一种物理知识经验覆盖，生成另一种物理知识经验的过程，而是理解并尊重每一种物理知识经验，并认识到每一种物理知识经验的生成机理、存在方式和应用环境等。所以，物理文化人是一个能够打破地域文化壁垒、关照更多人利益的个体，是一个能够实现自我并对自己负责的个体，“每个人必须使自己的行动，参照别人的行动，必须考虑别人的行动，使自己的行动有意义和有方向，这样的人大量地在空间上扩大开去，就等于打破阶级、种族和国家之间的屏障，这些屏障过去使人们看不到他们活动的全部意义”①。

再次，物理文化人能够关照现实文化生活。物理知识人将自己封闭在象牙塔当中，知识与文化无关、知识与价值无关、知识与社会无关；物理工具人将自己看作是实现某种外在目标的工具，不考虑人与文化的关系、不考虑人与自然的关系、不考虑人与社会之间的关系。物理文化人是人类学意义的人，是社会中的人，是适应现代社会生活的人。物理文化人不仅要关注自身的发展，更要关注与自己息息相关的现实社会的各个方面。面对现代社会种种问题，如热岛现象、环境污染、森林砍伐、水土流失、医疗卫生、供水不足，以及个人的衣、食、住、行等，物理文化人需要持一种开放的心态，他们“心胸开阔而又有批判性，广识博闻而又有头脑，遵纪守法并为公众利益尽责”②，并能够将这些问题置身于经济、政治、文化、社会、生态环境等多重氛围中，以此对问题本质进行关键性评估，对存在问题的有效解决方案的可能性加以考虑。

第二节　物理教学模式的文化学转向

物理教学是以物理文化为载体来培养物理文化人的过程。学生们是在学习物理文化的过程中，逐步建构个体作为物理文化人的形象：一种人类学意义上的文化

① 赵祥麟，王承绪．杜威教育论著选[M]．上海：华东师范大学出版社，1981：164．

② 克屈仁．教学方法原理：教育漫谈[M]．王建新，译．北京：人民教育出版社，1991：108．

人。物理教学需要通过相应的教学模式和教学方法来加以组织，正像库恩所提及的“教科书的表述方式影响着我们对科学发展的印象”一样[①]，“在科学的诸多方面中，教学形式比其他任一方面都更能决定我们关于科学本质的形象以及发现和发明在科学进展中的作用等问题的看法”[②]。可见，恰当的物理教学模式不仅可以提升学生们学习物理文化的热情，更能够通过一定的教学形式让学生们亲身体验物理文化的形成过程。为此，我们通过对常用的物理教学模式的梳理，来反思文化视野中物理教学模式的再建构问题。

一、现代物理学发现模式的理性审视

“科学之于教育上之重要，不在于物质上之知识，而在其研究事物之方法”[③]，物理学的教育价值，正在于其研究方法对人们看待问题方式的影响。物理学发现模式运用于物理教学当中，被看作是使学生较为全面地认识物理文化本质的重要渠道。所谓物理学发现模式，是哲学工作者在对物理学史研究的基础上，针对物理学的形成过程而总结出的具有规律性的模式，它在极大程度上表征着物理学发展的历程，反映着某一物理学规律的形成与发展的轨迹。

（一）现代物理学发现模式

我们此处运用“现代”一词与现代物理学中的表述具有一致性，是指这些模式源起于西方，是由西方科学哲学家所识别和总结，并在当下仍旧在应用的物理学发现模式。

其一，科学归纳模式，就是从特殊事例中推导出普遍性规律的模式。它最初是由英国科学哲学家培根所倡导的。其要义是，科学是由经验事实通过归纳法得出来的知识，科学始于观察，科学是客观的，科学知识是可靠的知识[④]。因此，科学的发现应当按照从特殊的东西，即“进行工作时所需要的自然史方面的以及经验上的一堆材料”入手[⑤]，借助“那些适用的、排列很好的，也可以说是富有生气的‘发现表’，把与探讨主题有关的一切特殊的东西都摆开而排起队来，并使我们的心就着那些‘发现表’所提供的、经过适当整理和编列的各种补助材料而动作起来”[⑥]，经过个体运用原来的知识并加以判断，借助“能文会写”的经验，就能发现较为一般性的规律。为此，培根提出了科学归纳模式实施的四个步骤：第一，搜集素材；第二，整理素材；第三，排除无关因素；第四，初步解释。后来，英国哲学家穆勒对培根的

① 库恩.科学革命的结构[M].金吾仑，胡新和，译.北京：北京大学出版社，2003：128.
② 库恩.科学革命的结构[M].金吾仑，胡新和，译.北京：北京大学出版社，2003：129.
③ 李醒民.科学的文化意蕴：科学文化讲座[M].北京：高等教育出版社，2007：63.
④ 蔡铁权，姜旭英.科学课程与教学研究[M].杭州：浙江大学出版社，2008：10.
⑤ 培根.新工具[M].许宝骙，译.北京：商务印书馆，1984：79.
⑥ 培根.新工具[M].许宝骙，译.北京：商务印书馆，1984：80.

科学归纳法进行了改造，提出了“穆勒因果五法”，即求同法、求异法、求同求异法、剩余法和共变法，从而形成了较为完整的科学归纳逻辑体系(a system of logic)。

其二，直观-演绎模式，就是从普遍性规律推演出具体事物的规律的模式。它是由法国唯理主义哲学家笛卡尔提出的。笛卡尔认为，一切知识源于理性所显示的公理。科学研究的目的，应该是指导我们的心灵，使它得以对于(世上)呈现的一切事物，形成确凿的、真实的判断①。他指出，因为人的感官往往会出错，经常会将假的、虚幻的、不现实的东西当作实在的东西，所以，观察和实验所获得的内容往往是靠不住的，它仅仅是或然性或不确定的知识，因此是达不到对事物本质性认识的，所以在探索自然世界原理的过程中，就要尽力排斥那些“仅仅知其或然的一切知识”，而应“仅仅相信充分知晓的、无可置疑的事物”②。在笛卡儿眼中，科学是具有严密的金字塔般命题等级体系的，塔顶是不证自明的一般原理，研究正是从塔顶开始，通过演绎逐步获得比较具体的原理。具体来说，就是首先凭借理性在普遍怀疑中发现作为普遍性和必然性的一般性原理，再以这些一般性观念作为肯定性的出发点，运用严格的“算术和几何”的推演，获得对客观世界进行解释的定律和推论，最后再通过观察和实验对推论进行验证。其实施步骤可以归结为：第一，普遍怀疑；第二，理性直观；第三，演绎推理，第四，实验验证。

其三，证伪的科学发现模式，就是由理论性假设出发并对该理论假设进行反驳和否证的模式。证伪模式是由英国科学哲学家波普尔提出的。波普尔指出，利用归纳和直观所获得的知识并不是可靠的，首先，归纳本身在逻辑上不成立，企图靠诉诸经验为归纳找根据，即归纳的合理性仍然需要归纳来说法，将会导致无穷倒退；其次，直觉和直观被认为是真知的源泉也是没有根据的，因为感觉往往并不可靠，是没有权威性的。他提出，科学没有可以证实的理论，科学理论只是人们解释现象的一种假设，是未经检验的预言，而这样的预言是可错的，是需要经过严格批判检验在内的尝试和反驳来控制的，“科学理论并不是观察的汇总，而是我们的发现——大胆提出来准备加以试探的猜想，如果和观察不合就清除掉；而观察很少是随便的观察，通常按一定目的进行，旨在尽可能获得明确的反驳根据以检验理论”③。波普尔提出了以假设和反驳为手段的“四段图式”科学发展模式：P_1—TT_1—EE_1—P_2……它表示，人们首先针对科学问题(P_1)提出先前的假设性理论(TT_1)，该理论可能会包含着错误，因此必须用观察和实验加以检验，在批判性检验或消除错误(EE_1)的基础上，将会得到一个更为正确的假设性理论，面对该理论又将会产生一个新的问题(P_2)。科学就在这种不断发现问题、提出假设、实验证

① 笛卡尔.探求真理的指导[M].管振湖，译.北京：商务印书馆，1991：1.

② 笛卡尔.探求真理的指导[M].管振湖，译.北京：商务印书馆，1991：4.

③ 波普尔.猜想与反驳：科学知识的增长[M].傅纪重，纪树立，周昌忠，等译.上海：上海译文出版社，1986：65.

伪的间断式的、不断革命的模式中向前发展。

其四，科学革命的发展模式，是指一个新的科学范式取代旧范式的发展模式。该模式是由美国科学史家库恩提出的。库恩十分看重科学共同体的力量，认为科学的发展是科学共同体活动的结果，其主要表现在科学范式的不断产生、完善和更替的过程。范式是一个与科学共同体紧密相连的术语，某一科学共同体具有相同的科学范式。库恩认为，正是范式决定着科学家去提出什么样的问题、选择什么样的实验，以及朝着什么样的方向去思考问题，科学家如果没有给定的范式，他们甚至会无法搜集“事实”①。库恩指出，范式的变更使科学家改变了原来研究所赖以为基础的概念，其理论基础、研究方法、科学模型、证据标准，以及指导理论体系和世界观、自然观都随之发生改变。库恩用如下模型来说明科学的发展模式：前科学—常规科学—科学危机—科学革命—新常规科学……“前科学”，是指还没有形成物理学范式的物理学发展阶段，在该阶段各种理论纷争，很难统一；“常规科学”，是指形成了统一范式的成熟物理学发展阶段，该阶段有着共同的科学共同体，科学共同体的成员在统一范式下进行着“解谜”的活动；“科学危机”，是指由于反常现象的经常发生，而常规科学却并不能予以解决时，物理学家对旧范式产生不满而产生动荡的阶段；“科学革命”，是指新的物理学范式取代旧范式的阶段；“新常规科学”是指继科学革命之后而形成的用新范式来指导物理学活动的渐进发展阶段。在库恩看来，物理学的发展就是范式不断更迭、常规科学与科学革命不断交替往复循环的过程。

（二）现代物理学发现模式的应用审视

发现，是指个体经过研究与探索，看到或找到前人没有看到的事物或规律的过程。在物理学发展中，发现意味着探究，意味着物理学知识的生成与建构。科学发现具有两种含义，一种是指“科学家们用以研究自然界并基于此种研究获得的证据提出种种解释的多种不同途径”，一种是指“学生们用以获取知识、领悟科学的思想观念、领悟科学家们研究自然界所用的方法而进行的各种活动”②。前者就是我们前述的物理学发现模式，而后者则是常规物理教学中经常提及的“科学探究”，将科学发现作为物理教学的重要模式，就是期望学生们经历与物理学工作者相似的探究活动，以获得对物理文化的理解和认识。“物理学通过科学观察、实验探究、推理计算等形成系统的研究方法和理论体系。从古代的自然哲学，到近代的相对论、量子论等，物理学引领着人类对自然奥秘的探索，深化着人类对自然界的认识。”③发现是物理学得以发展的重要途径，现代物理学发现模式的应用有助于人们深化对自然界的认知。然而，现代物理学发现模式的应用并不是万能的，它并不能解决人

① 沙达. 库恩与科学革命战[M]. 金吾伦，译. 北京：北京大学出版社，2005：49.

② 美国国家研究理事会. 美国国家科学教育标准[M]. 戢守志，译. 北京：科学技术文献出版社，1999：30.

③ 中华人民共和国教育部. 义务教育物理课程标准（2022 版）[M]. 北京：北京师范大学出版社，2022：1.

们对物质世界理解的全部问题。

其一,物理学发现模式的应用总是受特定的科学观所支配。科学观,是人们对科学本质的根本的、概括性的认识。努斯鲍姆(Nussbaum)基于对不同科学流派的考察,将其统整为三类科学观:经验主义、理性主义、建构主义。其中经验主义与理性主义均认可知识的获得是被"证实"的,是"正确的"或"绝对的",而建构主义则认为知识是可被建构的,人类是透过自己的理论期待来观察、捕捉和认知世界。持经验主义或理性主义的个体,在他们眼中,物理学是客观、绝对、不受社会和经济与文化所制约、不依人的意志为转移的,并且认为它是建立在客观事实的基础之上,是经过充分的证据所证实的信念,是客观而真实的知识,那么,物理学就可以通过观察或思维直觉来发现,此时,人们通常就会使用归纳或演绎的模式;如果人们认为物理学理论只是一种假设、一种科学共同体的共识,物理学理论是随时会发生改变,旧理论不断被推翻,新理论取而代之的过程,那么人们通常会通过证伪或科学革命的模式来实现。所以,人们的科学观不同,他们所选用的物理学发现模式也是不同的。"科学观作为对科学本质的认识将直接影响人们对科学文化课程价值的理解,从而影响科学课程的定位,进而影响科学课程的目标、内容、形态和学习方式等的确定。"①当我们将认识世界的过程理解为需要使用一切的方法,包括被理性主义和经验主义所拒斥的地方文化的一些方法,那么物理学发现模式也将会随着不同文化中方法的多元性而表现为多元的。

其二,物理学发现模式的应用只是现代物理学延续的一种手段。正如上一章我们谈到的,现代物理文化因其强势而君临一切。其实物理学发现模式在物理教学中的应用,正是这种强势的一种体现:为了体现科学的精神气质,物理学共同体需要将现代物理学的有关知识直接向社会加以普及,让公众了解现代物理学的发展,了解科学的发现,信服现代物理学的成果;同样,物理学共同体及其实践者为了广泛推行自己的范式,使自己范式中的"解谜"过程更加合法化,就需要通过一定的力量(比如说国家课程)以特定的方式将其加于大众之上。特定的发现模式适合特定知识的发现过程,特定的发现模式与特定的知识总是适合于特定的范式,因此,我们能够说,物理学发现模式在物理教学中的应用,是保证现代物理学得以传承的一种手段,是物理学范式得以普及、强化和延续的过程。我们不得不自问:在物理教学中,难道我们只是在延续现代物理学的范式,而无视其他地方物理学的存在吗?难道现代物理发现模式可以处理物质世界的一切问题吗?答案显然是自明的。我们并不反对物理学发现模式的应用,也不反对现代物理学范式的普及,但是如果仅将现代物理学模式看作是"包治百病的良药",显然是过分夸大了现代物理学发现模式的作用。

---

① 于海波.科学课程发展的文化学研究[M].长春:东北师范大学出版社,2007:103.

其三，物理发现模式不是一种固化的模式。所谓固化，就是固定化，是指人们将其按固定的程式加以应用。现代物理学的多种发现模式已经给我们证明，物理学及其知识的发现并不是固化的，而是随着科学观的变化而变化的，有时甚至是随着问题的性质而发生变化的。不同的物理学发现模式，反映了物理学产生的不同本质。对科学归纳模式和直观-演绎模式来说，物理学是一种发现的过程，物理教师只要细心组织学生进行观察和实验，只要组织学生通过大前提进行演绎，就一定会发现自然世界的规律；对证伪模式来说，物理学是一种创造的过程，是一种在假设性理论的基础上不断通过反驳和证伪来创造新的理论的过程；对科学革命模式来说，物理学则是常规科学与科学革命的不断交替，是一种范式不断更迭的过程。不同物理学发现模式在物理教学中的应用，正是学生获得对物理文化多元理解的好机会。物理教学没有最好的教学模式，只有更适合的教学模式，或者说只有更加多元的教学模式，正如法伊尔阿本德所指出的，“一切方法论，甚至最明白不过的方法论都有其局限性”①，因此，物理学及物理教学并没有规定的和固定的教学模式可循。

二、历史重演教学模式的现实反思

现代物理文化作为人类认识史在一定发展阶段的产物，反映了当代科学共同体从事物理学活动与获得的全部的物理学成果的总和；而现代物理文化作为个体的一种高级认识形式或知识形态，又是指单个物理学工作者从事物理学活动与所获得的物理学成果的总和。在此认识的基础上，许多物理教育工作者认为，在教学中利用历史重演的方式，通过对某一物理学家或某一物理学理论的发展过程和成长机制进行考察，就可以让学生实现对物理文化全面的认知。

(一)历史重演论

历史重演理论，是赫尔巴特及其追随者所追崇的一种教育理论。该理论指出，教育在其本质上是具有追溯性质的，教育主要的任务就是回顾过去。他们认为，如果受教育者“按过去的精神遗产的模型塑造心灵到什么程度，心灵就被适当地塑造到什么程度”②。在当代，历史重演论被赋予了新的内涵，如伊根(Egan)指出，一个人的教育发展是一个过程，进入高一级的教育阶段一定是以通过了低一级的教育阶段为前提的，阶段不可跳跃或颠倒；现代学生的学习过程是对人类文化发展过程的一种认知意义上的重演③。

历史重演论得益于德国进化论学者海克尔在1866年提出的生物重演律。海

① 法伊尔阿本德.反对方法:无政府主义知识论纲要[M].周昌忠,译.上海译文出版社,1992:10.

② 杜威.民主主义与教育[M].王承绪,译.北京:人民教育出版社,1990:77.

③ 张红霞.教育重演论与中国教育改革[J].教育研究,1988(2):60-63.

克尔通过对个体发育历程和生物成长历程的研究，提出生物个体的发育及进化进程与整个种系的发育进程具有平行关系，他指出，“生物发展史可分为两个相互密切联系的部分，即个体发育和系统发育，也就是个体的发育历史和由同一个起源发生的生物群的发展历史。个体发育史是系统发育史的简单而迅速的重演”①。因此，生物的重演是生物进化的必然过程和必然表现，这样的过程具有共通性，即既可以通过重演律来发现不同物种之间的血缘关系，亦可以通过个体的发育过程来反观整个种系的进化历程。所以，海克尔将生物重演律看作是“一切生物发生研究的最高规律”，并且指出这一规律“对形态学和心理学都是适用的”②。

法国物理哲学家迪昂是历史重演论的坚定支持者。他指出，“为了给予学习物理学的人这门科学的十分复杂的和活生生的组织的正确而明晰的观点，这是最佳的途径，甚至必定是唯一的途径”③。为此，物理教学应该追溯物理学理论是如何被首次勾勒出来，以及追溯这一理论是如何自然地增长的历程；并且通过描述和分析物理学理论的发展历程，让物理教学模仿这一历程直到学生们能够体验并获得清晰的物理学原理。迪昂认为，不应该经历物理学原理发展的每一个步伐，因为它采取的是“缓慢的、踌躇的、摸索的步伐”，“必须缩短和浓缩每一个假设的进化；必须按照人的受教育的时距与科学发展的时距之比率减少”④。迪昂还认为，这样的浓缩是容易的，只需将一些纯粹偶然的事实忽略，而保留那些在物理学家看来是基本的历史事实，以及保留那些使理论变得更加丰富的，或者消除错误及模糊观念的环境即可。这样，在相对短促而狭小的时空中，物理教师通过引导学生摘要性地重复前人的主要实验手段、研究方法和思维过程，如“忠实地重做历史上著名的典型实验”“忠实地重复前人对天象的观察”“忠实地重做历史上著名的习题”⑤等，学生们就能够在获得历史上的科学文化成果的同时，习得物理学的整体文化。

（二）历史重演论应用的现实反思

历史重演论将个体的认知发展与整个种系的文明发展进行类比，从而得出个体的发展应该有秩序地重复人类文明进化所经历的许多内容和阶段的结论。这样的假设看上去似乎有一定的道理：既然个体的成长总是重演种系进化的历史，并且人的认知过程又与人类整体文明的成长过程相一致，那么，我们似乎有理由相信，在个体成长的相应阶段，提供与该阶段相适应的文本材料，个体的认识就如人类的文明一样有序地成长；或者说，某一概念在个体头脑中的形成过程，就是该概念在

---

① 杜近义.重演律与生物进化[J].生物学杂志，1995，66(4)：17－18.

② 赵希斌.试论思维重演与儿童早期教育[J].贵州师范大学学报，2000，106(1)：106－108.

③ 迪昂.物理学理论的目的和结构[M].李醒民，译.北京：华夏出版社，1999：302.

④ 迪昂.物理学理论的目的和结构[M].李醒民，译.北京：华夏出版社，1999：302.

⑤ 王德胜.试论重演教学法[J].高等师范教育研究，2003，15(4)：47－52.

历史中形成过程的重演，那么，只要将该概念按照历史的轨迹进行思维运作，个体就应该获得该概念的精髓，形成对该概念的整体认识。我们将这种假设继续推进，在物理教学中，如果我们将物理学知识的生成过程都按照历史的轨迹加以重演，"忠实"地重做那些实验、"忠实"地重复那些方法、"忠实"地重历那些过程，那么学生就会获得物理学的整体文化，自然地，学生就会成为运用所获得的物理文化进行思维和行动的物理文化人。然而，这种看似"完美"的育人假设，却存在成人目标上的严重缺陷。

其一，用历史的文化不可能培养出现代的人。按重演论者的说法，个体的成长就是种系进化历史的重演，但是这两种形式的成长历程本身就存在较大的差异性。从个体生物性成长的视角看，种系是历经漫长的地质年代而逐步形成的，地理、气候等环境因素变化使种系的发展充满了偶然性和变动性，因此，种系是在对环境的不断适应中逐步发展起来的；胚胎的发育则不同，与种系的发展相比，它的成长环境更加稳定，其发育时间更加短暂。将时间和环境差异较大的两个过程放在一起加以类比，其本身就不具可比性。物理学知识的形成一般要经历数十年，有的甚至要经历数个世纪，如对光的本性的认识过程，从光的粒子说、光的波动性再到光的波粒二象性本质的发现，就是数个世纪几代物理学家的不断努力的结果；同时，物理知识的形成还会受到物理学家个体的知识经验、社会的文化背景和经济技术等方面条件的制约，因此，具备社会性、历史性、情境性和建构性的物理科学知识，其生成过程本身就充满着偶然性和必然性、突变性和渐变性。然而，生活在当代的学习者，其生活的经验是当下的经验，其受影响的社会文化也是由当代人的思维和情感制约下的种种规范所构成的，即使教师通过精心的设计，以期"复原"该理论发生时的环境，而此时学习者的知识基础、学习心态以及情绪情感等也不可能恢复到当时物理学家进行研究时的心态上去。因此，在经验基础、学习形态、社会文化环境发生巨大变化前提下的物理教学，期望通过历史的重演，以"忠实"于历史文化的方式来获得物理文化的全部，只能是一种不切合实际的设想；期望物理文化不借助其他方式的文化，而以压缩的方式短时间内传授给学生，以使学生获得物理文化的设想，不仅不可能实现，而且很可能将学生培养成为仅注重物理文化的"物性"而忽视了物理文化的"人性"的单向度的人。

其二，用历史的静态文化不可能培养出动态发展的人。历史重演论者认为，只要教育者提供"和受教育者发展阶段相对应的文化时代所产生的特殊的文献"[1]，或者让"学生摘要性地重复前人的主要研究方法、实验手段和思维过程"[2]，那么教学就会收到良好的效果。显然，这是对过去产物的无限夸大，是对现实丰富多彩经

---

① 杜威.民主主义与教育[M].王承绪，译.北京：人民教育出版社，1990：80.

② 王德胜.试论重演教学法[J].高等师范教育研究，2003，15(4)：47－52.

验的无视，更是对动态的具有主动发展的人的漠视。毋庸置疑，物理文化是物理学家在长期的对客观世界的探索与实践中所形成的产物，它会对当下及将来的社会生活有着重要的指导作用，这也是物理教学为之努力的目标之一。然而，过去毕竟是静态的过去，它并不包含现在所特有的东西，“过去的知识和过去的遗产，必须和现在发生关系，必须进入现在，才具有巨大意义”[①]，而过去的知识和遗产一旦被现在所利用，它就成为当前环境的重要组成部分，即成为学生所有学习资源的重要成分。物理教学并不是对历史的模仿与重复，它是以学生原有的知识经验为基础，充分利用现有的文化资源，采取有效的方法，实现对现实世界认知的过程，实现自我持续发展的过程。如果我们的教学仅仅专注于对历史的模仿和历史经验的重复，而无视当前环境或者其他社会文化对人的培养的影响和作用，必然造成过去与当下的割裂，使得过去成为束之高阁的静态的装饰品，人成为逃避当下生活而存在于对过去想象和怀念的个体，而不是利用过去的产物来主动改造现实生活的个体。

其三，用历史的单一文化不可能培养出全面发展的人。物理科学是“人”的以及“为人”的活动。作为“人”的活动，物理学就是人们对客观物质世界实施“人化”的过程，是人运用自己的智慧和行动对客观世界进行观察、假设以及检验的过程；然而，对物理学的认识，最终是“为人”的活动，这里的“为人”，既有人类自身对探求客观物理世界愿望的满足，也有人类自身寻求如何利用物理学以追求平静而幸福生活的渴望。显然，物理教学肩负着这一使人“成人”的重任，这个“人”就是物理文化人。这样的人，不仅要关注自己能够通过学习获得什么，而且要关注自己在学习物理文化之后如何展现自己作为社会人时的地位、作用和价值。历史重演论取向的物理教学显然无法观照这些目标，因为它的目的就是为了追溯过去，忠实于过去的知识、方法及其过程，让学生“在相对短的时间内，重演和学会前人几千年积累的知识”[②]。在历史重演论者的眼中，物理教学只是为了培养“物理知识人”，而无须考虑物理学作为文化的价值与责任，无须关注学生获得物理文化之后的社会责任与追求。因此，汉伯里·布朗提出，“不要企图把科学作为一个孤立的论题讲给人们，而要力求把包括科学在内的所有问题讲给人们，以便表明这些问题与作为一个整体的知识的关联，以便把它们与日常生活联系在一起”[③]。一句话，物理教学并不仅仅只是承担对物理文化的传递功能，更要发挥物理教学的教育功能。

三、多元的教学模式：物理教学模式的文化学转向

人类学意义上的物理文化人，需要对不同物理文化有自己的见解，并在进入不

---

① 杜威.民主主义与教育[M].王承绪，译.北京：人民教育出版社，1990：80.

② 王德胜.试论重演教学法[J].高等师范教育研究，2003，15(4)：47-52.

③ 布朗.科学的智慧：它和文化与宗教的关系[M].李醒民，译.沈阳：辽宁教育出版社，1998：125.

同物理文化之中时，能够运用相应物理文化处理不同的物理问题。现代物理学发现模式及历史重演模式，有其自身适用范围和标准，它并不能完全实现物理文化人的培养。为此，我们必须诉诸恰当的方式，即采用多元的教学模式予以有效回应。

（一）为何需要多元的教学模式？

其一，物理教学目标的实现需要多元的教学模式。物理教学目标定位在培养物理文化人，要求培养主体能够站在不同文化视角上来审视自然世界，并能够运用不同的物理文化处理不同物理问题。所以，物理文化人需要整体地、系统地看待物理文化，即他不仅需要对物理学的多元属性有全面的了解，还要对不同物理文化有深刻的理解；物理文化人要在习得不同物理文化的同时，对物理文化的多元功能给予关注，如“客观地评价科学和技术的发展，理智地思考科学技术的社会功能”，“及时反映科学技术发展状况及其对人类文明的影响，让学生认识科学技术整体的社会功能有必要的社会控制策略”①等。物理教学的这些多维目标，仅仅期望单一的物理教学模式是无法实现的。物理文化人需要多元的观念与思想，库恩将处理物理问题看作解谜的过程，那么寻求解谜的方式也必然是多元的。“如果一个问题被看成是一个谜，那么这个问题必定要有一个以上确定的解为其特征。也还必须有一些规则，以限定可接受解的性质和获得这些解所采取的步骤”②，这样，学习者就需要将关于物理学的各种思想观念及之间的关联，以及运用各种思想观念来解释和预测物理现象的方式等综合起来，此时，归纳、演绎、证伪、科学革命、历史对话，以及地域传统所遵从的方法均可以看作实现物理文化人培养的一种选择或多种选择，所以，《美国国家科学教育标准》中提出，“科学知识是可以通过多种途径来获取的”③。

其二，物理教学对象的多元性需要多元教学模式。物理教学是面向全体学生的教学，教学对象的多元性是物理教学模式选择不可回避的问题。教学对象的多元性意味着教学对象地域传统来源的多样性。人类学家已经发现，“不同族群在其传统的文化脉络与生活环境中已经发展出一套传统的自然知识，即使采用同一种语言学习的情况下，不同族群文化背景的学生，对同一个字句或语词所建构的意义或理解也有差异”④，因此，来自不同文化背景的学生，受其地域传统经验的影响，其思维方式、互动方式、与他人沟通方式以及对价值评析的优先顺序等往往各不相同，他们对物理文化的认识，对物理学与人、物理学与自然的关系亦有不同的理解

---

① 中华人民共和国教育部.全日制义务教育物理课程标准解读[M].武汉：湖北教育出版社，2002：23.

② 库恩.科学革命的结构[M].金吾仑，胡新和，译.北京：北京大学出版社，2003：35.

③ 美国国家研究理事会.美国国家科学教育标准[M].戢守志，译.北京：科学技术文献出版社，1999：29.

④ 傅丽玉.谁的科学教育：中小学科学教育的多元文化观点[J].课程与教学季刊，2004，7(1)：91－108.

和需求。面对背景和经验不同的学生，期望运用统一的物理教学模式来实现他们对物理文化深入的、相近的理解是不可能的。因此，立足学生原有的知识经验，充分利用学生较常运用的思维方式和行为模式来进行教学，是实现物理文化人培养的最佳方式。

(二)何谓多元的教学模式?

我们此处所提出的多元的教学模式，并不是用一个全新的教学模式来取代以往的现代物理学发现模式或历史重演论教学模式，而只是说，一切模式都具有其适用范围，并不存在单一的或唯一规范的物理教学模式。多元的教学模式，是对物理课堂物理文化多样性的回应，也是对物理课堂中学生个体知识经验多样性的关照，它是指为了实现物理文化人的培养目标，从不同学生的发展需求出发，通过提供来源于不同知识经验背景的材料和观点，采用可供选择的来自不同知识经验背景中探究物质世界的方法的教学策略体系。具体表现在如下三个方面。

其一，多元的教学模式是以活动为取向的。物理文化教学模式并不提倡概念的严谨性，因为，任何概念严谨的问题都脱离不开它所表达的概念体系和术语体系，正像我们经历过现代物理文化的学习，所提出问题的术语大多都是来源于现代物理学的概念体系一样，因此，我们处理这样的问题也会依据现代物理学的范式加以研究和理解。多元的教学模式倡导通过多样化的活动来实现教学目标。活动取向的教学模式是以具体的活动为核心，“在互动的和实际动手的活动中，学生们探索、操作和联结各种思想和概念”[①]，概念严谨性并不是活动的重心，其目标是为多元物理文化要素的介入提供可能性，如不同物理文化下的物理材料、物理观念、科学思维、行为方式等。学生们可以依据自己的知识经验来选择自己适合的维度，来对多元物理文化的材料加以理解，使自己不用在意现代物理文化的强势，能够同时在地方物理文化解释框架与现代物理学的解释框架中展开对话，“要么沉浸在地方生活文化之中，要么沉浸在现代科学文化之中”[②]。最终，活动既能够帮助学生们理解现代物理文化，也能够理解和使用地方物理文化，能够识别不同物理文化之间差异、矛盾以及相互依存的可能性，还能够通过活动的开展来感受个体在自然世界中存在的责任、意义和价值。

其二，多元的教学模式是注重学生之间差异性的。学生在知识经验上的多样性，已经决定了学生们在知识基础、学习形态和思维方式等方面的差异性，它意味着，学生处理多元物理文化之间问题的方法，以及学生活动中的互动方式具有较大

① 斯考隆.教师备课指南：有效教学设计[M].陈超，郄海霞，译.北京：中国轻工业出版社，2009：72.

② OGUNLEYE A O. Defining science from multicultural and universal perspectives: A review of research and its implications for science education in Africa[J]. Journal of College Teaching & Learning, 2009, 6(5):57-72.

的差异性，因此，多元的教学模式必然不是经过整合的单一的教学模式，而是观照全体学生的差异性的教学模式。在差异性的物理教学中，并不会要求不同的学生学习不同的内容，而是强调运用不同的方式来学习相同的内容。因此，物理教师首先需要确定学生们的物理文化学习目标，并确定学生们存在差异的基础，然后通过准备差异性的材料来设计恰当的活动。人们不禁要问：差异性的教学模式是否就是个性化的分组教学模式？其实不然，差异性的教学模式是因教学目标和学生的需求而设定的，如针对全体学生共同的需求，需要全体学生在某一方面共同提高的，就可以实施全班式的教学，然而，当学生有自己的诉求，而在大班制教学中又无法实现学生的这种需求时，则分组教学就显现出较强的优势。现实的问题是：若要让学生们理解不同的物理文化，是否会因存在冲突而导致无法获得对物理文化的多元理解？杰吉德(Jegede，1995)的并行学习研究指出，虽然在某种程度上冲突观念是彼此交织的，但是这些冲突在某种程度上又是可以解决的。他指出，即使不同的文化图式可能会表现出冲突，但是学生也将会通过一种图式来增强另一图式以实现共性趋同，从而实现在长时记忆中产生一个新概念①。

其三，多元的教学模式是适合学生原有知识经验的。适合学生知识经验包含两重含义：一是多元的教学模式要以达到学生能够实现意义建构的知识经验为起点。皮亚杰认为，学习得以发生的主要机制是平衡，即认知结构与环境需要之间的平衡。当学生们遇到的情境与自己对世界预想或者关于世界的观念不相匹配或者不平衡时，恰恰是可以推动学生技能得以发展的时候。所以，"只要儿童刚要达到他们能理解新鲜事物的那一点时，教师就应立刻给他们提供新异情境"②，在这样一种起点上，学生们要么将新信息纳入原有的知识经验中，这就是所谓的同化；要么创立一个新的图式来组织新信息，这就是顺应。所以，教师要掌握好学生们进行不同意义建构的经验起点，这也是教师选择和使用多元教学模式的起点。二是多元的教学模式要善于利用学生原有的认知方式。学生原有的认知方式，是指学生从自己原来地域情境中带来的独特的处理问题的方式，"学生们带到学校来的对于世界的概念决定了他们参与科学研究的方式"③，不同学生的认知方式明显不同，这些不同的模式正如物理学形成过程中前科学阶段的纷争一样，是大家形成共识的物理学知识的基础，更是学生们建构自己知识体系的基础，"当概念融合在各种背景之中并以各种方式来表达时，才最容易掌握，因为这可以确保有更多机会使概

---

① JEGEDE O. Collateral learning and the eco-cultural paradigm in science and mathematics education in Africa[J]. Studies in Science Education，1995，25：97－137.

② 斯滕伯格，威廉姆斯. 教育心理学[M]. 张厚粲，译. 北京：中国轻工业出版社，2003：41.

③ 美国国家研究理事会. 美国国家科学教育标准[M]. 戢守志，译. 北京：科学技术文献出版社，1999：214.

念牢牢扎根于学生的知识系统中”[①]。可见，缺少了多元的教学模式表达的物理教学，就只能成为缺乏多元蕴意的、直线性的、忽视批判与思考的封闭而死板的机械过程。

第三节 物理教学形态的文化学转向

夸美纽斯很早就提出，教学是“把一切事物教给一切人类的艺术”。从文化学角度看，“事物”就是学生需要获得的某一领域有价值的知识、信念、技巧与态度等，也就是代表某一领域特性的文化，“教给”具有“传给”“转给”的工具性内涵，它需要教育工作者遵循个体的身心发展规律，有序地实施教学。夸美纽斯还指出，教育就是生活的预备，“世间的生活只是永生的一种预备”，“永生的预备有三个阶段：知道自己(并知万物)，管束自己，使自己皈依上帝”[②]。虽然这种表达具有浓厚的宗教神秘主义色彩，但也表明，教学的价值并非只是将某一领域的文化“教给”“传给”或“转给”学生那么简单，它还需要学生们能够掌握方法、启迪心灵、约束自我。可见，教学还伴随着互动、沟通和交往，物理教学创设了师生进行互动、沟通和交往的平台，使得学生能够理解、反思和提升。从这层意义上来看，物理教学还具有提升学生心智，促使学生反思人生，使其主动自觉地规划现实生活的作用和价值。由此可见，物理教学是关乎文化的教学，是将学生培养成物理文化人的教学。

一、物理教学是一种文化

我们已经知道，文化应该被视为一套标准、规范及控制机制，社会成员依据这套标准、规范和控制机制来对事物、事件和行为赋予意义和价值。物理教学是与规范息息相关的，物理教学目标的设定、物理教学内容的结构和性质、学生自身的特性、教学方法的选择、教学模式或策略的应用、教学活动程序等均是物理教学规范性的体现。

可见，物理教学的规范性包含三个方面的内容：一是教学目标的规范性，教学目标是教师实施物理教学的重要依据，它规定了学生在知识与技能，过程与方法，情感、态度与价值观等方面需要达到的基本要求和水准。教学目标的基本功能就是形成标准，其一，它是对学生学业成就进行测量和评价的基本标准体系；其二，它是对教学内容进行检查和评估的基本标准体系；其三，它是对教师的教学表现进行

---

① 美国科学促进协会.面向全体美国人的科学[M].中国科学技术协会，译.北京：科学普及出版社，2001：170.

② 夸美纽斯.大教学论[M].傅任敢，译.北京：人民教育出版社，1984：24.

检查和评价的基本标准体系①。教师正是依此标准设计、组织和实施教学。二是教学内容的规范性，教学内容可以看作学生在物理教学中所学习内容的总和，这些内容正是学生适应社会文化生活的基础，“没有这种理想、希望、期待、标准和意见的传达，从那些正在离开群体生活的社会成员给那些正在进入群体生活的成员，社会生活就不能幸存”②，而这些内容不但包括规范性的多元的物理文化，还包括其他规范性的社会文化，如社会制度、社会组织、社会关系、行为规范和价值观念等。三是教学活动的规范性，教学活动的规范性实际上是教学内容规范性在课堂中的具体化。“教学的主旨即探究存在于生活中的文化现象，以便彰显与揭露其中的文化范型，使学生能顺利地完成‘文化建构’的活动。”③为实现学生获得多元的物理文化和其他规范性社会文化，物理教师会以合乎不同文化规范的方式整合素材、选择方法、引导活动等。物理教学独特的价值取向、价值需求以及行为准则，使得全体师生自觉地去认同、遵守及维护，并依据这些规范来处理物理教学中的各种问题。

如上论述表明，物理教学并不像众多学者所说的那样只是一种认识过程，或者说是实现某种目标的工具，它其实就是一种文化。作为文化的物理教学，不仅使师生能够自觉地去遵循某种规范，更为重要的是，它使得学生在遵循特定规范的过程中，能够自觉地反思自己在物理教学过程中的作用，能够自觉地观照自己与其他的人、事和物之间的和谐关系。也许这正是杜威所倡导的，“教育的目的在于使个人能继续他们的教育”④。

二、物理教学文化不是单一物理文化的“映射”

正像有人将科学教学看成“纯粹科学”的教学一样，“我相信，与许多工业学校使我们的所有公民专心于没有超过手工教育水平的技术教育相比，在他们力所能及的范围之内把教育置于纯粹科学，将会取得最大的成就”⑤，许多人认为物理学对物理教学存在着单向的、具有因果性的决定关系。我们不得不说，这种将物理学的作用扩大化和纯粹化的观念，正是“学科本位”“知识本位”或“工具本位”在学科教学中的具体表现。贝尔纳很早就对这种思潮进行了批判，他指出，将物理教学置于纯科学的理想中，就好像是“画地为牢，把科学囚禁起来，使它同文化的一切其他方面都隔绝开来，因此，也就是使科学教学完全服从技术训练”⑥。

---

① 黄甫全. 课程与教学论[M]. 北京：高等教育出版社，2002：238.
② 杜威. 民主主义与教育[M]. 王承绪，译. 北京：人民教育出版社，1990：4.
③ 龚孟伟，南海. 教学文化内涵新解及其结构辨析[J]. 山西大学学报，2010，33(4)：69－73.
④ 杜威. 民主主义与教育[M]. 王承绪，译. 北京：人民教育出版社，1990：106.
⑤ 皮尔逊. 科学的规范[M]. 李醒民，译. 北京：华夏出版社，1999：14.
⑥ 贝尔纳. 科学的社会功能[M]. 陈体芳，译. 北京：商务印书馆，1982：126.

物理学与物理教学之间的关系并非如上所述那样单向而简单，它们是非常复杂的，这里既有物理学自身多元属性的因素，也有物理教学自身价值定位、教师知识经验和学生知识经验相互交错、社会文化对物理教学需求等多方面的因素。我们认为，物理文化与物理教学之间存在着相互影响又互为独立的关系。

（一）物理文化与物理教学是相互影响、互为条件的

其一，物理教学是理解物理文化的载体。首先，物理文化的传承需要物理教学得以实现。物理文化是不同地域群体在特定历史阶段的产物，其知识体系、方法体系以及器具体系成为人们追求社会进步、进行物质生产的重要前提，“科学能够随时对社会问题提出具有更为直接意义的事实”①，为了使人们能够掌握物理文化的这些成果并为自己和社会所服务，需要通过教学这一平台来实现这一功能。其次，物理文化精神气质需要通过物理教学展现。无私利性是科学的精神气质之一，它表明，物理文化不是孤芳自赏的游戏，它是一种公众性的、集体性的文化体系，它如同公共产品一般，是需要向大众公开并需要经过大众检验和批判的。向公众开放，最好的方式就是教学，通过物理教学使公众特别是学生掌握物理文化，这是展现物理文化无私利性的重要方式。最后，物理文化的教育功能需要通过物理教学得以实施。物理文化的教育功能，不在于其知识，而在于其物理学方法和物理学精神。物理学方法是在事实分析的基础上，对物理学假设进行验证并寻求一致性和精致化所运用的方法，它是人类传承下来的较为普遍用于探索物质世界本来面貌的方法，是人类智慧与实践的结晶，获得了这些方法，就获得了探索自然世界的必要的手段；物理学精神是物理文化中最核心的要素，物理学探索需要严谨求实的态度，需要怀疑和批判的精神。物理学的方法与精神承载着人类对自然界认识与改造的精华，它的有效传承需要物理教学得以实施。因此，皮尔逊提出：“近代科学因其训练心智严格而公正地分析事实，因而特别适宜于促进健全公民的教育。”②

其二，物理文化是物理教学价值追求的支撑。教学是为了实现文化传承、文化探究的需要，是为了实现物理文化人的培养而实施的实践活动，如果缺失了特定的文化，教学也就失去了作为载体和途径的必要性。物理教学是为了培养物理文化人，物理文化人需要具有扎实的物理文化知识，熟悉探索物质世界的多元方法，了解物理学的多元文化属性，知道物理学与文化、社会之间的关系。换句话说，物理文化就是物理文化人“对什么样的东西是科学、什么样的东西不是科学、科学能够做什么、科学不能做什么以及科学如何在文化中起作用这一系列问题的认识”③。为了实现这一价值追求，物理教学就需要“以发展学生的物理学科核心素养为目

① 皮尔逊.科学的规范[M].李醒民，译.北京：华夏出版社，1999：16.

② 皮尔逊.科学的规范[M].李醒民，译.北京：华夏出版社，1999：12.

③ 美国国家研究理事会.美国国家科学教育标准[M].戢守志，译.北京：科学技术文献出版社，1999：27.

的，以物理文化为对象，以师生对话、交往为形式”[①]，很明显，如果缺少了物理文化的支撑，物理教学就犹如无本之木、无源之水。然而，这并不是说，物理教学就是由物理文化单方面所决定的，这是因为，物理教学并不能简单地理解为对物理文化的普及，物理教学具有“育人”和“成人”的目标，物理文化并不具备回答物理教学要把学生培养成什么样的人的责任和能力，因此，物理文化也就不可能直接驾驭或统治物理教学的发展和走向。

(二)物理文化与物理教学文化是相对独立的

物理文化作为特有的一种文化形态，是人类探索未知世界的一种实践和精神活动方式及其成果，是人类文化的重要组成部分。物理教学文化，是教学过程以及与其紧密相连的各种文化的有机整体。物理教学文化与物理文化一样，都具有自身的价值追求、历史形态和发展规律。

其一，物理文化是独立于物理教学文化的客观存在。在古希腊时代，哲学家就开始寻求对物质世界的认识，他们以思辨为武器，对可感觉到的自然世界进行着有限的探讨，虽然思辨结果是“含糊的、微不足道的和无价值的”[②]，但其论断却为当时的人们认识物质世界打开了窗口；近代资本主义的产生和文艺复兴运动的发展，使物理学挣脱了经院哲学的束缚，更为物理学未来的发展和开阔人们的心胸铺平了道路，实验也逐步成为认识客观世界的武器，他们逐步认识到，“科学如果不是从实验中产生并以一种清晰实验结束，便是毫无用处的，充满谬误的，因为实验乃是确实性之母”[③]。从达·芬奇、哥白尼再到开普勒，依靠实验的手段来探索物质世界已经成为当时人们进行研究的一种风尚。从培根的科学归纳模式，到笛卡尔的直观演绎模式，再到伽利略的演绎-归纳模式，以证实为主要手段的物理学发现模式逐步进入成熟阶段。在此阶段，人们对以运动学为主的物质世界的认识达到了一个高峰，而牛顿经典物理学体系的建立也就实现了物理学发展的第一次大的变革和整合，自此以后，物理学成果在经典物理学范式下不断扩展和增长，并以自己独特的方式逐步向其他领域辐射。人类探索世界本原的脚步并未停歇，19 世纪末期，经典物理学被两大乌云所笼罩：光速不变与“以太说”的破灭、黑体辐射与“紫外灾难”，爱因斯坦、波尔、海森堡、薛定谔以理想实验为武器，通过归纳和演绎，结合数学推演，最终推翻了经典物理学的统治，进入了相对论和量子论的时代，从而实现了物理学发展的第二次变革。可见，探索物质世界的本真就是物理文化的核心，它以物理学知识和物理学方法体系的建立为标志，以物理学观念和物理学精神为动力，为物理文化的进一步发展起着指导和定向作用。当然，物理文化也并不是铁板一块，

---

① 于海波. 物理课程与教学论[M]. 长春：东北师范大学出版社，2019：116.

② 卡约里. 物理学史[M]. 戴念祖，译. 呼和浩特：内蒙古人民出版社，1982：3.

③ 丹皮尔. 科学史及其与哲学和宗教的关系[M]. 李珩，译. 北京：商务印书馆，1995：166.

它的形成受社会、经济和文化的影响，其反过来也带动着社会、经验、文化、教育乃至技术的发展。可见，物理文化是独立于物理教学文化的一种客观存在的文化。

其二，物理教学文化的形成有其自身的途径。物理学科被列入学校正式课程的时间比较晚。在中世纪，物理教学以一种“师徒制”的方式来对学生进行传授，此时物理教学的目的就是为了“教化人们对上帝的虔诚以及对上帝无比‘神力’的敬畏”①。即使到了文艺复兴时期，物理教学也没有以正式的普遍的方式进入学校领域中。在17和18世纪，物理学有了较大的发展，这种发展并不是由于物理教育自身地位的提高而得到了发展，恰恰相反，物理学却是在物理教育毫无地位的情况下发展起来的。“在19世纪中叶以前，所有伟大的科学家就其科学知识而言，都是自学出来的。”②进入19世纪中叶，在赫胥黎和斯宾塞等科学教育先驱的推动下，物理学正式列入学校课程当中，并成为当时进入大学的必需科目，物理教学自此以正式的方式得以实施。在这一时期，物理教学的主要目标是让学生了解“科学发现的成果，从而得到一点关于他们所在宇宙的知识，同时通过学习科学方法，教他们学会用逻辑方法和归纳方法思维”③，以便实现学生们完满生活的需要。然而，受“科学知识最有价值”观念的影响，物理学知识特别是公制计算的内容受到了格外的关注，而物理学方法却并没有得到足够的重视。19世纪末至20世纪初，在实用主义哲学的影响下，以杜威为首的教育者开始了科学教学的思维转向，主张用“心理的方法”而不是用“逻辑的方法”来进行教学，即让学生“从做中学”，把学生的学习过程看作物理学研究的过程，物理教学的主要目标就是通过物理学方法的训练让学生获得反省思维的能力。进入20世纪中叶，随着布鲁纳结构理论得到的广泛认可，物理教学又进入了一个新的阶段。布鲁纳强调让学生掌握学科的基本结构，其好处在于，学科的结构有利于学生对知识的理解、记忆和迁移，并能缩小“高级知识”和“低级知识”之间的差距。他倡导发现学习法，主张学生积极地参与知识的探究过程，利用直觉和想象来获得学科的结构。进入21世纪，核心素养成为世界各国基础教育发展的潮流，虽然各国提法不同，如欧盟叫“关键能力”，美国叫“21世纪能力”，亚洲各国和地区叫“通用能力”，但一个核心点是“正确的价值观念、必备品格和关键能力”。对于我国学生物理学科核心素养的培养而言，就是通过物理教学，“帮助学生从物理学的视角认识自然，理解自然，建构关于自然界的物理图景；引导学生经历科学探究过程，体会科学研究方法，养成科学思维习惯，增强创新意识和实践能力；引领学生认识科学的本质以及科学、技术、社会、环境(STSE)的关系，形成科学态度、科学世界观和正确的价值观，为做有社会责任感的公民奠定基

① 于海波.科学课程发展的文化学研究[M].长春：东北师范大学出版社，2007：99.

② 贝尔纳.科学的社会功能[M].陈体芳，译.北京：商务印书馆，1982：120.

③ 贝尔纳.科学的社会功能[M].陈体芳，译.北京：商务印书馆，1982：122.

础”①。可见，物理教学源起于物理学的发展，但是物理教学却有着自身的发展轨迹，它得益于人们对物理教学本质的不断思考，得益于对以往物理教学优点的不断继承和不足的修正。

三、多元共生的文化：物理教学形态的文化学转向

（一）物理教学是一种多元共生的文化

物理教学文化并不是由单一的物理文化所决定，而是由多种文化整合共生而成的。“共生”意味着物理教学并不是多种文化的简单叠加，而是相互依存、相互补充又各自保持相对自律性的多种文化的整合。库本和埃肯海德(1998)就曾指出，科学教学至少是由科学文化和国家文化这两个主要的文化相互影响动态整合而成的②。后现代学者多尔用“关联性”来描述学校课程赖以生存的环境：一是课程之中的联系；二是课程之外的文化或宇宙观的联系③。在我们看来，物理教学文化至少由三种文化的相互整合共生而成，它们分别是物理文化、社会文化和教育文化。这三种文化形成了物理教学文化赖以生存的大的模体。在本节的前述内容中，我们论述了物理教学文化与物理文化之间的关系，接下来我们对物理教学文化与社会文化、教育文化之间的关系做进一步的梳理。

物理教学的发展总会有社会文化的身影相伴。古希腊作为西方文明与科学教育的摇篮，它以崇尚自然教育思想为世界教育发展所推崇，但从教育目的上看，却具有很强的国家意志，如斯巴达教育注重身体训练，强调严格的纪律，就具有明显的军事实用目的和国家导向。斯巴达人的这种教育方式，得到了在物理学方面有着重要贡献的亚里士多德的表扬，“拉西第蒙人是应该受到表扬的，他们对于儿童(少年)的训练特别具有深心，把教育作为公共的要务，安排了集体的措施”④。欧洲中世纪被认为是科学发展的“黑暗时期”，也是物理教学受到社会文化影响最严重的时期，在这一时期，科学被神学所控制，科学教学是为宗教服务的，“传授科学知识和科学活动的场所尽遭破坏”，“雅典的所有学校被关闭，希腊学术藏书最多的塞拉皮斯神庙也被拆毁”⑤。进入文艺复兴阶段，亚里士多德“顺应自然要求、顺应学生天性”的自然教育思想又开始回归科学教育领域，但是中世纪的教育思想依然浸染着教育者，使他们依旧保持着强烈的宗教情怀，认为在教学中“应教给他们我

---

① 中华人民共和国教育部.普通高中物理课程标准[M].北京：人民教育出版社，2020：1-2.

② COBERN W W, AIKENHEAD G S. Cultural aspects of learning science[M]//TOBIN K, FRASER B. International handbook of science education. Dordrecht: Kluwer Academic Publishers, 1998: 39-52.

③ 多尔.后现代课程观[M].王红宇，译.北京：教育科学出版社，2000：255.

④ 亚里士多德.政治学[M].吴寿彭，译.北京：商务印书馆，1983：407.

⑤ 刘志军，易显飞.欧洲中世纪科学滞后的宗教剖析[J].湖南大众传媒职业技术学院学报，2008，8(5)：92-95.

们宗教的基本真理，使孩子懂得他生来是多么柔弱和易于作恶；使他懂得没有上帝的帮助，没有一件东西有或能有任何价值”①。随着近代科学的兴起，工业生产进入了大机器时代，物理学开始以正式的科目进入学校，以斯宾塞所倡导的“为未来完满生活做准备”为代表，物理学的实用性思想开始在物理教学中彰显，不管是当时的英国、法国还是德国，包括物理在内的所有教学“排除了教学科目、课程内容的纯古典主义的倾向，要求着重讲授实际生活和国民经济各部门所必需的实用知识”②，这样做的目的就是为了培养“发展资本主义商业所需要的一般专业人才”③。时至今日，“教育为社会发展服务、教育为国家发展服务”的思想依然是当前物理教学的价值主流，如普通高中物理课程标准提出，高中物理课程旨在“落实立德树人根本任务，进一步提升学生的物理学科核心素养，为学生的终身发展奠定基础，促进人类科学事业的传承与社会的发展”④。可见，物理教学承担着强烈的社会义务和责任，它也理应与社会的发展相得益彰。

教育文化则在物理教学的多种文化中起着“粘合剂”的作用。我们知道，物理文化富含物理学知识、物理学方法、物理学观念、物理学精神、物理学器物以及物理学共同体等内容，这些内容蕴含着育人和成人的潜在价值，但是物理文化自身并不是以育人和成人作为其核心价值，它不可能也不能够承担起全面育人的责任。为了实现物理文化在育人和成人上的目标和价值，就需要对物理文化的内容进行挑选和再组织。社会文化作为一个国家或一个民族赖以为基础的观念体系，它包含哲学、艺术、宗教、伦理、法律观念等内容，是一定社会政治和经济的综合反映，不同国家、不同民族或不同地域都会有不同的社会文化。社会文化具有自身的价值期盼，即期望年轻人迅速有效地学习到本社会的那些价值观念、道德规范、行为态度、思考方式、沟通模式以及人际关系模式等，而这种期盼就成了物理教学在社会文化层面的教学目标。社会文化对处于社会中的个体具有制约和引导的作用，存在着“育人”的功能，然而，社会文化缺乏“自为”性，社会文化对人的浸染往往是潜移默化的，需要靠社会中人的文化自主和自觉。社会文化复杂且多元，教育者不可能将所有的社会文化一股脑地全部呈现给学生，更不能“让学生去学习在50年前重要的而现在已经不再有意义的东西”⑤，应该让学生把精力放在当代社会生活中最重要的方面。因此，若要从复杂的社会文化中有针对性地选择内容并迅速地实现社会文化的“育人”目标，这也需要一个筛选和再组织的过程。很明显，教育文化能够实现物理文化和社会文化所不能达成的有针对性的“育人”和“成人”功能。教育文

① 刘黎明. 论文艺复兴时期的自然教育思想[J]. 河南大学学报(社会科学版)，2010，50(9)：133－143.

② 王天一. 外国教育史[M]. 北京：北京师范大学出版社，1997：189.

③ 王天一. 外国教育史[M]. 北京：北京师范大学出版社，1997：180.

④ 中华人民共和国教育部. 普通高中物理课程标准[M]. 北京：人民教育出版社，2020：1.

⑤ 泰勒. 课程与教学的基本原理[M]. 施良方，译. 北京：人民教育出版社，1994：12.

化是承载着教育理念、教育价值、教育情怀、教育方式、教育行为规范、教学精神等内容的文化。教育文化的核心目标是“成人”，教育文化的核心观念是理性，理性意味着“它追求精确、清晰，由此能为人们的行为提供合理的目标和合理的行为方式”[①]。在教育文化理性的指导下，教师会基于全面发展人的教育理念，在对学生的知识经验全面认知的基础上，运用教育哲学和学习理论，对物理文化和社会文化中的那些核心目标认真梳理，筛选出适合于学生发展的具体的教学目标，再运用先进的教育理论，选择和组织物理文化和社会文化中那些合适的经验和内容展开教学。

（二）物理教学是一种动态演进的文化

物理教学是一种由多种文化整合而共生的文化。然而，物理教学文化并不是稳定的、静态的文化，而是一种不确定性的、动态演进的文化。

其一，教学主体知识经验的多样性决定了物理教学文化是动态演进的。虽然物理教学文化是由物理文化、社会文化和教育文化整合共生而成的，但是每一种文化都具有其自律性，每一种文化都具有各自的价值追求。物理文化追求对物质世界本原的认知；社会文化追求社会的发展与进步；教育文化则追求“成人”与“育人”。因此，整合后的物理教学文化，其目标必然指向人，即人对物质世界全面而系统的理解，以及人如何认识自己在社会发展中的角色等。

物理教学为了实现物理文化、社会文化和教育文化三者的价值追求，需要选择、优化和整合合适的材料与方法进入教学中。然而，人往往是通过对筛选材料的加工来建构自己心灵世界的，不同的个体由于原有的知识经验和加工材料的方式不同，他们对世界的理解以及建构世界的方式也就不同。因此，教师会依据自己对物理教学目标的理解来选择和优化材料，并采用有利于教学中不同物理文化理解的方式来整合材料；学生们则依据自己原有的知识经验和熟悉的认知方式来组织材料，并主动地建构意义。可见，物理教学系统中主体经验的多样性、理解方式的差异性、参与文化的多样性，使这个系统始终处于变动和转化之中，这种变动和转化实际是“超越稳定性以激发内在于不稳定性之中的创造性潜能”所致[②]。

这个世界并不存在绝对统一的、不变的和权威的理性和逻辑，也不会存在线性的、序列性的、易于量化的侧重于清晰起点和明确终点的秩序系统，所具有的只是一个没有固定答案的、复杂的、由多元要素参与的、不可预测的系统，因此，物理教学目标的设置应该保持“适度”的不确定性。在此，我们不得不提及机械论的教学观。根据牛顿的科学观，整个宇宙的秩序是稳定的、简单的、对称的、有序的，是可

① 胡玉萍.教育文化与学校教育：多元文化背景下的少数民族教育发展不平衡研究[D].北京：中央民族大学，2005：96.

② 多尔.后现代课程观[M].王红宇，译.北京：教育科学出版社，2000：5.

以通过数学来确定事物之间因果关系的。既然假定确定性是存在并可以获得的，那么所有的内容就可以看成是“自足而且简单的”[①]，所有的学科都可以按照简单的等级模块制来加以设计和组织，教学过程可以设定成由教师精心设计下的具有预定目标的、加以逻辑设计的、有序排列的过程，而学生则是在这样的过程中学习。机械论教学观中的教学目标、教学内容和教学材料是静态的、稳定的，教学活动是统一的，显然，机械论的教学观并不是以人的精神成长作为教学目标的，而是将教学目标看作是静态的，学生成为接受静态教学内容并成为任静态教学内容摆布的棋子。物理教学文化是动态的，只有这样，才能保证学生们依据自己的知识经验对教学内容和材料产生怀疑，并通过与“我们自己、我们的概念、我们的环境以及与他人”[②]的对话和交流中，形成并验证各不相同的目标假设。

其二，物理教学文化随着物理教学活动的实施而变动。在物理教学过程中，物理教学文化会伴随着两项重要的活动而变化：一是反思，反思是基于学生们与教师、同伴、实验以及物理教学文化发生相互作用过程中形成的对物理教学内容的深入理解，显然，这样的反思性活动是片段的，但却不是孤立的，物理教学目标就是在螺旋上升的一次次反思中所实现的，每一次活动就是一次反思，每一次反思都会伴随着新的知识经验的介入，也就伴随着与上一次反思性活动完全不一样的物理教学文化的变动，可见，物理文化、社会文化和教育文化的内容是会随着每一次反思活动重新发生调整的。二是对话，对话是学生自我建构知识的基石。按巴赫金的理解，对话是在各种价值相等、意义平等的意识之间相互作用的特殊形式[③]，在物理教学文化系统中，学生与其发生相互作用的对象是多元的，有教师、学生、文本、实验、环境，还有个体自身，当学生与多种文化的对象展开对话时，学生会以个体的知识经验为基础对物理现象做出理解性解释。这里需要注意的是，学生所形成的理解性解释是由两个方面共同作用的结果，一是学生的知识经验，二是物理教学文化。正如多尔所说，“我们所有的解释都与地方文化相关，而且与其他文化及其通过全球模体而进行的解释相互联系”[④]，这里的地方文化就是学生原有的知识经验，而其他文化也就是物理教学文化。了解到这一点，我们就会发现物理教学文化其实并不具备基础性的、特权性的和控制性的特征，因为，如果物理教学文化与学生原有的知识经验形不成良好的对话语境，也就是说，如果二者之间没有良好的协调通道，那么对话就是无意义的对话或者转变性的对话，学生也就不会建构自己正确的认知，所以，对物理教师来说，只有“当我们帮助他人在他们和我们的思维成果

---

① 多尔.后现代课程观[M].王红宇，译.北京：教育科学出版社，2000：29.

② 多尔.后现代课程观[M].王红宇，译.北京：教育科学出版社，2000：83.

③ 董小英.再登巴比伦塔：巴赫金与对话理论[M].北京：生活·读书·新知三联书店，1994：18.

④ 多尔.后现代课程观[M].王红宇，译.北京：教育科学出版社，2000：257.

以及我们和其他人的思维成果之间进行协调之时，我们的教学行为才发生作用”[①]。从这一点可以看出，物理教学文化是随着学生不同的知识经验而发生调整的。

第四节　文化学视角下的物理教学再审视

物理教学形态的文化性，决定了物理教学过程中物理文化、社会文化与教育文化的多元交织。然而，从物理教学的目标性而言，我们必须要始终紧抓物理教学对物理文化人的培养这一核心要旨，即物理教学过程中的各类文化，总是要围绕物理文化而共同发力，这样物理教学所培养的物理文化人，才是适应不同物理文化场景，并能够应用不同物理文化去处理物理问题的人。因此，文化学视角下的物理教学，亦可以称为物理文化的教学。

一、物理文化教学的内涵

从教育社会学的角度看，教育是促使个体社会化的过程，教育通过对社会文化的筛选、组织与传递，将学生培养成为适应一定社会发展所需要的人。每一名学生依据社会对教育的要求，学习他们所处社会的价值观、是非观以及适应各种不同的社会角色。当学生按照社会的要求和期望学习并适应所扮演的社会角色时，我们就说，教育促使学生这一社会新成员懂得了如何维持社会秩序的种种规则，或者说，教育是一个文化过程，是一个由社会文化到个人、由客观到主观再到客观的转化过程，是一个通过文化传递促进受教育者个人人格的唤醒和陶冶的过程[②]。

物理文化人是一名有社会责任感的公民，这是由物理课程的性质所决定的。从宏观上说，社会责任感是一种精神状态，它是指个体对社会所应承担或完成分内的事务和没有做好分内的事而应承担的过失，包括对他人、家庭、国家和社会，乃至全球和全人类的担当与贡献的一种精神状态[③]。对于物理课程而言，物理学科核心素养目标中的社会责任感，则是指学生通过学习，而具备的需要遵守的科学活动中人与社会、人与自然之间的基本准则，以及学生应该遵守的行为规范[④]。个体总是会生活在诸如山区、村落、城镇、市区等不同的社会场景中，不同的社会场景将会生发出该场景下人们共享的思想或行为，亦会形成适合本场景中的规范或禁忌，由

① 多尔.后现代课程观[M].王红宇，译.北京：教育科学出版社，2000：257.

② 梅新林，周瑞法.教育文化学[M].北京：光明日报出版社，1998：133.

③ 黄四林，林崇德.社会责任素养的内涵与结构[J].北京师范大学学报，2018(1)：27－33.

④ 魏晓东.物理核心素养中科学态度与责任的培养路径研究[J].天津师范大学学报(基础教育版)，2023(6)：62－66.

此就形成了在该场景中的“一种思维、情感和信仰的方式”①，这就是文化。文化是一种群体性存在，一种被称之为文化的思想或行为，必须被社会的人们所共同享有，才能被称之为文化②。因此，物理文化人为了适应和承担不同社会场景中的责任，就必须要习得和遵守不同社会场景下的处理物理问题的行为规范，能够从不同物理文化立场出发，审视不同社会场景中的物理问题，便于在参与公民事务、文化事务和社会生产以及进行个人决策时，能够综合地考量不同社会场景下的物理要素。

所以，我们把物理文化教学确定为，在教师的有效设计与组织下，以培养物理文化人为旨归，以物理文化为对象，通过创设融入不同物理经验的教学情境，采用多元的教学模式，让学生习得不同社会场景下的物理知识和思维方式，以提升在不同情境下处理物理问题能力的教育实践活动。

二、物理文化教学的特征

（一）教学内容的多样性

首先需要明确的是，培养物理文化人的过程，并非仅以物理文化的获得为旨归。然而，物理文化却是物理教学得以实施的重要支撑，或者说，物理文化是物理文化教学目标得以实现的基础。

物理文化包括现代物理文化、地方物理文化和个人的物理“文化”。在不同社会场景中，不同地域群体基于其传统的文化环境已经形成了独特的认识物质世界的知识、方法和价值体系，这些知识、方法和价值体系正如一种“范式”，指导着特定地域群体处理来自物质世界以及与他人交流中所产生的需求和问题。不同地域群体的文化传统不同，其用来规范对物质世界理解的地方物理文化也不同，然而，它却非常符合该地域群体的文化传统及其生活经验。学生们对物理文化的习得需要经历三个阶段：第一，学生们基于其生活经验，能够自觉接受地方物理文化的熏陶；第二，学生们与多样化的地方物理文化及现代物理文化接触；第三，学生们形成对物质世界新的诠释和理解，达成个人的物理“文化”。学生们对物质世界的理解建立在学生个体的社会知识经验基础上，物理教学中如果缺少了地方物理文化，学生们就失去了对物质世界进行意义建构的根基。

在物理教学中纳入地方物理文化，也并非是将地方物理文化作为获得现代物理文化的基础。正如我们在调研中所看到的，虽然许多一线物理教师认可牧区或山区社会群体具有的地方物理文化，但是却认为，在物理教学中加入牧区或山区的地方物理知识仅是为了“提升学生的学习兴趣”。其实，地方物理文化与现代物理

---

① 格尔兹.文化的解释[M].韩莉，译.南京：译林出版社，1999：5.

② 李荣善.文化学引论[M].西安：西北大学出版社，1996：177.

文化并不是一套体系或一种范式，如果物理教学将地方物理文化作为学习现代物理文化的基础，就是用现代物理文化的范式来规范地方物理文化，而这样的“地方物理文化”并非是自成体系的地方物理文化。因此，物理教学中的地方物理文化是符合各地域群体文化传统或生活需求的物理文化，物理教学就是要求学生们去面对这些多样性的物理文化，通过理解不同地域社会群体的物理文化，来阐明不同物理文化的适合条件、形成机理和应用范围。

（二）教学方法的多样性

物理文化教学是一个由多重文化、多重要素相互作用的复杂过程，要实现物理文化人的培养，教学方法的选择应是多样的。教学方法的选择除了与教学目的、教学内容相关外，学生的认知方式或思维方式是制约教学方法选择的关键要素。“学生的心理特点与思维规律是教师合理设计物理课堂教学过程、恰当选择教学方法、科学组织教学活动的重要依据。”[①]学生的认知方式或思维方式与其所成长的地域文化息息相关。认知方式或思维方式会因地域文化的不同而相异，并影响着人们学习和处理信息的方式[②]。不同地域文化中不同的认知方式或思维方式，是为了更好地适应该地域文化下的独特需要。有学者将地域文化类型分为三类，一种是线性的能动文化，一种是多维的能动文化，另一种则是被动文化。在不同的地域文化下，学习者在认知方式或思维方式上又表现出差异性，如在环境感知上分为环境敏感型和环境独立型，在协作作业上分为合作型与竞争型，在做事方式上分为尝试犯错型与先看后做型，在学习方法上分为依赖还是独立、参与还是被动、冲动还是慎思、听视觉还是口语表达等。可见，了解不同地域文化下学生个体的认知方式或思维，可以让教师摆脱教学方式同一性的心态，使其努力在教学中找寻适合学生的学习方式。

在物理文化教学中，教师应充分考虑不同地域传统中学生的认知方式和思维方式，从不同地域下学生的认知方式和思维入手，或者从学生生活领域内探索物质世界的方式入手，通过选择和应用多元的教学模式，以实现物理教学文化与地方物理文化的兼容，发展学生物理文化学习的能力。显然，在物理教学中强化对学生认知方式或思维方式差异上的考虑，已经远远超过了现代物理教学所倡导的传统教学模式，这给物理教师形成了极大的挑战。这是因为，不同地域群体在其生活的环境中，已经形成了一套认识自然及探索物质世界的特有方式，而其他并未生活于其中的个体，很难从该地域文化视角来理解或使用这些方式。另外，大多数物理教师受现代物理教学模式的影响，习惯于运用现代物理教学模式来设计教学，较少关注地域群体的认知方式，久而久之形成了物理教学的定式。由此可见，对地域群体的

---

① 邬云文.中学物理教学理论与方法[M].北京：北京邮电大学出版社，2017：52.

② 萨默瓦，波特.跨文化传播[M].闵惠泉，王伟，徐沛喜，译.北京：中国人民大学出版社，2010：249.

认知方式及探索物质世界方式的认识，既是文化学视域下物理教学设计的基础，也是实现物理文化人培养的目标之一。通过在物理教学中使用不同地域下社会群体的认知方式或思维方式，学生们可以有效地识别它并在处理相应地域中物理问题时应用它。

（三）教学语言的多样性

我们通过语言来记忆、推理、评估、沟通等，这些都是由社会文化所决定的。语言是人类最重要的交际工具。正是语言使得人在社团中的存在成为可能；而只有在社会中，在与“你”的关系之中，人的主体性才能称自己为“我”①。在物理教学中，语言是师生首先要面对的问题，如不同地域方言的多样性问题、不同地域对同一术语的多样性理解问题、课堂教学互动过程中不同的程序性语言问题等。

物理概念和术语的获得当然是物理教学最具价值的目标之一，然而，不同地域群体对物理概念和术语的理解却存在较大的差异。例如，对时间、空间、大小、深浅、冷热等概念的理解，城区学生认为时间和空间被精确地定义，并以标准的单位来加以测量和确定，但山区或牧区学生却认为时间和空间并非是精确的，它可以以相对连续的方式来加以测量，或以人类当前的需求性来加以测量和确定。再如，某些术语对城区群体学生来说较为容易理解，但在山区或牧区学生面前却成了难点。以“加速度”这一概念的学习为例，城区学生可以在“速度”一词的基础上通过类比等方式对“加速度”有较深的理解，但是对于牧区或山区学生来说，“速度”一词本身在方言中就没有对应词语，学习时就具有抽象性，再学习“加速度”就成了更加困难的事情。

同样，身体语言作为互动性语言的一种，其眼神、表情、手势和身体动作、任务分配方式都会因地域传统的不同而有所差异，而各种类型的“消极信息”可能会通过物理教师的动作或行为传递给特定地域的学生。可见，语言是学生们合理地重建现实的手段，“当我们将‘正如我们看待它们的那样’和‘正如社会了解它们的那样’并列在一起的时候，语言就成为持续地匹配和重组的调解者，因此，贫乏的语言技能够抑制学习”②。所以，物理教学的实施应从多元视野出发，注重方言对学生物理学习的影响，且通过获得必要的语言技能，在物理课堂教学中通过实施以可理解性语言为基础的学习活动来提升物理教学的质量。

可见，物理文化教学是以多样性的物理文化为对象，并在充分考虑学生的原有知识经验的基础上而实施的教学。物理文化教学的核心目标就是培养物理文化人，旨在要求学生们从不同地域传统出发去参与公民事务、文化事务和社会生产以

---

① 刘守华．文化学通论[M]．北京：高等教育出版社，1992：126．

② HODSON D. In search of a rationale for multicultural science education[J] Science Education, 1993,77 (6):685 - 711.

及进行个人决策。物理文化教学应该注重培养学生们的批判意识，帮助学生们理解不同物理文化的建构过程。所以，物理文化教学应该给予学生机会去调查、分析及论证不同物理文化的假设、可参考的理论框架和基本观点等，并能够理解人们由于对地方物理文化的缺失而如何影响知识建构的。物理文化教学也应该给予学生机会去生成他们个体的物理学，并且识别他们自己所建构的“物理学”与现代物理学、地方物理学之间的关系，以及识别个人“物理学”在影响及限制他们个人假设和个人决策中的方式与作用。

第三章　教师物理文化教育力的建构

当教师开展差异教学时，他们就不再把自己视为知识的储存器或传播机，而是学习的组织者。同样是传授知识，但这些教师较少关注知晓所有答案，而是将目光集中在了解学生上。他们创设各种学习途径来吸引学生与促进学生学习。组织课堂内的有效活动与探索学习是这些教师的首要工作。

——汤姆林森(Tomlinson，2003)

第一节　物理文化教学对教师的专业诉求

将物理学视为一种文化，物理文化就显示出相对性特征，那么，物理文化也就表现出了多样性。物理教学作为文化传递、传承与创新的载体，需要在教学设计、组织与实施中对这样一种视角的转变予以观照，使物理教学不再仅是为了让学生们接受某一特定物理文化，并将这一物理文化的价值和行为规范内化到自身心理结构的过程，而且是通过学习物理文化，发展学生的物理文化能力。物理教学的这种文化学转向必将对物理教师专业素养提出新的要求。

一、教师需要从文化学视角重新审视教学目标

(一)从物理文化人的培养上重新认识教学目标

物理文化人是从文化学视角出发，对物理教学目标的重新定位。物理文化人是人类学意义上的文化人，是能够从不同物理文化立场感知自然的文化人，是能够借助不同物理文化知识处理不同社会议题的文化人。物理教师要意识到，学生基于其地域传统的知识、经验、世界观、价值观和行为方式等，是实施教学的基础，物理教学只有建立在学生原有的知识经验之上，学生的物理学习才会具有意义；也只有使物理学习有意义，学生才会对不同地域下的物理文化有更深入和全面的理解。"为了有意义地学习概念，学生应该使用认知过程来架构概念资讯中每一元素之间的关联；学生需架构某一概念和另一概念之间的关联。如果这个关联没有建构起来，学生就缺乏基础和框架去建构一个有意义的概念架构。"这里的有意义的概念架构，并非是指被用来同化的传统的现代物理学概念架构，而是集合了现代物理学和各种地方物理学在内的综合性架构，它"包括学生们对来自不同地域群体所建构

现实的理解，以及这些现实如何被重组到包括科学在内的现实当中的知识中去”[①]，所以，在文化学视角下，物理教师应确立物理文化人培养的目标观，在创设有意义学习情境的基础上，为学生们理解物理文化创造条件。

（二）从有社会责任感公民的培养上重新审视教学目标

物理文化教学通过培养有社会责任感的公民来促进和谐社会的发展。在培根看来，责任是维护整体利益的善，要“力守对公家的责任，比维护生存和存在，更要珍贵得多”[②]，从而明确了社会责任的重要性。人类研究自然界物质的基本结构、相互作用和运动规律的原因，一方面是为了更加深入地了解自然界，另一方面就是能够遵循自然规律并能够与自然和谐共处。显然，了解自然界是遵循自然规律并与自然和谐共处的基础。在了解自然界过程中，人们必须认识到不同地域群体对自然界认识的差异性，应该在遵循不同地域群体对自然界认识的基础上，运用恰当的方式来回应自然。物理教学应对不同物理文化的理解予以回应，通过鼓励学生们接受并认同多样性的物理文化，推动学生能够主动理解和重视物理文化，培养学生在不同文化情境中处理物理问题的能力。为此，在物理文化教学中，教师应主动推动多元的物理文化融入课堂之中，促使学生应用多元的教学模式学习不同物理文化，推动学生应用不同物理文化解决物理问题。教师需要培养学生们肯定不同物理文化的价值，能够确认不同物理文化的共通性和差异性，能够寻求多样化、适宜性的方案来探究社会性的问题，以此来促进学生积极参与公民事务、文化事务和社会生产以及进行个人决策，培养学生可持续发展的意识和对社会负责任的态度等。

二、教师需要在教学任务中纳入物理文化的内容

物理文化教学确定将物理文化人的培养作为其核心目标，物理教学目标的转向，必然促使物理教学面临着新的任务。有学者总结了 20 世纪 90 年代以来在多元科学教学上的任务转变情况：处理“现实生活”场景；将科学与广泛的社会和技术议题结合起来；在积极的和负责任的公民背景下发展科学素养；将科学看作是一种文化现象；确保科学是更加个人取向的；从孩子的现实知识和经验出发并进行建构；运用问题解决的活动来发展孩子们的创造性，并且发展他们的决策和社交技能；提高每个学生的自我形象和自我价值[③]。因此，在物理文化教学中，物理教师

---

① ATWATER M. Social constructivism: Infusion into the multicultural science education research agenda[J]. Journal of Research in Science Teaching, 1996, 33(8): 821 - 837.

② 周辅成. 西方伦理学名著选辑[M]. 北京：商务印书馆，1964：552.

③ HODSON D. In search of a rationale for multicultural science education[J]. Science Education, 1993, 77 (6): 685 - 711.

需要重新规划教学任务。

(一)应将物理文化内容整合进物理教学中

当前的物理课程,如教科书、教学器具和其他教辅材料,其编写和设计大多采用现代物理文化取向。即使大多数生活在乡村和山区环境中的物理教师,在其进行教学设计之初,也较少考虑到地方物理文化,更没有将地方物理文化作为学生理解物理概念的重要变量。内容整合意味着物理教师应使用多样化的物理文化来阐释物理学科的概念、原理和理论,因此,物理教师在教学内容的选取上,既要关照现代物理文化,也要关照地方物理文化,更要关注到来自不同地域学生的经验、需要、兴趣和愿望等。只有在教学内容上展现物理文化的多样性,才会让学生们去认识和理解不同的物理文化,并能够在处理物理现象过程中,识别和判断运用何种物理文化。当学生们对多元的物理文化有足够的认识时,学生们就能够很清晰地厘清自己所理解的世界是什么样的世界,自己所谈及的物理又是哪个世界的物理。正如有学者提出的,科学教育应帮助学生们对世界有更深入的了解,而这些世界包括:他们的世界(学生的切身世界)、我们的世界(被我们自己包括科学家和教师所识别的社会和环境),还是世界(每位学生被鼓励并且被允许从多角度思考并认识的世界)①。

(二)应将教学方法与不同地域群体认知方式相适应

熟练地运用不同地域群体的互动规则进行各种物理实践活动,是物理文化人成熟的标志。对大多数乡村或山区学生来说,学习意味着自己需要面对至少两套在根本上迥异的互动规则。因此,学生们参与物理学习的有效性,极大地依赖于学校的互动规范与其地域群体的互动方式的连续程度。也就是说,物理教学中互动规范和学生地域群体互动方式之间差异性越大,学生在物理学习上就可能会遭遇更大的困难。比如,城市群体中的学生与其家长的互动方式,跟他们在课堂上与物理教师的互动方式极为相似;然而,那些长期生活在乡村或山区的学生可能被家长要求听话和顺从,当他们面对竞争、抢答或辩论等互动方式的物理教学时,其距离教师的期望会有相当大的距离。因此,为实现物理文化教学的目标,物理教师需要充分考虑班级中不同地域群体学生的认知方式或思维方式,寻求恰当的教学方法,以使学生的日常解释与学校的物理学建立联系,让来自不同地域的学生在思维和文化的碰撞中建立联系,实现不同地域学生间的互惠和互动。

(三)应妥善解决边界跨越问题

不同物理文化的习得是物理文化教学的核心目标之一,然而物理文化习得必

① HODSON D. In search of a rationale for multicultural science education[J]. Science Education, 1993,77 (6): 685 - 711.

须要妥善解决边界跨越问题。边界跨越是艾克海德(Aikenhead,1996)在讨论有效的科学文化教学时提出的术语,按照他的理解,边界跨越就是指"学生从自己的生活世界文化向科学课堂的子文化或者向科学本身的子文化跨越时存在的潜在障碍"[①]。边界跨越问题在物理文化课堂学习中经常发生,如某一地域学生进入实验室进行学习,虽然他从地域位置上来看跨越了物理的边界(从其家庭进入学校实验室),但是在他从地方物理文化向现代物理文化的跨越中却存在较大的障碍,这是因为地方物理文化中的知识和规范与现代物理文化中的知识和规范存在较大的差异,使得学生在两种文化边界面前不知如何跨越,从而造成他们处理实验问题时会表现出局促不安及裹足不前,如果不能及时解决,将会造成学生在物理学习上的低效或无效。所以,物理教师需要识别学生们在跨越其地方物理文化与现代物理文化边界时的困难,并采取有效的办法来解决它。需要强调的是,边界跨越并非是指以学生的地方物理文化为跳板,最终"跨越"到现代物理文化上,而是指通过让学生们更好地识别和理解不同物理文化及特征,能够在不同物理文化间自如地实现跨越。

(四)应将多元评价的理念融入对学生的评价中

教学评价是指对物理文化教学目标实现状况的评价。在物理教学过程中,教学评价既是一个环节,也是一种方式,它对物理教学的运行具有导向作用,对学生的学习效果具有反馈功能。在传统的物理教学中,物理教师对学生的评价很少关注来自不同地域的物理文化,也就很少从多元视角来对学生的物理学习行为做出恰当的评估。比如,来自乡村或山区的学生学习加速度、压强或密度等概念,理解时就显得较慢较困难,这并不是因为学生的学习能力比较差,而是因为没有合适的物理知识或物理经验能够与这些概念建立起有效的有意义的联系。如果教师仅是从问题的表象或结果出发,而不从学生的地域经验出发去考察,必然会在评价结果上对学生产生不公,无形中会挫伤学生的学习积极性。英国学校管理委员会就将多元性纳入学生的评价当中,规定各主要学科的考试内容要涉及更大的考察范围,对特定地域学生的考核,既要强调更好地服务该群体的当前需要,同时也要考虑到这种考试对所有学生的适用性[②]。2017 年,我国颁布的高中物理课程标准提出,"要发挥学校、教师和学生等不同角色在评价中的作用,从不同视角进行评价",以此落实"主体多元及方式多样"[③]。可见,物理教师应在评价范围、评价内容和评价方式上,应物理文化教学的要求做出相应的调整。

---

① AIKENHEAD G S. Science education: Border crossing into the subculture of science[J]. Studies in Science Education, 1996,27:1－52.

② 郑金洲.教育文化学[M].北京:人民教育出版社,2000:230.

③ 中华人民共和国教育部.普通高中物理课程标准[M].北京:人民教育出版社,2020:56.

三、教师要具备实施物理文化教学的能力

不管是教学目标的重新审视，还是教学任务的重新规划，其最终落脚点是物理教师教育力的提升，这就表明，物理教师需具备全新的教育能力与物理文化教学相适应。我们以“教学内容的整合”这一教学任务为例来梳理一下物理教师所应具备的教育能力。为实现物理文化教学内容的整合，物理教师需要具备物理文化课程资源的识别、提取、分类和加工能力，需要具备寻找不同物理文化课程资源之间异同点的能力，需要具备寻找不同物理文化课程资源整合契合点的能力，以及需要具备使学生从一种物理文化跨越到另一种物理文化的预设能力等。可见，物理教学目标和教学任务的转变，直接影响着物理教师教育力结构的变化，我们把这种在物理文化教学环境中，教师通过识别、开发与组织不同物理文化的材料，并将其有效整合到物理教学中，以实现学生从多元视角来理解物理文化的能力，叫作教师的物理文化教育力。

物理文化教育力并不是在传统教育力基础上衍生而来的一种能力，它实际上是物理教师实施物理文化教学的基本能力。物理教学因多元的物理文化而引发，其自身又处于多元地域背景中，且其关注的又是来自不同地域的学生，教师只有具备物理文化教育力，才能够有效地运用物理文化教学的思想、观念、知识和方法，引导学生运用多元的物理文化的观点去应对随时发生的人和事。为此，我们把物理文化教育力的特征归纳如下。

（一）综合性

综合性意味着物理文化教育力并不单纯只是一种教学技能，它是具有完整知能结构的，是受到教师物理文化教育观念和知识所支配的能力。教师的物理文化教育力表现在观念上，需要能够认同物理文化的多样性，并愿意为不同地域学生习得不同的物理文化而服务；表现在知识上，需要具备一种立体的物理文化知识体系，如不同地域群体的文化知识、不同地域群体的互动规则、不同地域群体的物理文化知识，以及适合不同地域学生学习的物理教学法知识等。在这些观念与知识的支配下，教师的物理文化教育力才能更好地体现在其进行物理教学的设计、组织和评价上，其最终目标就是能够充分地利用物理文化要素来构建有效课堂，以使学生能够从文化学视角来理解物理文化并解决现实问题。所以，学者阿伦德针对教师素养问题，提出如下要求：教师要记住自己的责任是教育所有学生；谨慎地运用学生的各项资料，尤其注意不要形成先入为主的成见；尽量给学生同等参与讨论的机会；自我反省是否平等对待学生；在能力分组教学中及时检视学生在分组中的位置；公平地评价学生的学习过程和结果；奖励学生时要公平、公正；及时了解学生的意见并及时进行调整①。

---

① 郑金洲. 教育文化学[M]. 北京：人民教育出版社，2000：288－289.

(二)发展性

发展性意味着教师的物理文化教育力会随着观念与知识的变化而变化。在物理文化教学观上,传统物理教学中的教师往往只关注学生习得现代物理学知识,随着物理教师在物理文化观念与知识上的变化,其教学目的观也发生了变化,即不再仅仅发展学生单一物理文化下的素养,而是要求发展学生多元的物理文化素养,培养学生从多元的物理文化视角来处理现实问题的能力;在科学本质观的理解上,受现代物理文化影响的物理教师,将物理学看作是普适性的、客观性的、理性的以及价值中立的文化体系,而物理文化教师则将物理学看作是一种具有相对性的、建构性的、社会依存性甚至是个体化的文化体系;学生观也发生了相应的变化,受现代物理文化影响,教师通常将学生看作是可教的,并将学生的学习看作是习得现代物理文化并按现代物理文化规范去解决问题的过程,而物理文化教师也认为学生是可教的,但其却认为学生应学习并习得多种物理文化规范,并将多元的物理文化规范内化于自身认知结构的一部分,具有运用多元的物理文化规范来进行批判性思考和解决不同地域物理问题的能力。随着物理教师的观念及其知识的变化,物理教师在教学行为上必然做出调整,其物理文化教育力也将随之发生变化。

(三)反思性

虽然物理文化教育力会随着物理教师观念及知识的变化得以提高和发展,但是其效力的发挥却是在批判性反思中得以实现的。该反思表现在三个层面:一是对教学观念的反思,是指教师对自己所持有的物理文化教学看法和信念的反思,就是“揭示和考察各种假设或信念,并试图审视更深层次的信念或假定,批判那些隐含于教学行为中、妨碍课堂生活和合理实践的潜在假设、信念”①。受当下教材及传统教学观念的影响,教师运用单一物理文化教学观来实施物理教学是最简单也是最为省事的做法,但却忽视了物理文化多样性的本质,如果物理教师不时地对自己的物理文化教学观念进行批判性反思,必定又返回到单一文化的教学理念当中。二是对教学设计的反思,就是对教学过程中所设计一系列事件是否影响学习者对物理文化学习效果的反思。教师需要对教学设计的各个环节进行审视,如教学目的是否与物理文化教学目标相一致,学习任务和教学技能是否关照到不同地域的学生,教学材料能否保证学生实现对多元的物理文化的理解,教学方法能否有效实现学生自如地在不同物理文化边界进行跨越,教学评价是否以多元的物理文化目标的实现作为参照等。教学设计的反思反映着物理教师对物理文化教学内容和教学主体的关注。三是对教学行为的反思,是指对教学过程中师生为实现教学目标而采取行为的反思,包括师生的个体行为、师生之间的行为、生生之间的行为以及

---

① 赵昌木.教师在批判性教学反思中成长[J].教育理论与实践,2004,24(5):42-45.

师生与材料之间的行为，特别是要考虑教学行为是否符合不同地域学生的认知风格。

第二节 物理文化教师的专业素养分析

物理文化教学要求物理教师在其知能结构上要做出相应的调整，这样的调整并不是简单地从教学技艺加以转变，也不是运用特定地域群体的知识经验或习惯来加以调适。正如巴西学者弗莱雷(Freire,2001)在其《被压迫者教育学》中指出，我们要教学生识字并理解世界，识字需要基本的知识与技能，理解需要能够质疑制度化知识的假设，并使用知识来采取行动，塑造公平正义的世界[①]。所以，教师的物理文化教育力并不是孤立成长，它需要教师具有高度的文化意识，对不同地域的地方物理文化有高度的文化自觉。教师要把自己看作是物理文化教学的推动者，能够帮助学生们针对不同物理文化进行积极地意义建构等，物理教师的这些特质正是其专业素养的体现，也即是说，教师的物理文化教育力是位于其专业素养之下的，并基于专业素养的提升而发展起来的一种能力。

关于教师的专业素养，布罗克(Brock,2004)将其界定为“一种投身于社会文化的热忱，以有效的方式来使用语言的读写能力。具有更复杂的语言、素养及文化理解能力，可能帮助教师从事丰富的教学实践”[②]。龙宝新(2016)将其看作是教师顺利从事教育教学活动所必需的基本品质或基本条件，并将其确定为职业理念、职业道德、专业知识和专业能力四个部分[③]。为此，我们将教师在物理文化教学中的专业素养确定为物理文化知识、物理文化教学观念、物理文化教学态度及在这些素养基础上发展起来的能力。

一、教师的物理文化知识

知识是人类认识的成果，是文化的基础和表现形态。教师具备一定的教学知识，是衡量其专业水准的重要标志，也是其区别于其他专业的重要标志。通常来说，教师知识是指一个教师在其处理某个特定事件中的知识整体，从定义来看，它构成其行动的基础[④]。教师知识不仅会影响到他们对不同地域学生的态度和期望，还会影响到他们实施物理文化教学的效度和质量。为实现传统学科教学的目

---

① 费莱雷.被压迫者教育学[M].顾建新，赵友华，何曙荣，译.上海：华东师范大学出版社，2001：44.

② BROCK C H. Improving literacy instruction for all children: Current concerns and future directions [M]//FENICE B B, BROCK C H. Multicultural and multilingual literacy and language: Contexts and practices. New York: The Guilford Press, 2004: 325

③ 龙宝新.教师专业发展与职业道德修养[M].西安：陕西师范大学出版总社，2016：5.

④ 温鲁普.教师知识和教学的知识基础[J].北京大学教育评论，2008，6(1)：21－38.

标，舒尔曼提出了教师应具备的七种知识：学科知识、科学教学法知识、课程知识、一般教学法知识、学习者知识、教育环境的知识、教育目标和价值的知识；班克斯则从文化学视角，提出了教师应具备的知识结构：社会科学知识（源于对知识的目的、假设和价值观点的学习的过程）、教育学知识、关于不同地域学生的特征的知识、关于教学策略和技巧的知识等[①]。依据物理文化教学的目标及任务需求，我们将物理教师所具备的知识归类如下。

（一）物理文化知识

物理文化知识，也即是与物理文化相关的知识，它既包括现代物理文化知识、地方物理文化知识，也包括学生个人的物理"文化"知识。物理文化知识，既是物理教学的起点，也是物理教学的目标。然而，在物理文化教学中，切忌将物理知识等同于物理文化知识，这是因为，物理知识只是物理文化在其成果上的一个维度，物理文化还具有深厚的内涵和外延，即它既包括物理文化作为其成果构成的知识，如物理学知识、物理学方法、物理学器具、物理学精神、物理学观念、物理科学家共同体等，也包括彰显物理学本质的文化属性知识，如逻辑实证主义哲学观下的物理文化本质知识和建构主义哲学观下的物理文化本质知识，前者通常将物理学看作是客观的、纯理性和经验的、普遍的，且不会被人类偏见、教条、判断或者文化价值等行为所左右[②]；后者则将物理学看作是个人化的、相对性的、建构性的、社会依存性的、历史性的，且被个体的主观想象和社会文化价值所影响。而建构主义物理文化本质属性的知识正是物理教师实施物理文化教学实践的哲学基础。

对地方物理文化知识的确认，反映了物理教师对物理文化教学目标得以实现所做的努力。也就是说，物理教师要实现有意义的物理文化教学，必须具备充足的地方物理文化知识。与处于民间的地方物理文化的零散性和片段性相比，物理教师所掌握的地方物理文化应该与现代物理文化一样，是系统性的和整体性的。虽然，当前关于地方物理文化构成的研究并不凸显，但是，我们可以借助对现代物理文化的理解，把地方物理文化分解为地方物理经验性知识（经验）、地方物理方法、地方物理精神和地方物理器物等几个部分。为此，我们专门针对地方物理文化的构成做一简要阐述。

我们已经知道，地方物理文化就是集体对物理现实具有文化依存性的理性感知，因此，地方物理知识是指地域群体长期形成的对物理现实的观点、理解或解释，是对日常生活和传统生存实践知识的整合和应用，它多是以经验的方式存在，旨在

---

① 班克斯. 文化多样性与教育：基本原理、课程与教学[M]. 荀渊，等译. 上海：华东师范大学出版社，2010：231.

② AIKENHEAD G. Integrating western and aboriginal sciences：Cross-cultural science teaching[J]. Science Education，2001，31(3)：337－355.

“描述‘正在发生的事件’，而不是实体”①，它通常通过口头的传授，或者通过反映地域群体的生活、价值观和“正当性”行为相关联的故事和神话来加以传递。例如，牧区人对历法的理解通常与一定的动物相联系，如他们将牧区人历法中的三月叫作马木尔月，译为“拽步月”，意思是在这个月像鹅之类的飞禽因肥胖飞不动，它们走起路来会一拽一拽的。可见，地方物理知识(经验)一般会将物质实体与特定的精神性紧密地联系在一起。

地方物理方法是地域群体在长期处理物理现实问题过程中所形成的各种方式与手段的总和。与现代物理学强调从部分到整体、强调加强对物质世界本体的理解，以及注重物质世界理解和证据不同的是，地方物理学更加强调从整体上来认识世界，并且注重知识与技能的实际应用。例如，来自山区的孩子对木柴就是建立在整体的视角上来理解它，他们对木柴十分敬重，他们会将散落在路上的树枝放在路边以免被踩踏，他们喜欢用自家的木材铺桥，以求积德。因此，珍惜木柴、保护公用设施就以生活方式和道德标准的方式，在山区习俗中扎根。正如我们在后文调查中，吾老师谈及两名山区孩子吵不了两句就动手时所解释的那样，山区孩子更喜欢将过程或答案直接告诉他们，而不是采取有步骤的方式(详见第五章第二节)，所以地方群体处理现实问题的方法多以局部性地证明或定性的口头记录为主，而不喜欢像现代物理学那样全面性地证明。

地方物理精神是地方物理文化的内核，是地域群体长期处理物理现实过程中形成的信念、价值和行为规范的总和。受生活环境的影响，地域群体并不是特别倡导怀疑和批判精神，他们往往更加相信继承下来的知识，因此，他们尊重长者、尊重有知识和学识的专家，为此，他们通常会虚心地听取这些长者或专家对事物的见解。他们信奉继承的知识但并不代表他们没有好奇心，受与自然世界做斗争的影响，他们往往好奇心重且能够诚实地看到自身的不足，由此也培养了他们坚持不懈和开放的精神。因此，在物理课堂上，我们经常会看到来自牧区或山区的学生表现出好动和好问的状态，也就不足为怪了。

地方物理器物是地域群体的人造物。在地域群体的观念中，不仅是自然物具有灵性和神圣的性质，人造物同样也具有这种特性。人造物的这种特性或是来自其材料的神秘性，或是来自它的制造者和使用者就是具有神秘性质的人。也就是说，器物作为人们认识物质世界或者改造物质世界的产物，它总是与人们所相信的该器物背后的神秘力量或者是故事相联系的。以山区人们取木造屋为例，他们不喜欢使用胡杨木、榆木或圆冠木等，原因在于其木不够直，加之木质过硬，易被虫蛀，且一旦被人采用就觉得门前空洞，人际关系也不会好；同样，他们又喜欢用果木

---

① BEAR L. Jagged worldviews colliding[M]//BATTISTE M. Reclaiming indigenous voice and vision[M]. Vancouver：University of British Columbia Press，2000：78.

做门槛，认为那样会多子多孙、兴旺发达。

地方物理文化的这些内容构成了特定地域群体认识物质世界、开发物质世界以及与物质世界和谐相处的基础，并成为物理教师设计、组织和评价物理文化教学的基础，它与现代物理文化知识一起，共同组织和整合着物理文化教学的内容。

（二）学生的知识经验

学生的知识经验是学生个体进行物理学习的基础，学生往往基于个体的知识经验来建构或重构个体对物质世界的理解。“每一个社会或群体的标准与控制之所以被建立出来，是因为它们让个体得以处理来自环境以及跟他人交际所产生的需求和问题”[①]，所以，学生的知识经验，可以看作是每一个地域文化在个体身上的内化，它在很大程度上反映了其所在地域群体的生活、价值观和行为规范等。物理教师获得了较为系统的学生知识经验，其实也就在很大程度上获得了顺利实施物理文化教学的知识。“有效能的教师并不一定会说学生的第一语言，可是，他们必须尽量了解历史、歌谣、传统、态度和当下的社会文化状况”[②]，这样的知识一方面可以让物理教师了解学生的家庭文化背景，更为重要的是可以识别出课堂上学生独特的行为，并能根据这种行为来采取相应的教学措施。为此，教师应掌握的学生知识经验包括以下两个方面。

其一，不同地域的文化和历史知识。在地域物质文化方面，包括衣着特征、住行方式、饮食方式和建筑风格等。例如，在新疆饮食文化中，就将馕看作是神圣的灵物，人们在餐桌上以有馕而得到尊重，并以馕进行起誓，且他们在长途旅行中也常常以馕作为纪念品和护身符；在新疆牧区饮食文化中，茶则是其必需品，牧区就流传着“宁可一日无食，不可一日无茶”的说法，其原因在于牧区食肉较多，而茶可以溶解脂肪，起消食、提神、醒脑的作用。教师还应掌握本地域群体在历史上的经历、在社会中的政治现实、对国家发展的贡献、日常生活经常面临的问题以及在社会中的生存状态等[③]。在地域文化和历史知识的获取上，教师还要关注学生所在社区的文化和历史知识。由于学生们就生活在社区当中，学生对物理世界的很多看法均来自社区，所以社区的文化和历史对学生的影响是明显的。

其二，不同地域群体学习风格的知识。一般来说，学生总是依据独特的信息处理模式来进行学习的，这个信息处理模式就是学习风格。在学习上，学生们对物理环境或行为方式偏好的差异可能与地域群体的认知差异有关[④]，如某些地域群体

---

① PAI Y，ADLER S A. Culture foundation of education[M]. 黄纯敏，译. 台北：学富文化，2006：31.

② 班克斯. 多元文化教育：议题与观点[M]. 陈会烈，译. 台北：心理出版社，2010：364.

③ 班克斯. 文化多样性与教育：基本原理、课程与教学[M]. 荀渊，等译. 上海：华东师范大学出版社，2010：312.

④ 斯滕伯格，威廉姆斯. 教育心理学[M]. 张厚粲，译. 北京：中国轻工业出版社，2003：133.

学生比较依赖于听力,而其他群体的学生则可能更依赖于视力。哈德森(Hodson,1993)在讨论非裔学生的科学学习时就指出,学生在学校的体验往往是与他的家庭体验完全不同的,例如,学校鼓励对话、思想交流、质疑和好奇,但是学生父母经常会把注意力放在看到而不是听到的被称作好行为的品质证明上[①]。在新疆农村,孩子非常讲究礼貌,他们对长辈或有知识的人十分尊敬,如不在长辈面前吸烟、喝酒或大声喧哗,不在长辈面前横行穿过等。因此,物理教师应该通过调研,充分掌握不同地域学生生活方式或学习方式上的偏好,并通过采用多样化的教学风格,以使其教学风格的使用与学生的学习风格相适应。除此之外,物理教师还应该具备不同地域群体探索物质世界方式的知识,不同地域群体探索物质世界的方式总是与这个地域群体的文化及其生活需要息息相关的,这些方式不仅是地方物理文化的重要组成部分,也是该地域群体的人们探索物质世界习惯的方式。物理教师通过运用多样性的探究方法,不仅向学生们展示不同地域群体探索物质世界方法的多样性,还可以让学生们通过地方物理学方法的应用而获得对地方物理文化更深入的了解。

(三)物理文化教学法知识

教学过程包含着教师、学生和教学媒介之间所有的关系,教学法就是优化三者之间关系以使学生学习效果最大化的方法。面对课堂上广泛的物理文化信息,教师需要清晰地知道,何种教学方法更适合物理文化人的培养。在物理文化教学中,教师必须要考虑:多元的物理文化知识如何获得?如何解决不同物理文化间可能存在的认知冲突问题?如何促进学生们运用多元的物理文化的知识来解决现实问题?教师解决这些问题的过程,正是物理文化教学法知识得以生成的过程。可见,物理文化教学法知识的获得,将极大地挑战着传统物理教学所抱持的假设——物理学知识是客观的,教师、学生和教学媒介之间关系的整合与获取物理学知识的方法及物理学知识本身之间并无关系。

在我国,关于物理文化教学的研究起步较晚,而且从文化学视角来理解物理文化为目标之一的教学法研究几乎没有。因此,教师对物理文化教学法知识的学习更多应借鉴国外研究的成果并结合自身的实践来加以获得。在国外,许多学者对多元科学教学方法的研究有很多经验值得我们借鉴。在此,我们仅提出三个与物理文化教学相关的科学学习理论。

其一,边界跨越理论[②]。艾克海德(Aikenhead,1996)指出,学生"跨越边界"就

① HODSON D. In search of a rationale for multicultural science education[J]. Science Education, 1993, 77 (6): 685 - 711.

② AIKENHEAD G S. Science education: Border crossing into the subculture of science[J]. Studies in Science Education, 1996, 27: 1 - 52.

是学生的知识经验与学校科学之间从学生所属社会经济环境的亚文化跨越到科学的亚文化的过程。他提出了四种边界跨越方式:平稳的边界跨越,在学生的世界观与科学世界观一致的时候发生;明智的边界跨越,在学生的世界观与科学世界观不一致时发生;危险的边界跨越,在学生的世界观和他们的科学世界观以某种方式彼此扩散到对方时发生;不可能的边界跨越,在学生的世界观和他们的科学世界观彼此互不兼容的时候发生。他认为,科学教师应该对学生生活世界的亚文化和科学文化之间固有的边界跨越有深入的理解,需要教师在科学内容能被所有学生接受之前,用清晰的边界跨越理论去发展科学课程与教学。

其二,并行学习理论①。杰吉德(Jegede,1995)指出,有效的边界跨越是一个复杂的事件,并行学习通过卷入两个或更多的能同时保持在长时记忆中的矛盾图式,来协调解决学生在地域的世界观和科学的世界观之间产生的冲突。他提出了四种学习类型,即平行的并行学习、同时的并行学习、依赖性的并行学习和安全的并行学习,以解释经验的边界跨越问题。平行的并行学习是并行学习的一种极端,它是指两种冲突的图式并不相互作用,学生们进入哪个图式中取决于其经验背景,如学生在学校中使用“能量”这一概念,但这一概念却从来不会出现在学生的日常生活世界中,因为在学生的日常生活世界中对于“能量”的理解仅是常识性的概念;安全的并行学习是并行学习的另一极端,它是指两种冲突的图式会有意识地互动并且冲突会以某种方式来解决,并在学生的长时记忆中形成一个新的概念;同时的并行学习则是指依靠学习者的知识基础,通过利用一些互动要素,可以使在一个经验领域中学习的概念进行另一个经验领域中相似或相关概念的学习,这一种学习方式被看作是艾克海德所持有的观点;依赖性的并行学习是指一个经验领域中的概念模式挑战另一种经验领域中的概念框架,在无法调和的情况下,允许学生修改其现有的框架。可以发现,这四种并行学习的类型并不是独立的类别,而是沿着一个连续的谱线进展并以此来描绘冲突解决的程度问题。

其三,持续性学习假说理论②。欧哥尼依(Ogunniyi,2002)认为科学学习是一个动态的过程,在不同经验中进行思考的能力以及解决不同经验间认知冲突的能力是人的基本属性,然而,学生在不同经验中解决问题的能力却在很大程度上依赖于他们的经验背景和学习者的兴趣。他指出,科学边界跨越是并行的还是多边的取决于如下要素:一是一个特定的反馈结果;二是在学习过程中所产生的兴趣和获得的满意度;三是对掌控学习任务的渴望以及面对同伴、老师、家长或社会期望的挑战。

---

① JEGEDE O. Collateral learning and the eco-cultural paradigm in science and mathematics education in Africa[J]. Studies in Science Education, 1995,25:567 - 582.

② OGUNNIYI M B. Border crossing into school science and the contiguity learning hypothesis [C]. Paper presented at the NAST conference,2002.

如上多元科学学习的理论表明,物理教师发展适合地域环境的物理文化教学知识或理论是相当必要和有益的。也就是说,物理教师所发展或使用的物理文化教学知识或理论总是满足特定地域教育的特定需求,那种将所谓的"普遍性的理论"运用到物理文化教学中的方式不仅不可取,而且还可能会降低物理文化教学的质量。

(四)其他文化知识

大多数物理教师对物理文化及其教学的理解多来自个人的经验,鉴于教师个体的知识结构、生活经历和信念的不同,他们对物理文化和物理教学文化的理解也会有所差异。因此,教师通过获取其他的知识来弥补自己在知识上的欠缺,以便全面地、正确地理解物理文化及其教学。从另一方面来说,物理学和物理教学作为一种文化,其形成与发展将受社会、历史、经济、科技和哲学等因素的制约,教师去涉猎更多的知识,对于其全面了解物理学和物理教学的本质将更有益处。例如,教师通过学习科学知识社会学,将会从科学哲学的视角来重新看待科学与知识的本质,从社会冲突理论来正确面对不同物理文化间可能存在的冲突;通过学习文化学,将会促使教师从文化的视角来考察物理学和物理教学,由文化差异来理解学生认知方式或思维的差异;通过学习心理学,将会促使教师从认知主义、建构主义、有意义学习理论等角度来考察不同地域学生在学习中遇到的问题;通过学习人类学,可以促使教师利用人类学的方法来观察学生,并利用人类学的调查方式来获取地域、社区、家庭的文化知识。因此,哲学、社会学、政治学、经济学、文化学、语言学、心理学的知识都会帮助教师理清物理教学中存在的问题,并帮助教师去创建合适的物理文化教学模式。

二、教师的物理文化教学观念

教学观是指教师在教学实践中逐步形成的对教学本质和过程的基本看法。教师的教学观对其教学有两方面的作用:一是指导教师对教学现象和教学问题形成自己的认识;二是指导教师对教学实践进行决策。可以说,教师要提高教学质量和效果,首先要转变自己的物理文化教学观念。

(一)以学生为中心的学生观

以学生为中心意味着物理文化教学要更多地考虑所有的学生。物理文化教学起始于学习者的知识和经验,并且通过帮助学生们发展对物质世界的多元理解来加以建构对世界的意义,它要求物理教学"让学生的日常解释(街道科学)与学校的科学相联系,以及在与来自不同地域孩子的碰撞中建立联系”①。然而,迄今为止,较少有教师或研究者着眼于不同地域学生的观点和经验。虽然有教师会在物理教学中展示及运用地方的事例或器具,但对事例或器具的理解却是站在现代物理文化的角度来加以解释,并运用现代物理文化的研究思路来加以探究,这种以现代物理文化来替代地方文化经验的做法显然并不能使学生建立起实质的“联系”和“碰撞”,也就没有真正落实以学生为中心的教学理念。因此,以学生为中心,就是意味着教师要充分地考虑每位学生的地域知识经验,充分地考虑每位学生的学习诉求,协助学生超越不合理的知识、社会关系及价值,鼓励学生运用自己的经验或理论视野,对教学内容进行批判性的讨论和转换②。

(二)建构主义的学习观

建构主义认为,学习是学生针对新的观念和经验产生意义的过程。在诠释的过程中,学习者利用自己原有的知识和存储在记忆中的作为心理结构的信念去产生新的意义。为了支持学生的知识建构,教师要帮助学生在他们的原有经验和他们准备探索的新想法之间架起一座桥梁,让学生们对那些他们认为有兴趣和有意义的物理学问题或议题进行质疑、解释和分析信息。鉴于学生有着不同的知识经验和知识框架,对任何给定的话题未必能构建出相同的理解,所以教师必须有意识地指导学生发展对新观念的理解。鉴于学生背景的多样性和知识建构过程的复杂性,教师需要不断调整自己的教学计划,并准备较为充裕的课程材料和资源以满足学生的需要,以便使学生们在物理学习中建立起他们自己的优势。显然,物理教学绝不能被简化成一个严格死板的流程,如果教师按照教学计划如实地实施,将会导致学生机械地学习。相反,它需要教师根据学生的需要在不断变化的、以不确定性为特征的情境中通过深思熟虑来做出决策。可见,建构主义学习观的确立,需要物理文化教师在观念上做出三个方面的调整:一是认识到所有学生都能够是通过努力产生新思路的有才华的学习者;二是要倡导培养学生的批判性思维、问题解决教学、合作学习,以及对多元的物理文化观点的承认;三是强调高阶思维和解决问题的能力③。

(三)尊重多样性的物理文化观

尊重多样性就是肯定物理文化多样性的存在,就是在教学中强调不同地域群体的知识经验,并要求与学生的经验和背景相关联,所以尊重多样性是物理教师实

---

① GEORGE J, GLASGOW J. Street science and conventional science in the West Indies[J]. Studies in Science Education, 1988,15:109-118.

② 陈美如.多元文化课程的理念与实践[M].台北:师大书苑有限公司,2000:164.

③ VILLEGAS A M, LUCAS T. Preparing culturally responsive teachers: Rethinking the curriculum [J]. Journal of Teacher Education, 2002,53(20):20-32.

施物理文化教学的基础。在尊重多样性的物理教学中，教师要能够与学生一起，承认、理解和尊重地方物理文化观点，并使地方物理文化观点与现代物理文化一起常态化地存在于物理课堂中。尊重多样性的物理教学，教师要允许多元的物理方法的存在，要能够引导学生“在任何特定情况之下，做出关于什么是最合宜的思考、行动与沟通模式的最明智的抉择”[①]。教师要能够引导学生对不同物理文化的差异加以诠释，理解不同物理文化产生的社会背景和历史背景，引导学生对同一物理现象或同一物理问题从不同文化视角加以理解。教师要能够引导学生正视不同物理文化间可能存在的冲突，要充分利用学生多元的物理文化知识，从不同物理文化产生的背景来分析冲突产生的原因，引导他们对多元的物理文化进行批判性地分析和学习，切忌强制以现代物理学知识来取代地方物理学知识，以现代物理学方法来替代地方物理学方法。

三、教师的物理文化教学态度

态度是指建立在价值观基础之上的对事物的看法和行为倾向。物理教师对物理文化教学的态度将直接影响着教学实践。为了实现有效的物理文化教学，教师必须认真审视他们自己对待物理文化教学的态度，并坚持“改变之前先予肯定”的教育信念。

(一)对物理文化的认同

物理教师对物理文化的认同体现在以下几个方面：首先是对地域知识与规范的认同，教师要意识到，每一个地域都会有体现该地域特色的世界观、价值观和互动方式，教师在物理教学中只有表现出对这些不同于其他地域的知识与规范的认同，才能使每一位学生以自己地域的认知和理解为基础，继续发展更积极的自我形象[②]；其次是对地域学生的认可，教师应该意识到，学生作为地域群体中的一员，受地域传统的影响，其在世界观、价值观、言语表达和学习方式等方面必然表现出与其他地域学生的不同，教师在物理教学中只有表现出对这些学生的认可，才会更多地了解这些学生的知识经验，并以这些知识经验作为学生进一步建构意义的起点；最后是对地方物理文化的欣赏，物理文化作为一种文化经验，每一个地域都有自己对物质世界的认识和理解，教师在物理教学中只有表现出对不同地域地方物理文化的欣赏，他们才会将各种物理文化以平等的方式展现在物理课堂中，并以学生原有知识经验为基础，帮助学生从不同的视角理解物理文化。

---

① PAI Y，ADLER S A. Culture foundation of education[M]. 黄纯敏，译. 台北：学富文化，2006：156.

② HODSON D. In search of a rationale for multicultural science education[J]. Science Education，1993，77 (6)：685－711.

（二）对物理文化的批判

批判意味着人们对自身存在方式及其演变过程的检视和反思，抑或是一种面对不同文化的碰撞而进行文化治理，它既是一种理论澄清与搭界，也是一种实践解构与建构①。在教学中，教师应提供给学生机会，让学生置身于物理文化的框架中，以便去建构不同物理文化的经验，同时又要引导学生去批判性地审视各种物理文化经验。例如，在对地震的认识上，现代物理学的理解是，地震是地壳板块之间的挤压和碰撞，并造成板块边沿及内部的破裂和震动，而地方物理学则将其看为“上苍对人类的惩戒”。教师通过给学生提供不同的物理知识经验，使得学生们既可以从自己的地域经验出发理解他人的知识经验，又可以透过他人的知识经验来理解自己地域的知识文化，这种批判性的理解方式可以帮助学生很好地修正对某一物理文化的认知偏差，并展现出学生们在物理文化理解上的多种可能性。

为实现这样的教学，教师应展现出较强的批判意识。首先，教师应该保持同理心，即教师能够站在学生的立场来思考和处理问题，以体现教师对地方物理文化的认知和理解。其次，教师应具备自我反省力，如同苏格拉底铭刻在德尔菲神庙上的“认识你自己”的箴言一样，教师在对不同物理文化进行批判性理解时，要特别留意自己是否正进行着“书写他者”的危险，即是否从现代物理文化视角来理解地方物理文化，是否以对城市区域学生的认识来理解乡村孩子。最后，教师应保持对教学内容与过程的地域敏感性，即考察教学内容是否具有陈旧的、不精确的、带有地域刻板印象的内容，教学内容是否关注到不同地域学生对物理文化理解的需要，教学方法的采用是否适合不同地域学生的学习风格，教学组织是否保证着不同地域学生的有效参与，教学的评价和反馈是否能够促进全体学生学业水平的提高等。可见，对物理文化的批判可以保证教师能够兼顾教学中的各种要素，保持对不同地域学生学习需求的关注。

四、教师的物理文化能力

能力是一种心理特征，是个体顺利实现某种活动的心理条件②。在国外，研究者通常将在文化领域中个体应具有的能力称为文化能力（cultural competence）、跨文化能力（cross cultural competency）。对于个体是否具有这样的能力，古德昆斯特和基米（Gudykunst、Kim，1984）指出，“一个人已经在跨文化改变的进程中获得了一个先进的水平，并且他的意识、情感和行为特征是开放而不受限的，其发展超越了仅仅只有一种文化的心理界限……这类跨文化人对人类基本的统一体拥有

---

① 李金齐.文化理想、文化批判、文化创造与文化自觉[J].思想战线，2009(1):87－91.

② 彭聃龄.普通心理学[M].北京:北京师范大学出版社，2001:390.

一个理智的和情感的承诺"[①]。显然，教师在教学中所展现出来的文化能力正是我们前节所提及的物理文化教育力。

对于物理文化教育力的理解，国内外学者有两种倾向。

第一种倾向认为它是与物理文化素养同义，如伯普和瑞纳德就是将物理文化素养理解为物理文化能力，并认为其由物理文化意识、物理文化知识和物理文化技能而构成。我们知道，能力总是和顺利完成一定的活动相关联，离开了具体活动的解决，既不能展现出个体的能力，也不能发展个体的能力。能力、知识和情意分属教师素养的三个部分，能力的发展总是与知识和情意相辅相成的，离开了知识与情意，能力的发展就成为无水之鱼，而能力的发展又可以进一步促进知识与情意的提升。我们不反对能力的知识、情意和行为取向，但是如果将知识和情意归结到能力的范畴当中，则必然造成人们在概念上和理解上的混淆，即人们不知道如何发展具体的物理文化能力。

第二种倾向就是它与物理文化能力同义，即把其看作是有效实施物理文化教学的能力，教师通过识别、开发和组织多元的物理材料，并将其有效整合到物理教学过程中，以实现学生从多元视角理解物理文化的能力。我国台湾学者陈美如(2000)对教师应具备的文化能力的理解值得我们借鉴，她提出了十条能力：一是透过书籍、媒体及社会的事实，理解多样性的经验；二是具有同理心，能从学生的角度思维其问题与需要；三是学习不同地域方言的沟通系统和互动技巧；四是具有从学生的地域背景、现存基本学科要求中，规划课程及教学设计的能力；五是在教学中能有效地提供足够的资源与安全环境，供学生学习；六是能与学生父母合作，帮助学生学习；七是发展能使地域传统有效存在的技巧；八是能将文化概念融入学生的学习评价中，并建立学习档案；九是能与其他教师合作，共同规划、发展课程；十是具备教室管理和教学规范的技巧，避免问题的发生，并能帮助学生系统地解决问题[②]。可以发现，如上各能力虽有关联到知识、情意和行为取向，但却是针对这三个层面当中的具体活动，这使得物理文化能力成为教师物理文化素养的独立部分，体现着解决物理文化教学中具体活动内容的个性心理品质。

前面我们已经提及，物理教学在文化学视角上的转向，使得物理教师的教学能力不再如传统物理教学一般，仅为实现现代物理文化的传递，而应超越这一局限，引导学生认识不同地域群体探索物质世界的文化经验，促进对不同地域物理知识经验的了解，在拓展学生物理知识经验的同时，有效地处理地方社会事务和文化事务。虽然研究者意识到个体具有文化能力的重要性，但是在实际操作中应该具备

---

① GUDYKUNST W B, KIM Y Y. Communicating with strangers: An approach to intercultural communication[M]. Reading: Addison-Wesley, 1984: 230.

② 陈美如. 多元文化课程的理念与实践[M]. 台北：师大书苑有限公司，2000：164.

哪些具体的能力却很少涉及，正如伯普等(2000)所看到的，很少有研究者来具体确定文化能力在教育过程中是怎样有效实践的[①]，而这一点也正是本研究期待解决的问题。

第三节　教师的物理文化能力结构

教师的物理文化能力是与物理教学的整个过程紧密联系在一起的，也就是说，只要是实现物理文化教学的需要，物理教师就应该具备与需要相适应的能力，因此，教师的物理文化能力会涉及物理教学的各个层面和各个环节。例如，从教学组织形式来看，它分为课堂教学组织能力和辅助教学组织能力；从实现完整课堂的流程来看，它分为课前设计能力、课中组织能力、课后辅导和分析能力。我国学者张华在其著作《课程与教学论》中，将课程与教学的论述分为课程与教学的目标、课程内容与教学方法的选择、课程与教学的组织、课程实施与教学过程、课程与教学的评价等几部分内容；我国台湾学者林进材在其著作《教学论》中，亦将教学看作是由教学计划、班级经营和教学评量等几部分构成的，可见，学者们普遍认同将实现有效教学的整个过程划分为三个部分：教学设计、教学组织和教学评价。在本研究中，我们亦采取这样的划分方式，并将教师的物理文化教育力划分为三种能力：物理文化教学设计能力、物理文化教学组织能力和物理文化教学评价能力，在每一种能力当中，又会根据具体教学任务及教学活动的不同，梳理出若干具体的教育力。由于教学任务及教学活动之间有所重合，因此具体的教育力也会有相应的重合及互动，但这并不会影响到物理教师具体的教学实践和自身的专业发展。

一、物理文化教学设计能力

加涅在解释其对教学的理解是“instruction(教学)”而不是“teaching(教授)”时就指出，他希望教学是描述对个体的学习有直接影响的所有事件，而不是仅描述由教师个人发起的那些事件。对他来说，教学既包括由文字材料、图片、电视节目生成的事件，也包括由物理的客体的联合所生成的事件[②]。教师在其中最重要的一个作用就是对这些事件进行精心设计和安排。教师为了实现有效的物理文化教学，需要分析教学中的各构成要素，需要挖掘各种资源，需要对教学素材进行批判性地鉴别，需要对各种素材进行整合等。只有这样，物理教学才会以多元的物理文化为基础，并以多元的物理文化为目标。

---

① POP R L，REYNOLDS J A. Development and initial validation of the multicultural competence in student affairs-preliminary 2 scale[J]. Journal of College Student Development，2000，41(6)：599－608.

② 加涅. 教学设计原理[M]. 皮连生，译. 上海：华东师范大学出版社，1999：4.

（一）能够从地方物理文化和现代物理文化的基本要求出发规划教学

物理教学应该是反映不同地域群体所主张的并且在当下学校中应该学习到的所有的物理文化知识，这些地域群体包括科学家共同体、教师群体、学生群体，以及学生家长所在的地域群体。按照现代物理学所主张的价值观，学生应该学习那些由物理学家共同体所认同的，并在当前物理教科书中所反映的内容。然而，物理教学总是镶嵌在社会文化当中并受社会文化的影响，不能将物理教学与地方群体的观念、知识和行为规范截然分开。物理教学的设计与规划必须同时考虑不同地域学生背景与物理学科的基本要求：第一，物理文化教学是为了全体学生的；第二，教学的设计起点是学生原有的知识经验；第三，教学要实现多元的物理文化和教学文化要素的参与；第四，要确保教学是个人取向的；第五，教学要保证实现学生从多元视角对物理文化进行理解。在物理文化教学的设计与规划中，有两点需要注意。

其一，物理文化教学的设计与规划必须摒弃趋同取向的设计思维。趋同取向设计思维的关注点是全体学生能够获得现代物理文化，其目标是通过让学生去学习与适应现代物理文化，以使现代物理文化的知识、方法和精神气质等得以永存、传递和推广。班克斯提出了四种文化教学设计模式：第一，贡献法，即主流教学内容不变的情况下，挑选地方经验融入教学中；第二，附加法，指在不重构主流教学内容情况下，将地域经验附加到教学中；第三，转型法，即改变课程结构，以使学生按地域经验来看待问题和主题；第四，社会行动法，是指在转型法的基础上，增加了重大社会问题决策和行动的内容①。显然，第一种和第二种即为趋同取向的教学设计方式。为此，台湾学者谭光鼎等就对这种趋同取向的教学设计模式进行了批判，认为它是以片段的方式将经验裹上“多元”的糖衣，纳入既有的课程中，整体的主流课程架构并未改变，这种将经验分解、分类后，置入现成框架中，在强弱势文化的区分与对比下，反而更容易让学生产生对弱势文化的偏见与刻板印象②。因此，要实现学生对物理文化多元目标的理解，物理文化教学必须要将多元要素加以有效整合，即采用转型法或社会行动法的方式，通过让学生对物理文化的理解和比较，产生对物理文化综合的理解。

其二，物理文化教学的设计与规划不能忽视现代物理文化。物理文化教学强调多元的物理文化要素整合，并非是削弱现代物理文化在教学中的地位。这是因为，现代物理文化总是代表人类文明最“先进”的文化，说其“先进”，意味着它是被实践所验证的，又是被当今人类所公认的能够解释物质世界最好的文化，它被认为是人类认识世界和改造世界最强有力的武器。从人类生活的角度而言，它作为人

---

① 班克斯．文化多样性与教育：基本原理、课程与教学[M]．荀渊，等译．上海：华东师范大学出版社，2010：55-59．

② 谭光鼎，刘美慧，游美惠．多元文化教育[M]．台北：高等教育文化事业有限公司，2008：351．

类高级的认知形式和实践活动，除了满足人类对物质世界的好奇心和求知欲，还改变着人类对世界的看法，改善着人类的生活方式、思维方式、意识形态、文学艺术形式以及政治经济结构等；从经济生产的角度来说，现代物理学的发展促进了技术的发展，大大提高了生产力，也为人类更进一步地探索物质世界提供了技术保证；从平等的角度来说，现代物理文化保证其面向全体公民，不分地域、性别、社会经验地位，所有人都可以习得物理文化，它使得全体公民都能以相同的主体性来认知物质世界，虽然可能会因个体原有地域知识经验及能力差异的问题，造成他们对物理文化整体认知上有高低，但这并不会影响人们持续获得它并对其加以运用的努力；从评价的角度来说，现代物理学已经由当今的物理学家所公认的范式所主导，并成为人类评价其探索物质行为的基准。有学者针对实施物理文化教学而偏废普通教育的现实提出，若以忽视普通教育为代价来进行物理文化教学，物理文化教学目标也就扭曲了，最终违背了帮助不同地域学生、让所有学生更好地适应社会需要的初衷①，也就是说，我们不能因为承认地方物理文化的价值而消弭了现代物理文化的价值，或者说，不能因为"夸大"地方物理文化的价值，而降低现代物理文化在文化传承中的作用。

（二）能够挖掘地方物理文化教育资源，并将其整合进物理教学

物理文化教学的设计，旨在让全体学生从多元视角对物理概念、物理事件和物理现象进行深入思考，通过学生从原有的地域知识经验出发，借助与现代物理文化及地方物理文化之间互动，形成对探索主题的整体性和综合性的理解。不同地域观点的融入是物理文化教学的重要特征，然而，地方物理文化资源的匮乏却是制约物理教师进行物理文化课程和教学规划的现实问题。正如有文件提出，地域知识经验不可能容易地被教师所利用或理解②，其主要原因在于，生活于城区的物理教师，由于长期受现代物理文化的浸染，其思想观念、行为方式和认知方式等都遵循着现代物理学的习惯，从而与地域群体形成了"认知断层"。虽然物理文化教师具备了物理文化教育的理念，也承认地方物理文化体系的有效性和合法性，但是面对纷繁复杂的地域经验和习俗，如何从地域知识经验识别出地方物理文化却显得力不从心，由此制约了物理教育资源的挖掘和利用。

整体性是物理文化最重要的文化属性之一，对地方物理文化各要素进行挖掘也是物理课程资源整合的困难之一。同现代物理学一样，地方物理学作为一种文化，也是动态发展变化的过程，它在一个地域群体中经历着过去到现在的历史演变，通过逐步地修改和扩充，给予物质世界存在的问题和过程以意义及应对措施，

① 郑金洲. 教育文化学[M]. 北京：人民教育出版社，2000：227.

② STEPHENS S. Handbook for culturally responsive science curriculum[D]. Anchorage: University of Alaska, 2000.

可见，它也是一个整体性的文化，也会涉及器材体系、知识体系、方法体系、观念体系和精神体系等内容。地方物理文化观点的融入，并非是以片段式的介入来应付特定的内容，也不是某一类课程主题的补充，而是地方物理文化整体的融入；学生对物理文化的理解，也并非只是对物理文化中的某一知识点或方法的认识，而是对地方物理文化与现代物理文化整体层面上的分析与比较，是在对整体性的物理文化进行不同层面的理解后而生成的综合性的认识。以牧区人们对星座的认识为例，由于牧区人们经常搬迁，他们十分重视星座，他们需要通过星座来辨别方向，寻找渡口、饮水井和驻地等，因此，他们会将一些主要了解的星星编成歌谣、故事或神话，并起各种名称。如，他们将北极星叫作“铁米尔哈则克”，意为“铁桩星”，说它是不会动的星；他们将北斗七星称为“七个全能的神”，意为“认识了北斗七星，摸黑走路也迷不了路”。可见，在牧区人的知识经验中，物质总是和物质所赋予的精神意义一并出现的。艾克海德等指出，“只有当物理和精神的体验是统一的时候，存在才能产生意义，前提假设与整体的预设才能融合得更好”①，所以，物理教师在地方物理文化的挖掘方面，既要关注地域群体认识物质世界的片段式的信息（如在科学上的成就、不同地域群体对物质世界的解释等），更要对地域群体关于物理的知识经验进行系统性的搜集、挖掘、分析和整理，形成对地方物理文化整体而全面的认识。

地域群体的其他特征也是物理教师需要搜集、分析和提取的主要内容，如学生的家庭文化背景，学生所在社区的环境，学生先前的教育经验，学生在同地域群体中与人相处的规范，父母对学生学习的期望等。学生所属地域经验要素对于物理文化教学的设计来说是相当必要的，一方面，这些要素是教师进行物理文化教学的起点；另一方面，教师在教学内容的规划和方法的选择中需要融入这些文化要素，以使教学文化与学生的家庭文化相一致，以便能够使学生以最恰当的方式来进行学习。

（三）能够识别课程和教学中刻板印象和文化偏见的内容并加以剔除或转换

刻板印象（stereotypes）和文化偏见（Cultural bias）往往是制约物理文化教学有效开展的重要因素。二者互相联系，通常一起产生，也就是说，当个体对某一地域群体抱有刻板印象时，也就特别容易对该地域群体产生某种偏见。物理文化教学作为一种沟通与理解的过程，教师对某一地域群体的刻板印象和偏见往往会影响着该教师对教学内容的选择，同样也会影响着师生间和生生间的相互交往。

刻板印象通常表现为一种固定的观点和标准化的心理图像，它不容许任何的

① AIKENHEAD G S, OGAWA M. Indigenous knowledge and science revisited[J]. Cultural Studies of Science Education, 2007, 2(3): 539 - 591.

个别性和差异性。刻板印象的形成通常是基于对某一群体成员典型特征的误解或缺少足够的信息所致,一般发生在当群体里的某些成员的典型特征被视为属于全体所有的成员时,是一种过于一般化的、过于简单化的、过于夸大了的跟某种类别的或某一群体的人相联系的信念①。在物理教学中,人们对乡村或山区学生的刻板印象通常表现为:乡村或山区学生学习物理学会存在障碍,乡村或山区学生的实验动手能力欠缺,乡村或山区学生在物理课堂上不爱发言,在物理学习的主动性上女生比男生要差等。不仅如此,物理教师对物理文化也会存在这样的刻板印象:物理文化是确定性的、非个人化的、实证的、绝对真理的,是与社会文化无关的,"是一个威望、权力和进展的西方文化的标识"②。事实表明,不管是正向的还是负向的观点,刻板印象都是有害的,都会导致不正确的期待和判断。例如,阿罗逊等(1995)的研究发现,为了提升及保持自尊,学生们通常认同他们表现优异的领域,并在这些领域表现得更为优异。而如果不能实现这一目标,学生就不再把这些领域作为自尊的基础,即个体重新界定了自我概念,这时就会产生不认同,表现为减少对该学科的兴趣或逃避该学科,甚至改变其专业选择和择业范围,从而表现为在这一领域的成绩较差。

偏见是个体基于错误的信仰或先入为主之见对于某个群体的执着的态度。它是个体对某个地域群体或类别的人们的一种心态,并不指向特定的个体;它总是以错误的信仰或先入为主之见作为支撑,并夸大这一判断;它受情感所支配,并执着于偏见的这种不合理性③。偏见的外在表现是多方面的,如对某地域群体对象的口头歧视、规避与某地域群体对象接触、减少给某群体对象的机会和权利等。与刻板印象不同的是,偏见是一种态度,而刻板印象是一种信念。在物理文化教学设计中,物理教师由于受现代物理文化观的影响,先入为主地认为地域群体并不存在地方物理文化,即使存在也只能称之为"落后的"物理文化,于是将地方物理文化看作是封建迷信。

为了避免在物理文化教学设计中有刻板印象和文化偏见的发生,物理教师除了对多元的物理文化产生认同之外,物理教师还应具备经验感应性。经验感应性是指个体在深刻理解地方物理文化的基础上对地方其他经验的观察、领会、理解、接受和有效利用的反应能力。在教学设计过程中,首先,物理教师要对自己的知识经验具有经验感应性,探查自己对物理教学中地域经验的理解,保持对不同地域经验的敏感和警觉,并使自己始终处于对不同地域经验的积极情绪当中;其次,教师

① PAI Y,ADLER S A. Culture foundation of education[M]. 黄纯敏,译. 台北:学富文化,2006:53.

② COBERN W W, AIKENHEAD G S. Cultural aspects of learning science[M]//FRASER B J, TOBIN K G. International handbook of science education. Dordrech: Kluwer Academic Publishers, 1998: 39-52.

③ 萨默瓦,波特. 跨文化传通[M]. 闵惠泉,王伟,徐沛喜,译. 北京:中国人民大学出版社,1988.

要对材料的选择具有经验感应性，要识别手头物理教学材料的属性，要对可能存在刻板印象或偏见的材料加以处理，要么予以剔除，要么采取转变的方式加以运用，要尽可能地避免运用能够引发知识经验冲突的材料①；最后，教师要对教学材料的整合方式具有经验感应性，将多元的物理文化要素整合在物理教学中，并不是要求学生们将一种物理文化作为阶梯跨越到另一种物理文化，而是要求学生们在多元的物理文化交流与互动中，促使学生们从不同视角来理解物理文化。

二、物理文化教学组织能力

教学是各种文化要素的整合过程。为实现物理教学目标，教师会有效地将教学理念、教学内容、教学程序、教学规则等组织在一起，以实现物理教学效果的最优化。我们通常将教师在物理课堂教学中的这种操作能力看作是物理教学组织能力。与物理教学设计不同，有效的组织能够保证物理文化教学开展的系统化、条理化、可操作化和可生成化，所以，物理教学组织能力又可以看作是课堂教学操作能力。

（一）能够结合学生的语言规范和学习风格来确立课堂行为规范

现代物理文化课堂，其制度的构建、内容的提取、教学方式的选择，极大地依赖于主流社会所遵从的价值观、行为规范、语言模式、思考方式和沟通模式。然而，乡村或山区学生的价值观、思维方式及行为方式与城区存在较大的差异，有时甚至会完全抵触。这种认知方式或思维方式的不连续性通常被看作是学生产生认知冲突的主要原因。有研究指出，成功的教师利用学生的知识经验和对学生所属地域与背景的了解来建立课堂的行为和语言的规范②。可见，物理文化课堂为实现有效沟通和互动，教师有必要建立一种恰当的课堂行为规范。

其一，恰当地处理语言差异问题。在物理文化教学中，“语言问题”存在许多方面，如，不同地域学生方言的多样性问题，物理专业性术语与学生日常用语的差异性问题，课堂互动中程序性语言的运用问题，处理引发以语言为基础的活动的问题等。在处理这些语言问题上，物理文化教师应该特别关注两个方面：第一，不同地域学生运用方言进行交流和书写的问题。对乡村或山区学生来说，这一问题应该是制约其物理学习的重要障碍。我们以“管中窥豹，可见一斑”这一句成语为例，其直意为“从竹管的一个小孔里来看豹，我们只能看到豹身上的一块斑纹”，其比喻为从观察到的一小部分，可以推测事物的全貌。将这一成语运用到物理教学中，则是

---

① GONZÁLEZ-ESPADA W J. Multicultural education: Helping all students succeed in science[J]. Electronic Journal of Literacy through Science, 2004, 3 (12):1-14.

② 美国科学促进协会. 面向全体美国人的科学[M]. 中国科学技术协会，译. 北京：科学普及出版社，2001:21.

为了说明光沿直线传播的原理。然而，对这一成语的理解牵涉到对“管”“窥”“豹”“斑”这几个字的理解，因为绝大多数乡村或山区学生并不能很好地理解这几个字的内涵，他们就没有办法获得对成语的理解，也就无法利用这样的成语来理解它所代表的物理学本质了。所以，有学者指出，在学生还没有完全掌握运用国家通用语言来进行交流之前，替代品被看作是处理这一问题的最好方式，如使用录音带、制作与物理学习有关的视频、运用绘画和物理模型进行沟通等[①]。当然，尝试运用合作学习也是一种好的方法，合作学习可以提供给不同地域学生运用其方言和国家通用语言进行讨论和沟通并相互支持其发展语言的机会。第二，物理教学中的科学术语问题。对一部分乡村或山区学生来说，构成学习困难的可能并不是方言问题，而是科学术语的问题，它包括现代物理文化中所使用的专业术语和教师在教学中所使用的正式语言。科学用语的获得对于全体学生来说是一个有价值的、长期的课程目标，然而，如果在物理教学中太早地让学生们使用精确的术语和正式的书写方式，可能会挫伤那些语言技能有限的乡村或山区学生的积极性，也会迫使这些学生更早地远离物理学。正如我们上一章第四节所提及地对“加速度”概念的学习一样，如果学生无法获得对“加速度”概念的理解，那么他们必然会在匀变速直线运动、牛顿运动定律的学习中受挫。所以，物理教师应从物理文化的视野出发，开发以语言为基础的学习活动，让方言与现代物理学术语建立联系，使每位学生逐步理解不同物理文化中术语的内涵并发展其语言能力。例如，托尔伯特就提供了一个旨在提高语言能力低成就学生的案例，他们通过将读写工具整合进一个与社会高度相关的环境科学课程当中，通过监控和记录他们对科学文本的理解，帮助学生们去阅读和反思他们所读的内容[②]。

其二，关注学生的学习风格。有学者指出，每个人都有其独特的学习风格，就像他们各自的签名一样与众不同，它既反映出个体独特的生理特征，又反映出个体受环境影响的痕迹。学生学习风格的形成与其生活环境息息相关，是学生在与其生活环境相互作用过程中形成的相对稳定的信息处理模式。比如，有些学生的学习善于从全方位对问题进行思考，有的学生的学习则倾向于迅速回答问题并很快完成作业；再如有的学生善于自主、自动、批判性地解决问题，而有的学生则强调同学间的合作互动，以求给予帮助和支援。一般来说，当教师的教学策略与教学环境中的各要素的配合与学生的学习风格相一致时，学生的学习就会更加有效率。这对物理教师的教学组织提出了更大的挑战：其一，如何识别和确认来自不同地域学生的学习风格？其二，如何让自己的教学风格更加适合学生的学习风格？其三，如

---

① HODSON D. In search of a rationale for multicultural science education[J]. Science Education, 1993,77 (6):685 - 711.

② TOLBERT S. Science education as a pathway to teaching language literacy: A critical book review [J]. Cult Stud of Sci Educ, 2011,6:251 - 263.

何让不同的教学风格融合于物理文化课程当中？教师教学风格的采用去适合每一位学生肯定显得不现实，例如，琼斯对移民新西兰的波利尼西亚学生的研究就指出，在波利尼西亚学生的眼中，“教师代表成人和传授给学生知识的‘百事通’，而学生保持着被动和对老师的依赖……去教孩子们成为批判的思考者，并且要求在探究方法上的获得与其知识经验的一致性方面相悖”①。但是，物理教师也应该采取必要的教学策略，如通过合作学习的方式，鼓励来自不同地域的学生运用自己的学习风格来对物理概念进行探究，让不同的学习风格在物理课堂中合法化，以此让学生去认同自己的学习风格，理解、欣赏和尊重其他人的学习风格，以及正视现代物理文化所要求的学习方法。

（二）能够采用民主的教学程序，鼓励来自不同地域的学生参与学习

在传统物理课堂教学中，教学内容的选择和教学组织总是掌握在教师的手中，学生很少有发言权，即使有，也仅是请教者的角色。许多物理教师天真地认为，采用相同教学方法的活动作用在全体学生身上，可以使全体学生都能够学的最好。但实际情况却并非如此，语言能力和学习风格不一致的乡村或山区学生通常不能很好地参与到这样的学习活动当中，长期的非参与化会导致这些学生失去安全感，进而表现出对物理学科的疏离。可见，要实现全体学生广泛参与到多元的物理文化之中，物理教师应创设民主、安全的学习环境与教学程序。

其一，物理教师要努力创建安全的学习环境。这里我们没有说创建“公平”的学习环境，而是说创建安全的学习环境，它就意味着公平环境的创设，并不一定会使学生获得心理上的安全感。安全的学习环境具有两层内涵：其一，它是以学习者为中心的学习环境，在这样的学习环境中，教师会照顾到班上的每一位学生，其教学关注的重心是放在学生的实际学习行为上，即班上的每一位学生是否在学习？他在学习什么？他是如何学习的？教师所使用的办法、措施是否有助于学生学习？班级中的环境是否适合学生学习？等等，可见，这样的环境创设是承认每一位学生都能发展的，并且指向学生发展的学习环境。其二，它是可以包容不同观点的学习环境。安全，是指个体之间和谐相处、没有损失和危险。在物理文化课堂中，不同地域学生的观点会具有差异性，有的观点可能会相互抵触。物理教师要让学生们意识到，差异性不仅在社会中要被接受、容忍和吸引，而且要在物理学习过程中被欣赏、理解和尊重。所以，哈德森指出，“一个安全的学习环境的创建可以投射出多重信息：互相包容，对所有人的尊重和重视，通过谈判和妥协来解决冲突的重要

---

① JONES A. Which girls are learning to lose? Gender, class, race in the classroom[J]. New Zealand Women's Studies Journal, 1985(8):15-27.

性"[①]。

其二,物理教师要努力创设民主的教学程序。民主总是以彰显多数人的诉求,同时又尊重少数人的权利为原则。判断物理文化课堂的创设是否体现民主,最可靠的办法就是检验班级中的少数派所享有的自由、平等和安全的程度。"民主的基本特征就是允许少数派有自由的政治表达权,尊重和保护少数的权利。"[②]民主的教学程序创设有两层内涵:第一,物理教师的教学组织是民主的。有许多物理教师仍旧将物理课堂看作是"强者和弱者明确分工的机构",课堂的决策始终掌握在教师的手中,学生被看作是被动的听讲的机器,教师按特定的预设流程执行着高效率教学常规,教师将物理问题的回答权作为一种"赏赐",指定给特定的人选,那些理解能力相对不足的乡村或山区学生因为其"弱者"的地位很少具有发言的机会,导致地方物理文化观点很少进入课堂,这样的教学组织毫无民主可言。民主的物理文化教学应"跳出课堂教学常规、排演课堂规范的'模式',真正从关注学生、尊重学生做起,放低身段,与学生平等地分享思维之花,交流情感和理念"[③],只有这样,物理课堂中才会有多元的观点,学生在理解上才会有多元的物理文化的视野。第二,学生的学习组织是民主的。物理教学中学习任务的安排应充分考虑不同地域学生的参与情况,"通过不同地域学生在真实任务中协商式讨论来替换人为安排的严格的'实验',将有助于学生运用自己的知识去探索和发展他们个人的理解"[④]。合作学习被看作是体现学习组织民主化的最佳方式。卡根指出,"当课堂教学中融入了合作学习原则时,其环境就促进了最大化的学习"[⑤]。在合作学习的氛围中,不同地域学生之间的对话成为物理课堂话语的重要标志,课堂被一个充满着探索的、寻求认可的对话空间所框架,对不同物理观点的欣赏、尊重和理解成为合作学习取得实效的重要基础,不同学生的话语成为自己从多元视角理解事物的重要内容。由于学生在合作学习中感受到了自己观点所受到的重视,学生会更加积极地参与其中,因此,合作学习使得学生的学习更具安全感和自尊感,也会让他们对自己的学习更具责任感。

---

① HODSON D. In search of a rationale for multicultural science education[J]. Science Education, 1993,77 (6): 685－711.

② 吕普生.保护少数权利是民主的重要构件[J].学术探索,2010(2):37－43.

③ 向绍明.也谈课堂教学民主[J].湖北教育,2013(11):1.

④ HODSON D. In search of a rationale for multicultural science education[J]. Science Education, 1993,77 (6): 685－711.

⑤ KAGAN S. Kagan structures for emotional intelligence[EB/OL]. [2023－05－30]. http://www.kaganonline. com/Newsletter/index. htm.

(三)能够引导学生从物理文化的立场出发，对物理问题加以探讨并发展他们自己的观点

物理学作为一种文化，每一地域群体都会有自己对物理学的理解。物理文化教学的核心任务就是实现全体学生从多元视角理解物理文化。这里隐含着三个现实前提：其一，物理教学必须要让不同地域的地方物理文化参与到教学当中，或者给学生提供不同地域群体有关物理文化的素材；其二，学生必须正视物理文化的多样性，能够认同多元的物理文化存在的必要性；其三，学生必须批判性地看待不同的物理文化，从对多元的物理文化的比较中形成自己的观点。

为此，物理教师应做到如下三个方面：

其一，引导学生批判性地看待物理文化。物理教学起始于学生原有的知识经验。由于学生知识经验来源的复杂性，造成学生最初的知识经验也充满着复杂性。教师应该让学生意识到，每一名学生对待世界的看法，都可以看成是个人的物理“文化”，它是个体对物理现实的综合性的理解。每一名学生不仅应该认同自己对物质世界和物理现象的认识，更应该尊重其他同学对物质世界的认识。现代物理学与“个人的物理学”一样，是物理学家共同体长期形成地对物质世界的认识，是被多数人群所认可的物理学。物理教师也要引导学生认识到，每一个地域群体都属于自己地方物理学，它是本地域群体成员在其长期的生活及探索物质世界过程中形成地对物质世界的总体看法。每一个地域群体对物质世界的看法并没有正确和不正确之分，更没有贵贱之分，它是不同地域群体从自身知识经验出发对物质世界的理解，“科学不存在单独的起源，科学有一个起源的多样性和实践的多样性”[①]。面对多元的物理文化，教师应寻求一种方式，让学生的日常解释与现实社会中多元的物理文化建立联系，在不同物理文化的相互碰撞中，使学生形成对物质世界独特的理解。教师应该让学生们批判性地看待每一种物理文化观点，认识并区分每一种观点可能代表其所属的世界：他们的世界(儿童所生活的物质世界)、我们的世界(被科学家所识别的世界)，还是世界(每个孩子被鼓励并且被允许从多角度考虑的世界)[②]。

其二，引导学生整体性地看待物理文化。学生们从多元视角理解物理文化，不仅要考虑到物理文化的多样性，还要考虑到物理文化的整体性。首先，物理教师要让学生们理解物理文化的本质。教师可通过探究教学、STS课程以及物理学史融入式的教学等方式[③]，让学生们认识到物理文化并不是静止不变的、客观的知识体

---

① OGAWA M. Science education in a multiscience perspective[J]. Science Education, 1995, 79(5): 583-593.

② HODSON D. In search of a rationale for multicultural science education[J]. Science Education, 1993, 77(6): 685-711.

③ 王静如.传达科学本质之理论与教学实例[M].台北：秀威资讯科技，2006：28-33.

系，而是一种世界观、一种探究过程、一种科学事业，一种受社会、文化和历史所影响的文化体系，要让学生们认识到自己所固守的物理学观念只是受地域文化所影响的产物，认识到个体的物理学也是会随着认识的不断深入而发生改变的。其次，物理教师要让学生们认识到物理学的文化构成。要改变学生仅将物理学看成知识体系的局限认识，在学生头脑中建立起整体的物理文化观，让他们认识到物理学是由知识、器物、方法、观念、精神和科学共同体等构成的文化体系，单一的知识体系并不是物理学的全部，单一的知识体系也不能代表物理学的全部。要通过对物理问题的探究，让学生认识到一个人要想真正领悟物理学的真谛，就需要获得更多的知识，包括“科学上的各种思想观念、这种思想观念与那种思想观念之间的相互联系、存在此种相互关联的缘由、运用这些思想观念来解释和预测其他自然现象的方式以及将此类观念运用于许许多多事情上去的方式等”[①]。

其三，引导学生形成自己的观点。物理文化不能忽视个人的物理“文化”，也即是学生被鼓励从多角度理解的物理文化，是学生在多元的物理文化碰撞中，形成的对物理现实的综合性的理解。依据建构主义的观点，知识只是一种解释、一种假设、一种在特定情境下的意义赋予，它并不是由教师传递给学生这么简单，而只能是由每个学生依据自身已有的知识和经验主动地加以建构。可见，教师所传输给学生的信息本无意义，其意义存在于学生对新旧经验的反复的、双向的作用，在于学生的主动建构。“意义赋予”，即学生对知识的深刻理解是学生学习的终极目标，也是教学的终极目标[②]。在物理文化教学中，物理教师通过有计划地安排教学进程，有组织地整合教学材料，在激活学生学习热情的同时，让学生们接触来自不同地域的物理文化，促使不同地域学生之间、不同地域学生与教学材料之间产生互动，从而让学生在不同物理文化观点的碰撞中，形成自己对物理文化独特的理解。这也正是多元科学教育学者小川所说的，“除了这些理解，每一个体可能有机会去问他们自己，‘这个现象对我来说看上去是怎样的?’这是个人科学的问题，我认为它是在教育过程中的关键问题。”[③]

(四)能够引导学生认识到不同地域群体在物理文化上的贡献并懂得尊重和欣赏

让学生能够认同地方物理文化，以及让学生懂得对其他地方物理文化的尊重和欣赏，是实现学生从多元视角理解物理文化的基础。试想，如果学生对自己地域和其他地域物理文化产生不信任和不认同，他们在对物理现象进行解释时，就会自

---

① 美国国家研究理事会.美国国家科学教育标准[M].戢守志，译.科学技术文献出版社，1999:29.

② 薛国凤.当代西方建构主义理论研究[D].保定:河北大学，2003:16.

③ OGAWA M. Science education in a multiscience perspective[J]. Science Education, 1995,79(5):583-593.

觉排斥自己地域的物理文化和其他地域的物理文化，而只是采用现代物理文化的方式对其意义加以建构，不仅无法让学生们从多元视角对物理现象加以理解，而且进一步强化了现代物理文化对学生的作用。可见，学生对本地域的物理文化和其他地方物理文化的认同，是实现真正意义上的物理文化多元理解的基础。物理教师通过对不同地域在物理文化上贡献的认识，则可以有效改变学生们对地方物理文化的认同感。

其一，引导学生对本地域物理文化产生认同。学生对本地域物理文化的认同，往往是“通过把我们自己知觉为对我们有吸引力的某个社会团体的成员而实现的”，因为，这样的选择“能为我们自己提供更多积极的自我形象”①。“坎儿井”是新疆吐鲁番市人民根据当地环境与地理条件，通过挖掘暗渠来避免水流的蒸发的一种创举。初中教师们在讲授蒸发知识时会提及它，当学生们看到本地域物理文化在历史上产生的成就时，对本地域成就的自豪感会油然而生。然而，教师在物理文化课堂上的价值体现在，不应让学生们仅停留在自豪感层面，而应该将学生的认识提升到价值观层面，要让学生意识到，不仅现代物理文化可以产生卓越的科学成就，地方物理文化同样也能产生较高的科学成就；同样，不仅现代物理文化可以解释这个物质世界，地方物理文化同样也能解释这个物质世界。在对这个世界的理解上，地方物理文化可以产生与现代物理文化相当的效力。更为主要地，教师也应让学生们认识到，面对理解这个世界的大量有效的和结构较为良好的物理文化，现代物理文化与地方物理文化在物理课堂中应给予同等重要的地位。

其二，引导学生对其他地域物理文化的尊重和欣赏。与认同本地域地方物理文化一样，学生们也应该懂得尊重和欣赏其他地域的地方物理文化。物理教师应该引导学生们认识到，不仅是本地域的地方物理文化，其他地域的地方物理文化对解释这个世界也有着同样的效力。其他地域的地方物理文化都是基于不同的社会文化背景，运用与本地域地方物理文化和现代物理文化完全不同的认知方式、研究方式来认识这个物质世界，是那个地域群体对物质世界共同的理解和认识，它满足着那个地域群体的共同特征和需求，并指导着那个地域群体成员按照他们群体普遍的世界观、价值观和行为规范去探索物质世界。既然其他地域的地方物理文化作为一种社会实在，是“所有的可能普遍存在于一个既定的社会，同时又独立于在个体身上的显现而自主存在的行动方式(涂尔干语)”②，那么我们就应该尊重这样一个社会实在。我们可能不一定要认同这样一种社会实在，但是我们应该理解和尊重他们认识物质世界的方式，并且要意识到，他们这种理解世界的方式，有可能

① 史密斯，彭迈克，库查巴莎. 跨文化社会心理学[M]. 严文华，权大勇，译. 北京：人民邮电出版社，2009：278.

② 沃特斯. 现代社会学理论[M]. 杨善华，李康，译. 2版. 北京：华夏出版社，2000：144.

会有利于我们更深入地理解这个世界。

（五）能够引导学生识别地方物理文化之间以及地方物理文化与现代物理文化间的冲突，并能找到解决冲突的安全方法

在一个多元社会中，冲突是人类社会固有的要素。同样，在物理文化课堂中，面对现代物理文化的知识体系、观念体系、价值体系和方法体系，地方物理文化的知识体系、观念体系、价值体系和方法体系必然与之有较大的差异，在处理物质世界的问题时，物理文化间的冲突是不可避免的。然而，这样的冲突未必是毁灭性和分裂性的，相反，它可能会成为学生从多元视角理解物理文化的催化剂。齐美尔从社会学角度阐述了冲突的这种催化剂功能，“一定程度的不一致、内部分歧和外部争论，恰恰是与最终将群体联结在一起的因素有着有机的联系”，“如果敌意的原因并不伴随敌意的感情和表达的话，那么敌意不仅能保持群体的疆界以防其缓慢消失，而且还会经常向阶级和个人提供他们自己不能发现的交互性地位”①。可见，在物理文化教学中，教师通过整合不同地域群体的物理文化资源，并用合适的方式将这种冲突呈现出来，本身就是一种实现物理文化多元理解的动力。

其一，物理教师要主动引导学生去理解冲突。物理教师要让学生们意识到，差异和冲突是物理课堂的常态，要让学生们正确地看待同学之间的差异和冲突。不管是现代物理文化还是地方物理文化，它们都是各自地域群体所共享的知识、观念、价值和方法体系，由于社会、历史和文化背景的差异，每一群体的知识经验存在较大的差异，生活于各地域群体中的学生在世界观、物理知识经验、学习方式和思维方式上也会有较大差异。学生的学习过程是互动的过程，是各种物理文化不断产生碰撞的过程，冲突就成为这种互动的学习过程的常态。我们以学生们对“刀”的理解为例，在现代社会，学生通常将刀与野蛮和凶狠相并行，然而，出于对铁器的尊敬，某些地域的学生会将刀看作是具有神秘力量、给自己以勇气或辟邪的工具，这样的认识是由学生的不同地域传统所决定的，因此，物理教师要通过相应的方式，让学生们去直面这些冲突，因为只有让学生们直面冲突，才会让他们发现不同地域物理文化的差异性，才会让学生意识到人们对物质世界的理解并不是单一的，才会让学生能够主动地了解其他地域群体所主张的物理文化，并能够站在不同的文化视角来审视物理文化，形成自己对物质世界综合性的理解。

其二，物理教师要引导学生站在对方文化的视野中看待冲突。派认为，文化是一种规范和控制的系统②。处于每一文化中的个体，都倾向运用自己的文化规范来实现目标。在处于文化冲突的状态下，不同文化中的人总是试图说服对方运用自己的文化规范来解决冲突。然而，物理文化教学并不是一种说服的教学，而是一

---

① 科塞.社会冲突的功能[M].孙立平，等译.北京：华夏出版社，1989：17.

② PAI Y，ADLER S A. Culture foundation of education[M].黄纯敏，译.台北：学富文化，2006：28.

种懂得尊重的教学。物理教师要引导学生尊重不同物理文化的差异，引导学生主动去理解对方的物理文化，要求学生能够进入对方的文化世界，从对方的文化视角来理解差异产生的原因，从对方的文化观点来考虑其解释的合理性与可行性。基于这样的理解方式，艾克海德曾提出“人类学的学习方式”，他认为应该把学生们放在与人类学家相近的立场上进行学习①。以他的观点，当学生们发生物理文化间冲突的时候，教师并不是要求对他们进行物理文化的趋同，而是在不改变他们的地方物理文化的前提下，让他们站在人类学家的视角去理解对方的物理文化，从而实现对方物理文化的理解。哈德森则提出利用现实生活中科学和技术进行思考(the consideration of real-life science and technology)的方法来直面冲突，他指出，当学生们面对现实生活中的具体问题时，如医疗、供水、卫生、森林砍伐等，他们会对问题的本质进行评估、对有效的解决方案进行考虑，学生们往往会从自己的地方物理文化视角进行描述，在教师引导学生们分析各种观点的情况下，学生们通常会选择对环境破坏小的方案，教师以此来帮助学生认识在多元的物理文化理解中的冲突、多种解释和日益依存的可能性②。

三、物理文化教学评价能力

评价学生的学习进展是物理文化教师最常见的教学行为之一。教师如果做的有效，评价会提升学生的学业成就。反之，草率的评价不仅会降低学生的学业成就，而且也会降低学生的自信和自尊。

(一)能够将物理文化的概念融入学生的学习评价中

物理文化教学评价最大的障碍在于学生知识经验的差异性，对来自不同地域学生的学习进展进行评价，会由于他们在知识、语言和学习风格上的差异而显得更加复杂化。特别是，“当我们以自身的文化规范来评价那些在文化上跟我们有差异的人的行为时，我们就是在进行审判”③，而运用这样的方式，往往会在无意间增加文化间的冲突和矛盾，因此，单一评价方法的运用将会对特定地域的学生更加不利。另外，物理文化教学的目标是培养学生从多元视角理解物理文化的能力，如要我们仅从单一物理文化的习得上来评价学生们的学习成就时，我们就远离了物理文化教学的本性，因此，单一文化内容的运用对实现物理文化教学目标会更加不利。为此，在对物理文化教学进行评价时，教师不仅要纳入多元的物理文化内容，

---

① AIKENHEAD G S. Science education: Border crossing into the subculture of science[J]. Studies in Science Education 1996,27:1-52.

② HODSON D. In search of a rationale for multicultural science education[J]. Science Education, 1993,77(6): 685-711.

③ PAI Y,ADLER S A. Culture foundation of education[M]. 黄纯敏，译. 台北：学富文化，2006:297.

更要采用多元的评价方式。

其一，教师能够将学生对物理文化的理解纳入学生评价当中。学生对物理文化的多元理解是物理文化教学的核心目标。在传统物理教学中，通常是以现代物理文化的学习为目标，在物理文化教学中，切忌使用“熔炉”模式，将多元的物理文化融合为单一的物理文化，而应采取“色拉盘”模式，使物理教学的结果能够实现多元物理文化的共荣，因此，评价一定要关注学生在多元物理文化素养上的提升，具体包括：一是学生是否具备复合的物理知识结构，即学生能够理清不同的物理知识所产生的语境（地方物理学、现代物理学还是个体“物理学”），能够理清该知识在其语境下形成的原因及结构。二是学生是否具备物理文化的理解能力，即学生能够清晰地识别出不同物理文化之间的差异，具有沿着不同的文化脉络进行推理的能力；学生还能够知道不同地域背景下学生的学习风格和认知方式，能够理解其他同学处理问题的方式与其学习风格和认识方式之间的关系。三是学生是否具备将物理知识运用到真实世界的能力，教师通过给学生们设置真实的任务，观察学生们能否利用所学的多元物理文化知识来做出决策和解决问题的能力；教师要注重对学生的合作学习进行评估，观察学生们能否通过合作与协商来处理问题，观察他们是否听取彼此的物理文化观点，允许相互间观点差异性的存在，以及理清不同学生所提出设想可能采取的物理取向的问题。

其二，教师能够采用多样化的评估方式。物理文化教学反对运用单一标准或指标体系来对学生的学习进行测量。虽然不同物理文化知识的考试分数可以提供一个学生已经掌握信息的指标，但是他们个人在如何将不同的物理文化结合在一起等方面的能力却提供的很少。所以，物理教师要“确保评估包括多个模式，以便让学生们展示自己的知识和技能的掌握程度，并确保评估能创造多重机会，以使学生们将新学习的知识应用到解决现实问题中去”[①]。对此，物理文化教学应致力于过程性可靠的评价，让学生们用不同的学习方式来展示他们的能力，如有的学生偏爱写的方式，有的学生擅长演说和表演；有的学生通过竞争而受到激励，而有的学生则通过合作学习而获得学习动机。所以，应该使用与学生不同的学习表现、学习风格和呈现风格相适应的评价程序和成果，以确定学生是否正在实现物理文化教学目标所需达到的水平，这些评估的方式可以包括“观察、行为表现、自我反思、档案袋、家庭作业、案例研究分析、批判性思考的程度、问题解决方式、创作的作品、真实的或模拟社会活动的行为等”[②]。

---

① SOUTHERLAND S A. Resisting unlearning: Understanding science education's response to the United States's national accountability movement[J]. Review of Research in Education, 2007,31:45－77.

② BANKS J A. Essential principles for teaching and learning in a multicultural society[EB/OL]. [2023－05－28]. http://depts.washington.edu.

(二)能够对学生在物理文化理解上的表现做出恰当的反馈

反馈,既是一种教学控制和组织,也是一种适时的教学评价。它是指教师在教学中输出教学信息,学生根据教学的信息做出相应的学习活动后,教师对该活动所做出的评价,并及时将评价信息传递给学生以强化或修正学生行为的过程。所以,物理教师对学生在学习过程中的表现所做的反馈,既是教师的教学组织能力的一种表现,也是教师的教学评价能力的一种呈现。

教师对学生的学习表现所做的反馈,总是为了物理文化教学目标的实现而服务,或者是为了教学目标下的某一教学任务的达成而服务。显然,多元性是物理教师在物理教学中持续关注的主题,亦是在教学反馈中必须不断强化的主题,即教师应持续要求学生在审视物理问题时既要考虑现代物理文化的观点,又要考虑地方物理文化的观点,同时,物理教师还要适时地观察学生的学习活动,通过不断地反馈使学生可以更少地用单一物理文化来思考问题,并形成对任一物理事件的多角度分析问题的习惯。物理教师要善于运用异质分组的方式,引导来自不同地域的学生运用各自独特的方式进行探究,并从自身的知识经验出发表达自己的观点,提升合作学习的实效性;教师要能够对学生们在每一次合作学习中的表现及时进行评价,并给学生予以反馈,同时应建立好学生成长档案,以便能够更好地考查学生在物理文化学习中的成长状况。教师对学生学习表现的评价和反馈并不是为了评定出等级,而是为了更好地优化教学,所以,教师要尽可能避免把学生的某种观点和行为界定为"对的"或"错的",教师应该在承认学生不同观点和行为的同时,帮助学生去理解不同地域群体是如何看待以及为什么如此看待某一物理问题的,这是因为,"如果持续地评价自己的学生,要减轻学生对评价的不安,特别是当教师的评价用于改善教学而不是评定等级之时"[①]。因此,物理教师对学生表现的及时反馈应该是支持性的而不是压制性的,应该是帮助性和疏导性的而不是说教性的。

---

① 卡琳,巴斯,康坦特.教作为探究的科学[M].北京:人民教育出版社,2008:238.

第四章 教师物理文化教育力的探究

我们是通过我们的社会处境及我们同他人的相互作用来理解我们的世界的。如果说我们的理解是由我们的社会处境所建构的这一点是确实的，那么我们对这个世界的看法就可能是偏颇的。虽然也许有一个真实的世界，但我们只能从特定的角度去看它。这样，我们对这个世界的知识就不可避免地取决于我们的视角。

——阿雷恩·鲍尔德温(陶东风 译,2004)

学生成分的多元性决定了学生知识经验的多样化。为了让学生能够了解更多包括现代物理文化在内的其他物理文化，物理教师需要认真审视物理教学中的多元的物理文化要素，挖掘物理文化素材，整合物理文化教学内容，开展物理文化教学与评价。物理文化教学的有效组织与开展，是与物理教师的物理文化教育力分不开的。

第一节 实地考察的设计与开展

一、考察地点的选择

正如有学者指出，考察者进入现场主要包括：进入前的准备工作、确定和接触“守门员”、选择进入现场的方式、了解被研究者内部的权力结构、选择合适的交流方式、正式处理进入失败的情况等[①]。因此，确定明确的考察问题、选择恰当的考察地点、选好合适的考察对象，是进入考察现场前的必要前提。

（一）考察地域选择的考量

由于我们的研究问题是考察不同地域教师物理文化教育力的现状，因此，本次调研的地点选在新疆伊犁哈萨克自治州直属地区（以下简称伊犁地区）。将调研的地点选择在这一地区，是基于如下三个方面的考虑：

其一，地域的独特性。伊犁地区位于祖国西北边陲，在历史上是古丝绸之路北道要冲，在今天，它是我国向西开放的桥头堡，与哈萨克斯坦接壤，是我国连接中亚、西亚和欧洲最便捷的通道。地区总面积 5.65 万平方公里，总人口达 280 余万

① 陈向明.质的研究方法与社会科学研究[M].北京：北京教育出版社，2000：149.

人，一条伊犁河横跨整个伊犁地区。地区现有八县三市，其中有八县两市位于伊犁河谷之内，农业、畜牧业、旅游业是该地区的支柱产业。伊犁是一个典型的多民族聚居地区，有汉、哈萨克、维吾尔、回、东乡、蒙古、锡伯和柯尔克孜等47个民族，在长期的交流交融交往中，伊犁地区各民族已经形成了相互融合依存的“一体多元”格局。地域的独特性为本研究的顺利开展提供了较好的地域环境。

其二，考察者的居住地。考察者本人生活在本地区已经30余年，已经掌握了部分多元的物理文化知识和方法，对本地域群体的风俗习惯、思维习惯和交流习惯等较为熟悉，因此，考察者与物理教师针对地方物理文化开展对话与交流时，能够容易地产生相互的信赖与认同，并很快进入对话状态。

其三，考察者的职业。考察者本人为高校教师，承担着本地区物理教师的培养及培训工作。伊犁地区有近55%的物理教师出自考察者所在的学校，即使部分物理教师毕业于其他院校，他们也会通过进修、继续教育等方式，进入考察者所在学校学习并与研究者本人建立了良好的联系，这些因素为考察者与本地域物理教师的沟通与交流提供了便利的条件。

（二）考察学校选择的考量

在学校的选择上，考察者并没有刻意固定某一所学校，而是把关注点放在本地域学生种类的多样性上。在本地区不同类型的学校中选择我们的考察对象，可以使考察能够覆盖各种类型的学校（如在下一章的研究中，我们就选择了两个不同类型学校的教师作为考察对象）。

二、实地考察的设计

本次考察，我们主要采用质性研究的方式。马克斯维尔指出，质性研究的效用主要源于它归纳式的研究取向、对特定的情境和人群的关注，以及对文字而非数字的强调①。鉴于本考察是对特定区域（伊犁地区）、特定人群（物理教师）和特定目标（物理文化教育力）的关注，同时，我们的考察不仅仅是要获得本区域物理教师在实施物理文化教学中的物理文化教育力的程度，我们更期望获得的是一个本地区物理教师实施物理文化教学较为完整的画面。为此，考察者认为，采用质性研究的方式比采用量化研究的方式更能达到研究的目的。

本研究具体采用的考察方式如下：

（一）访谈

对物理教师的访谈，目的有两个，一是为了了解物理教师组织开展实施物理文化教学的过程，二是为了了解物理教师对教学过程中的师生行为是如何赋予意义

---

① 马克斯维尔.质性研究设计[M].陈浪，译.北京：中国轻工业出版社，2008：28.

的。对这两个主题的考察，对于找寻物理教师的知识、观念和态度等素养非常重要，也为物理教师如何实施物理文化教学寻找依据。

（二）开放性问卷

所谓开放性问卷，就是指考察者通过列出问题由被考察者来进行回答，被考察者可以不用提供具体的或标准的答案，而是自由地回答问题。其优点在于，它允许被考察者根据自己的实际情况，自由地按照自己的方式来发表意见，不受什么限制，因此，所获得的答案通常是最为自然的。一般来说，开放性问卷可以较为系统地反映考察者的意图，在我们设计的开放性问卷中，就对物理教师的个人信息、学校信息、学生信息，以及物理教师对物理文化教学的态度、信念和实施物理文化教学的能力等方面进行了提问。

为了获得不同地域物理教师对物理文化教学以及物理文化教育力的看法，我们将问卷设计成三个层次：职前教师的开放性问卷、在职教师的开放性问卷、大学教师的开放性问卷。问卷设计成三个层次的设想是，每一个层次的物理教师都会对物理文化教学中所存在的问题有自己的看法，通过对三个层次教师的调查，来找寻三者之间的共同点和区别点，以此来确定不同层次的物理文化教师培养所应关注的事项。

三、实地调查的开展

（一）问卷的发放与回收

考察者期望先通过发放问卷，以从总体上了解不同层次物理教师对物理文化教师及物理文化教学有效开展的看法。在调查初始，考察者通过电话沟通的方式与教师进行交流，以获得他们同意并安排问卷的发放事宜。正如开放性问卷分成三个层次一样，问卷的发放也分为三个层次。

其一，职前教师的开放性问卷。考察者本人选择了本科阶段曾教过的 8 名学生，与他们通过电话沟通，并将自己发放开放性问卷的构想告知他们后，他们欣然同意。

其二，在职教师的开放性问卷。考察者通过电话的方式与自己熟知的中学物理教师进行沟通，在获得认同后，通过电子邮件的方式将问卷发放给他们。因为他们均为学校的骨干教师，故在其他教师的组织方面比较顺畅。

其三，大学教师的开放性问卷。考察者选择了 3 名高校教师分别发放问卷，同如上两种问卷的发放一样，考察者依旧是采取电话沟通方式。然而与前者不同的是，考虑到开放性问题需要花费被调查者较多的时间和精力，在高校教师的问卷处理上，考察者要求教过的本科生亲自去访问他们，以获得他们对问题的精细回答。

(二)访谈的实施

考察者根据考察的便利性,按先城区再县城的顺序展开访谈。访谈采取两种方式进行:

其一,亲自走访。即考察者提前与访谈者进行电话沟通,并约好与他们进行访谈的时间,在他们时间允许的前提下,进入物理教师所在学校进行访谈。

其二,微信聊天。即考察者提前通过电话与中学物理教师进行沟通,在其同意的情况下,利用夜晚空闲的时间进行微信访谈。

在访谈初期,考察者试图摆脱一些行政性的干扰,并通过私人关系(学生或学员)与物理教师进行交流,这种方式也取得了较好的效果。然而,在联系过程中,行政因素也会不时地进行干扰,如与某县乡级中学的一位物理教师联系时,他就明确地要求考察者,能否先让县教育局下发通知,然后再将通知转达到该教师所在学校;而与另一名县级中学物理教师交流时,访谈已经开始,他却警惕地看着考察者不说话,问其原因,原来他要求考察者与学校领导联系,学校领导允许后他才能继续访谈,使得访谈不得不中断。考察者认为,行政因素固然是学校领域中不可忽视的因素,但是对于访谈而言,自然环境的营造是取得良好访谈效果的基础,所以,为了获得准确的信息,考察者应该营造出一个互相信任、相互合作以及相互尊重的氛围。

第二节　物理文化教师的知识、观念和态度之透视

调研教师的物理文化教育力是我们进行考察的核心目标,然而,只有对物理教师在实施物理文化教学过程中的知识、观念和态度进行审视,我们才能更好地剖析物理教师物理文化教育力的现状、问题和成因。

一、知识维度之透视

在知识层面,物理文化教师需要具备物理文化的知识、学生的文化知识、物理教学法的知识和其他文化知识,对这些知识的认识和理解是物理教师实施物理文化教学的基础。

(一)物理学本质方面的知识

物理教师对物理学本质的认识,在物理教学实践中扮演着关键性的角色。它意味着,一名称职的物理教师,必须具有物理学的本质、结构、功能及其发展历史的知识,这样才不至于在教学中扭曲物理学的本质。

在调查中,物理教师对物理学本质的认识持两种截然相反的立场。

其一,物理学的相对性和变动性立场。有近三分之一的教师认可这种观点,如

城区中学的刘老师指出:“(物理学)只是在现有认知水平上表现出这种规律,或许在许多年之后会有新的发现甚至推翻原有的规律。所以任何事情都不是绝对的。”职前黄同学也指出:“物理学作为自然科学之王,是解释自然科学问题的重要学科。当然我们也知道马克思说过要辩证地去看待问题,就像对于光的波动性和粒子性的悖论一样,再完美的科学也存在其不完美的地方。就是说物理学的完美性是相对现在我们所掌握的知识而言的,它并不代表它依然能反映以后的一些自然理论。”

其二,物理学的客观性与静止性立场。有近三分之二的教师持这种观点,城区学校赵老师指出:“物理学是研究物质运动最一般规律和物质基本结构的学科。作为自然科学的带头学科,物理学研究大至宇宙,小至基本粒子等一切物质最基本的运动形式和规律,因此物理学成为其他各自然科学学科的研究基础。它的理论结构可以充分地运用数学作为自己的工作语言,以实验作为检验理论正确性的唯一标准,因此,它是当今最精密的一门自然科学学科。”城区学校张老师也这样认为:“物理学是通过很多物理学家的实验验证和推理而获得的,它已经使自然界的一些规律得到了证明,而且物理学正在现实的生活中发挥着重要的作用。可见,物理学是对自然世界的客观表达。”

我们发现,这两种不同立场的物理教师中,持相对性和变动性立场的教师多为职前教师,而持客观性和静止性立场的教师多为在职教师。多数的大学教师也并没有因为他们对物理学知识的深入学习和研究而持相对性立场,高校教师阿老师就认为:“随着社会的发展,每个时代对于物理知识的探索也在发展,如古代和现代就有很大的区别。再比如说,对于力的概念,从亚里士多德到伽利略,随着时代的发展,许多的理论是通过大量实验论证的,但是它们都表示了自然界的某种客观规律。物理学作为一门自然学科,物理知识可以帮助人们探索和分析大自然中所发生的现象,以了解其中的自然规律,再去解决我们所想要知道的一些其他的问题,但是我们还是要通过科学的实验去检验理论的正确性。我认为‘物理学知识能够准确地表示自然界的某种客观规律’这句话是合理的。”

几乎全部的教师都将物理学看作是一门学科、一个完整的知识体系。已经从事教学工作二十年的高级教师吾老师认为:“物理就是物之理,就是世界万物的道理。道理这样的东西就是一个知识体系,所以物理学就是一个完整的知识体系,这个体系里有物理概念,有物理规律,还有一些物理方法。因此,物理教学就是教给学生这个知识体系的过程。”在问及物理学与文化之间的关系时,他们认为,物理学是一个知识体系,因此,物理学也就是人类文化的一部分。在他们的眼中,人类文化也就是人类的知识体系,而并非是影响人类生活的、满足人类生存需要的所有象征性的、观念性的和无形的内容之和。

(二)地方物理学方面的知识

地方物理学知识是物理教师实施物理文化教学的基础。在不同地域是否具有地方物理学知识的认识上,物理教师持三类观点。

其一,认同,即不同地域群体具有自己的物理学。持该观点的教师大约占受访教师总数的四分之一,并且持这类观点的教师大多为具有山区背景的教师。这些教师普遍认为,不同地域的人们为了适应其所处的环境,并在其环境中更好地生活,于是就开始了探索物质世界的活动,也因此就具有了自己的物理学。他们认为,这样的物理学只是与教科书上的物理学表达不一致而已,但是却渗透着不同地域群体的智慧。

如职前教师阿勒特乃同学这样提道:“我觉得每个地方都有着自己的物理学,那是这个地方的人们在几百年的生活中总结出来的,跟这个地方人们所处环境、教育和生活方式都有关系。比如说,我们家那个地方的毡房、马鞭、靴子、镜子等,用木头做的餐具,用牛角做的梳子,再比如说,我们会说下雨天的时候不能跑,不能在树下躲雨,这些都是我们那里传下来的,这些(传统)都有着广泛的物理学知识,只是所传下来的这些物理学知识与我们课堂上所学的物理学可能不一样而已。”

高校外力老师亦持这样的观点:“我还是比较认可这种说法的。不管哪个地方的人们,首先我们在课堂上学到的物理知识都是国家制定的。在长期的发展中,不同地方的人们在生活中也是有物理知识的,只不过我们物理中的物理规律在日常生活中体现和表达的方式不一样,但遵循的自然规律是一样的。比如咱们伊犁地区的毡房,在结构设计上面就用到了很多关于物理的知识,再比如达瓦孜,也涉及了物理中关于平衡方面的知识等。每个地方在物理中都会有自己的内容,经科学家总结后也就变成了规律。还有就是,比如在生活中,咱们这里的人们都会织线,虽然使用的工具是不一样的,但是每一个地方人们所遵循的规律基本是一样的。再一个,我们在生活中学所到的东西都是建立在感性认识基础上的,而课堂上所学习到的知识更多是经过总结得出的结论,是理性的。比如刚才咱们说的达瓦孜,师傅只教徒弟他所总结的经验和技巧,但原理并没有细细去研究。”

县城中学的黄老师对地方物理学的认识是从对物理学本质的认识开始的,他认为,物理学就是一种生活。他认为,不同地域群体有不同的生活,因此,不同地域群体就有不同的物理学。然而,他眼中的地方物理学最终是与现代物理学一致的。

我:你认为,物理学到底是什么?

黄:如果让我说,物理学就是一种生活。

我:你认为物理学就是一种生活?

黄:对,如果我们生活的那个地方离开了物理,我觉得这是没办法生活的。

我:既然物理学是一种生活,那么不同地域群体应该有不同的生活了?

黄:对。

我：那你的意思就是说，不同的地域群体就应该有不同的物理学了？

黄：对，它只是以不同的表现形式呈现，但是其中的道理，我觉得应该是相通的。

其二，否定，即不同地域群体并没有自己的物理学。约有四分之三的教师持此类观点。他们认为，物理学是人们对客观物质世界的理解，是在观察和实验的基础上，通过分类和整理而获得的定律与理论，它是不分地域的，是与这些地域的传统无关的。

职前教师马同学指出："我对不同地域群体有自己的物理学这种说法是不认可的。物理学作为一门学科，就应该有其理论依据和相关的材料说明，为其阐述作为一门学科的意义和价值。并且，物理学还可以在实际生活中得以应用，让人们知道它的实际效用。"

对于物理学是否具有文化依存性的特征，县城中学赵老师提出："物理（学）是一门科学，科学知识都是一样的，它是不分地域的。"

城区中学张老师也认为："物理（学）是科学的、严谨的，是有大量理论依据并有大量实验研究的学科。你说的不同地域的物理，是这个地域人们的信仰，和科学、实验无关，所以不能称之为地方物理学。"

城区中学吾老师为此也提出了质疑："物理学还分地域吗？这个我是从来就没有听说过，也不明白这个命题想表达什么意思？"他还认为："虽然每个地域群体可能有自己的理解，但是对世界的认识、认知规律是差不多的，所以在物理学中也很难渗透进地域性的东西，在物理教学中也很难渗透地域性的内容。"

其三，疑惑，即对不同地域是否具有自己的物理学持怀疑态度。如职前教师黄老师这样说道："不太理解什么是地方物理学，也许真的有吧。但我认为物理学应该是普遍的，是大众的，没有什么地域之分的自然科学。"

虽然在调研中只有两位教师提出了这样的质疑，但也表明，这一类教师已经认识到不同地域群体具有自己对物质世界的理解。然而，受长期现代物理学的影响，这一类教师根深蒂固的理念当中仍然认为那种理解并非是"物理学"，而只是"一种经验""一种非理性的认识"。

（三）学生知识经验方面的知识

教师们非常看重来自不同地域学生的知识经验。几乎所有的教师都认为，熟悉并掌握不同地域学生的知识经验是进行有效教学的基础，来自城区中学内初班（注：疆内初中班的简称）的孟老师这样提道："对学生的教育就是慢慢的、循序渐进的，只有了解了学生的家庭环境和家庭文化，我们才知道学生在学习中存在的问题，才能有针对性地解决这些问题"。

物理教师对学生知识经验的掌握，大致分为如下几种：

其一，不同地域家庭教育方面的知识。所有的教师都认为，不同地域的学生，受家庭文化的影响，他们在日常生活和学习生活中的行为方式是有差异的，而这种差异，决定了他们在物理学习过程中的努力程度。几乎所有教师都用“哄”“护”“宠”这几个词来形容山区孩子的家庭教育。他们认为，在山区家庭教育方式中，家长对孩子把持着“表扬”的教育，而这样的一种教育方式，使孩子在物理学习过程中并不能够严格要求自己。

城区中学张老师的说法极具普遍性，具体如下。

张：我觉得山区学生家长在家庭教育上还不够重视。我们在学校里给孩子家庭做工作，也就是孩子在学校里出了问题，而把孩子家长叫上来做工作，家长并不承认这个孩子有错。几乎所有的山区学生家长被叫到学校来，都会说，我的孩子在家里非常好，为什么在学校出了这么多问题。他反而把责任推到学校。我就在分析这个问题：为什么家长看不到自己孩子出现问题的原因？我觉得还是在于他们的习惯。

我：你说的这个习惯是指什么？

张：这个习惯是指他们家庭教育的习惯。他们习惯就是在教育孩子的时候，就是溺爱、宠爱，孩子要什么就给什么。即使家庭特别困难的，那些上不起学的，明天我要穿一双名牌鞋呢，学生在第二天一定会穿上名牌鞋了。但是在学习上，你让学生买上一本资料书，或者买一个学习用品，绝对没有钱。所以，家长还是对学校这一块儿不重视，他们要的是孩子只要高兴、只要快乐，那种物质上的满足就行了，他们不注重那种精神上的更高层次的追求。

城乡接合部学校于老师也提及了家庭的环境对孩子教育的影响。

于：很多山区学生家长觉得，我没有上过那么多的学，我不是照样能够吃饱喝足，我们的生活不是挺好的吗？也就说，他们对生活质量的要求比较低，他们没有那么高的要求。所以，孩子们到学校来，家长对孩子学习上的要求并不高，而且他们特别护孩子，你要说是训孩子或者骂孩子了，或者说批评他们的时候稍微说重话了，孩子的家长就会到学校来找老师。但是，如果是学习上面的，比如他孩子学习了什么，作业写了没有，他却不管，他根本不去问。几乎没有山区学生家长去问，我的孩子的学习怎么样了。

其二，不同地域学生学习方式的知识。研究已经证明，学习者总是依据一套独特的信息处理方式——学习方式，即学生们自己知识经验中比较喜欢的方式来进行学习。也就是说，只有当学习者的学习方式跟教学策略与环境的主要元素相配合时，教学活动才变得更加有效率和丰富[①]。研究表明，所有的物理教师都能够认识到不同地域间学生在学习方式上是有差异的，然而，将近43%的教师在教学中并没有依照学生学习方式的不同而采取相应的措施。

---

① PAI Y，ADLER S A. Culture foundation of education[M]. 黄纯敏，译. 台北：学富文化，2006：309.

在学生学习方式的差异方面，城区中学吾老师打了一个特别形象的比喻。

我：您作为一位老师，肯定对不同地域学生在物理学习的方式方面做过比较，您觉得两者在物理学习方式上有什么不同？

吾：那我回问您一个问题，您见过两个城区孩子的吵架吗？您见过两个山区来的孩子吵架吗？

我：怎么问这个问题？

吾：您看，两个城区孩子吵架，他们会吵上一两个小时，但不会动手。但是两个山区的孩子吵架，吵上几句，他们就开始动手(是指打架)。这个现象表明，不同地方学生的共同特性是不一样的，因此，不同地方学生在物理学习上的方式就会有不同。城区学生更注重的是按顺序渐进学习，而山区学生更注重的是知识的应用。山区学生不喜欢老师用坡度很小的方式引导一个概念，他们在性格上是急性子，他们不允许的就是耐心的等待。

我：您说的"坡度很小的方式"是指什么呢？

吾：就是物理概念的形成过程不宜太慢。

我：您的意思是，在教学的过程中要尽可能快地直接告诉他们是怎么回事儿？

吾：对，就像直接举起拳头一样。

城区中学张老师则从学习动机的激发上指出了不同地域学生间学习方式的差异。

张：对于山区学生来说，有趣的实验，有意思的东西，他们都比较爱学。比如说，我讲电学，不管我讲得多么累，山区学生就是听不懂，就是感觉不用心的那种(状态)。在讲"安全用电"那一节的时候，我就做了一个课件，在里面放上了许多生动的实例、照片呀什么的。上课一开始，课件里就有许多因操作不当引起的触电身亡呀、家庭火灾呀这样的事例，比如说山区家庭里挂的那个挂毯，是最容易着火的，所以，一定要注意安全用电，而城区学生家里基本上就不挂地毯呀，山区学生们就说，噢，就是，我们的地毯就是太多了！我们回去以后一定要注意。还有我们家里买的那种腈纶的地毯，就是人和这种地毯一接触、一摩擦，就会产生静电，起那种火花。学生们就会问："老师，那个为什么会起火花呢？"我就说，这就是那个静电呀，所以，我们的父母就经常会在地毯上抹一些金纺呀，稍微喷一点儿水呀，可以防止产生静电。学生们就会对他们自己所经历过的事情特别感兴趣。可能是比较容易理解吧，理解的事情感兴趣，不理解的事情不感兴趣。不像我们城区学生，他不理解的，他还要深挖，他们会想，这个问题为什么是这个样子的？你看，来问我问题的学生当中，基本上都是城区学生。城区学生来了以后，就会说："老师，你刚才讲得那个东西，它为什么是这个样子的？"结果这些学生越深挖，他们就越感兴趣。而山区学生，往深挖的意识基本上没有，基本上是点到为止。

我：你这是说到他们在行为方式和思维方式上的差异了。你说"点到为止"是指什么意思，你觉得产生的原因可能是什么？

张：他们很少来问问题，都是点到为止，感觉什么事情都是点到为止。只要告诉他们这个东西是什么，他们接受了就行了。我觉得，这可能还是和他们的生活习惯有关。他们就是那种随遇而安，喜欢比较轻松的生活。什么理想呀，志向呀，对他们来说，都好像不存在。不像城区学生，他们想不明白的，就会及时地来问老师。今天这个问题是怎么回事，如果……还怎么样，就是这样去问，打破砂锅问到底，一直追究到所以然出来。所以，我认为这还是和家庭教育、和他们的文化有关系。

其三，地方方言。在考察期间，语言问题一直是全体物理教师最为关注的问题。正如有学者所指出的，不同地域群体交往障碍之一就是语言，如对表达方式的不理解，对语言语义的不理解等①。物理教师一般认为，对乡村或山区学生们来说，语言是制约他们学习的最大障碍，也是物理教师需要重点关注的问题。

县城中学哈老师讲到了因语言的差异而造成的困惑。

哈：在物理教学的过程中，需要将有些内容讲得非常详细，但是在理解过程中，感觉有些名词理解不过来，比如说像实验研究法、物理方法、控制变量法等这些术语，在山区语言中就没有规定的名词，所以讲授这些方面内容的时候比较困难。还有，就是有些概念在不同方言中的说法也不同，如在讲解“声现象”这部分内容的时候，我们会有一些古诗之类的内容，学生在这些诗理解的过程中就会容易出错。其次，在教学过程中，山区学生语言理解层次也会不同，有些学生理解能力好一些，有一些学生理解能力层次差一些，对于后一部分学生来说，不管老师讲解物理内容多么慢，他们都不能够理解。

城区中学教内初班的王老师对此深有体会。

王：我认为在给内初班学生教学中最大的问题就是语言。书本上的一些名词，包括习题中的一些名词，我们上课讲得一些内容，特别是那些新的事物，他们都不知道……

我：你所说的“新的事物”是指什么？

王：比如说我们现在用的电能表，我们在讲电功率的时候，电能表他们都不知道，包括我们提到的IC卡的新式电能表。

我：那你怎么办？

王：我们的学生大多数来自农村，有些家庭条件好一些的学生，他们见的东西还是比较多，理解上就会轻松一些。我们在授课的过程中，通常是让这一部分学生先理解，然后再让他们用方言给同学们讲一遍，其他的同学就会知道了。特别是好多名词，在不同的方言中是不一样的，他们很多都不知道。你比如说，我讲“蒸发”那一节时，仙人掌那个叶子，就是那个刺，我当时说了仙人掌，他们也不知道。

---

① 彭凯平，王伊兰．跨文化沟通心理学[M]．北京：北京师范大学出版社，2009：64－65．

我：他们脑海里没有仙人掌这一概念？

王：家庭条件好一点的同学会知道，他们的知识面会稍微广一些，他们把它翻译成方言后告诉其他同学，其他同学才慢慢明白。

其四，不同地域知识和历史方面的知识。在调查过程中，有近一半的教师表达着对获得不同地域知识和历史方面知识的渴望，他们认为，更多地了解地域知识，会对其教学更加有益。城区内初班的孟老师表达了这种期盼，他指出："所有内初班的老师，包括我在内，对他们（农村或山区学生）的认识，如农村或山区人们的思想、观念、思维、风俗习惯和历史多一些，我想教学的效果肯定会更好。但是从我所掌握的情况来说，内初班的老师的这些知识是根本不够的。"

不仅是城区教师在不同地域知识和历史方面的知识有着缺失，对于来自农村或山区的教师来说，也存在这样的危机。城区吾老师最初并没有意识到不同地域知识和历史知识在物理教学中的价值，甚至在他的话语中，也不认同将地方物理知识放在物理教学中。然而，在考察者谈到物理教学应该帮助学生们去理解本地域群体的重要历史经验，应该让学生们面对重要的现实和社会问题，并从不同地域群体的知识经验出发来分析和解决这些问题时，才开始有所顿悟。

吾：你说的是呀，如果我们将本地的知识和历史放在教学当中，可以提高学生的理解力，可以提高物理学的亲和力呀。

我：你说的是。咱们在学习、工作的过程中，有时候往往淡化了这类知识。

吾：哎呀，真的很惭愧呀！这个方面知识我的确知道得太少了，我应该多花一点时间认真考虑考虑。我也知道地方知识和历史在教学中是重要的，但是你要是让我具体地说有哪些内容一时还真想不出来，我就感觉自己知道得太少了！我记得以前我家的房子没有窗户，只有屋顶上有一个方孔一样的窗。我们家生活的房子就是这样的，屋顶上的那个小窗口位置稍微往阳面靠，虽然不是很大，但是房子的亮度是足够的，夏天凉快，冬天保暖。我想这应该是我们那个地方特有的一种传统形式，它应该包含着我们那里自己独特的传统。

（四）物理文化教学法知识

在物理教学中，教学方法既是教师教的方法，也是学生学的方法，是教师为了实现教学目标而采取的教学方式的总和。教学方法的选择必然要考虑教学目标、教学内容、学生经验、教师自身特性等多个层面，其中面对不同地域学生在知识经验上的差异，物理教师应该具备处理这种差异性的知识。

虽然有个别像城区学校张老师那样，试图通过采取适合学生的方式来进行教学，如采用分组探究的方式，或者鼓励学生发挥自己才能的方式。然而，仍有近五分之四的教师并没有针对学生的多样性而采取恰当的教学方法。县城中学赵老师这样说："我们班的山区学生大概占到全班人数的三分之一。虽然我知道城区同学和山区同学在学习方式上有差异，但是我觉得老师在教学方法的选择和运用上，就应该运用相同的方法,否则怎么让他们在这个社会中能够竞争?我觉得,只有运用相同的教学方法,才能显示出教师对学生的公平。况且我认为山区学生如果学好了,可能比城区学生要学的好,我前年教的一个班级中,一名山区女同学考了年级第二,还被乌鲁木齐实验中学给录走了呢。"

赵老师试图用"教育公平"来解释他们教学中方法采用的同一性。当我就"教育公平"这个话题与她进一步交流时,她称还需要好好考虑一下这个问题。

我:你刚才提到了"公平"这个词,你所理解的公平是什么?

赵:我所理解的公平,就是学生们在一间教室里,接受相同的教育,老师教着相同的内容,采用相同的教学方法,达到相同的教学目标。

我:那你认为学生在进入咱们教室之前,他们原有的知识经验、观念以及学习能力等都是相同的吗?

赵:肯定是不同的。

我:那你觉得,面对不同知识经验的学生,我们却在采用你所理解的"公平"的方式进行教学,这样的教学是公平的吗?

赵:你让我想一想,你这么一说,的确是有些不公平。这个问题我需要下来好好思考一下。

二、观念维度的考察

物理教师对物理文化教学中的观念决定着他将采取何种方式开展物理教学。一般来说,物理教师的观念是他们在长期的教学实践中形成的对物理文化教学及其各要素总体的综合认识。基于对教师物理文化教育力提升的考虑,我们在本研究中着重考察物理教师在物理文化教学中的学生观、教学观。

(一)学生观

我们已经提及,在物理文化教学中,物理教师应体现以学生为中心的学生观,意味着他们对学生知识经验的关注,也意味着他们对学生学习诉求的考量。显然,不同地域学生具有不同的知识经验,也表明物理教学应该对学生们不同的学习诉求给予相应的回应。一般来说,有什么样的学生观,就会有什么样的教学观,学生观的差异往往会造成物理教师在教学目标、教学内容、教学方法的制定与选择上形成差异,从而导致教学效果及教学质量的差异。从我们调研的情况来看,多数教师显然并没有因应学生的这种经验差异而表现出足够的准备。从教师是否关注不同地域学生的知识经验而言,绝大多数教师并没有切实落实以学生为中心的教学理念。

其一,认可以学生为中心的教学理念,但在教学实施中却并不凸显。

几乎所有的教师都认为,任何教学都应该是以学生为中心的。然而,对什么是以学生为中心,以及在物理文化教学中如何凸显以学生为中心这一核心问题,物理教师的答复却比较模糊。

县城中学黄老师的答复极具代表性。

我：你如何看待“以学生为中心”这一理念？

黄：顾名思义，以学生为中心，就是老师在教学中要处处想着学生。在物理教学中，我们应该处处为学生着想。

我：你这个“处处”是指什么意思？

黄：“处处”的意思就是指，老师在备课时要考虑教学内容、教学材料适不适合学生，教学的每一个环节能不能照顾到每一名学生；在组织教学时，要考虑学生能不能听懂，如果看到学生在听课的时候听不懂，老师就得想着通过什么样的方式来解决这个问题。总之，以学生为中心，就是处处为学生着想，关键是看学生能不能听懂、能不能学懂。

我：既然你处处都想着学生，你如何来解决班级中来自不同地域学生知识经验差异的问题呢？

黄：我会照顾到呀！比如说，我在讲课的时候，一般会准备一些学生日常生活中的实例，物理教学嘛，就是从生活到物理，再从物理到社会。当我将学生生活中的一些现象，通过举例、通过让学生们分析，学生们就会感兴趣，就会与讲课的内容建立联系。你说的知识经验差异是不是指生活习惯方面的差异？学生的生活习惯再不一样，但是他们遇到的事情、遇到的现象往往是差不多的。

我：你刚才也说了，处处为学生着想，就是想着学生能够听懂、能够学懂，但是我们也会发现，一般来说，班级里的部分学生，特别是山区学生总会听不太懂，也学不太懂。

黄：嗯，你说的是实情。但是，这个我也没有办法，在教学中，总会出现这样的事情，有些学生能听懂，有些学生听不懂。这也算是我在教学中遇到的难点。

其二，认可不同地域学生之间的知识经验差异，但如何利用这一差异来实施有效教学却缺少应有的办法。

几乎所有的受访教师都认为，不同地域学生之间是有着知识经验差异的。有二分之一的教师认为，知识经验差异表征着不同地域群体具有不同价值观念、思维习惯、行为方式以及交往方式，这些差异并不表明谁更优秀或者谁更低劣，只是不同地域群体认识物质世界的方式不同而已；有四分之一的教师则认为知识经验差异是可以比较的，不符合社会发展的价值观念和思维方式等都可以看作是不适合的；另有四分之一的教师则持不置可否的态度。

城区学校张老师是持学生认知方式平等观的教师，虽然如此，但在物理教学中，她也没有能够很好地利用这种差异来实施教学。

我：你认为不同地域学生之间在思考问题、分析问题和解决问题上有差别吗？

张：当然有差别。你看城区学生在分析问题的时候，想的就比较周全，你安排他们一个问题，他们会从多个角度来分析它，并力争找到一个较为周全的解决方案；但是山区或牧区的学生在思考问题的时候，就感觉在方式和方法上比较单一，有时候，他们回答出来的问题感觉比较可笑。

我：你说的"可笑"是指什么？

张："可笑"的意思就是，感觉他们回答的问题比较幼稚，有时候甚至比较奇怪，所以有时候在他们回答完后，其他同学都笑起来了。

我：你觉得产生这种问题的原因可能是什么？

张：这肯定和他们生活的环境有关呀。你想，学生们在思考问题和解决问题的时候，总是在他们曾经经历过的以及他们所学习的知识的基础上进行思考的，所以，他们说出这些听上去"可笑"的答案，肯定和他们生活的环境有关呀。

我：那你怎么来看这种差别？

张：我觉得是正常的。他们（山区或牧区学生）的那种回答也是认识事物的一种方式呀。每次其他同学笑起来，我不仅要制止学生们，而且还鼓励他们这样的回答呢。

我：你有针对学生这种思考问题方式上的不同做过相应的教学设计吗？

张：这个倒没有。毕竟一节课就那么长时间，如果这样做，害怕课堂秩序乱了，那样教学任务就完不成了。

县城学校的张老师则持第二种看法，他认为，学生的认知方式是有差异的，也是有优劣的，如果在课堂上遇到这类回答，就应该及时地制止它。

我：在你的课上，经常也会遇到有些学生回答问题与课本上要学习的内容不一致的现象吧？

张：经常会有。有时候，他们回答的问题会特别可笑。

我：你怎么看待这种现象？

张：有时候，是有些同学捣乱，我就不理会这样的回答；对于那些比较可笑的回答，我觉得那都是他们没有好好预习功课所造成的。反正，我特别重视学生们能够在课前预习课本，那样也就不会犯这样的错误了。

（二）教学观

物理教师的教学观是与学生观相辅相成的。如果说学生观是教师对教育对象的地位、价值及其特征的基本认识和根本态度，那么教学观则是教师对教学本质及其过程的基本认识。显然，教师的物理文化教育力是与教师的教学观直接相关的，因为物理教师的教学观一经形成，就会在他们的头脑中形成一个框架，影响到他们对教学过程的具体事物和现象的看法，影响到他们在教学中的具体决策和实际表现，进而影响到教学的效果和质量①。

---

① 高凌飚. 教师的教学观：类型与跨文化比较[J]. 华南师范大学学报（社会科学版），2001(6)：93－98.

其一，物理教学目的观。

物理教学目的观，是物理教师对物理文化教学培养目标的基本看法。调查表明，物理教师在“培养什么样的人”问题上，并未更多考量“物理文化人”的培养，也未更多考虑地域需求的因素，而是依旧持传统的教学目标观，将物理教学的目标看作是培养具有物理学知识的人或对社会有用的人。

第一类，是将全体学生培养成具有物理学知识的人。持该类教学目的观的教师大约占全体教师人数的四分之一，他们认为，不管任何地域的学生，进入学校就是为了学习科学文化知识，因此，物理教学的目的就是让学生们去掌握课本上的物理学知识，而学好物理学知识就是为了能够考出好成绩。

县城赵老师指出：“老师在课堂上教学的责任，就是要让学生们把物理学学好呀，学生们就是应该掌握那些物理概念、物理规律和物理原理，这样，他们在做题的时候才会游刃有余。你看那些经常抄作业的学生，大多都是物理学知识学的不好的学生。”

城区吾老师亦认为：“学生来学校学好物理知识是天经地义的事情，你想，如果学生们学不好，他们考试就考不好，学生考试考不好，不但学校要找我们，那些家长也会找我们，问我们为什么把学生教成这个样子。我明白你的意思是说要把学生教成有能力的人，可是现实就是这个样子。”

第二类，是将学生培养成为对社会有用的人。约有四分之三的教师持这种观点，他们认为，物理教学就是应该培养学生适应社会的能力。与上一类物理教学培养目标相比，物理教师更加注重了人的全面发展。而这种全面发展的人，又是建立在学习现代物理文化的基础之上，让学生从多元视角理解物理文化并未列入考虑之列。与县城张老师的交流就充分说明了这一点。

我：你认为咱们通过物理教学，应该把学生培养成什么样的人？

张：应该把他们培养成为一个有用的人。

我：你认为什么样的人是一个有用的人？

张：一个对社会、对家庭、对国家做出贡献的人，他们能够利用科学家的研究成果（物理学知识），有个稳定的工作和收入，不做无业游民，不在社会上胡作非为。

我：那你认为物理教学怎样才能起到这样的作用？

张：一方面教他们知识，一方面教他们做人。

我：那么，你的意思是将教知识和做人分开？

张：不能分开，在教知识的同时贯穿思想教育，教书育人。讲知识是让他有更好的出路。

在张老师的观念中，物理教学并不单纯是进行知识传授的过程，其中还应该获得物理学的方法，以及获得物理学的思想和精神。然而，在如何通过物理教学来适应不同地域环境方面，张老师显然并没有做太多的思考。

我：那么你认为咱们教师通过物理教学，就一定能够把他们培养成为对社会、对国家、对家庭有用的人吗？

张：应该是这样的。

我：按照你这样的理解，只要学生学好了物理学，就可以在不同地域环境中更好的生活了？

张：这倒不一定，毕竟每一个地域有自己的传统，有自己的风俗习惯，仅是学好物理学肯定也适应不了和自己传统、风俗习惯不一样的环境。

我：那你的意思是？

张：最好是要学习他们的经验，学习他们的风俗习惯。

我：那在你的物理教学中，将这些内容作为教学目标了吗？

张：这倒没有，在我的课上，其实也是大多数老师的做法，通常还是学习书本上的知识。

其二，物理教学内容观。

物理教学内容的选择受制于物理教学的目的。毕竟，有什么样的教学目的，物理教师就会选择什么样的教学内容与其相适应。因此，大多数物理教师将物理教学的内容定位在学习现代物理学的知识上。

与物理教学目标观相适应，有近四分之一的教师把教学内容与物理学知识统一在一起。城区艾老师这样提道："学生们通过中学阶段的学习，在物理课上应该学到光学、热学、力学、电学方面的基础知识。"

高校鹿老师对物理教学内容的理解更加细致："我认为，中学阶段学生们应该掌握物理学中力学、电磁学、光学、热学等最基本的物理知识和规律，以及解决具体物理问题的一般思路和方法，养成良好的思维习惯。尤其对于矢量的概念，在现在大学生中相当一部分学生对矢量的理解和应用仍然很模糊，这跟学生在中学阶段没有打下扎实的基础有很大关系。学生在中学刚接触物理这门课程时就应该培养学生正确地理解和应用物理学中基本的物理知识和规律。"

而多数的物理教师则认为，物理教学不单纯是学习知识的过程，物理学的观念、物理学的科学方法以及物理学的科学精神，都是需要学生们在中学阶段获得的知识。职前张老师这样认为："中学阶段学习物理不应该只是为了应试而按部就班地仅学书本知识和海量做题，我们对物理科学的基础知识还处于认知层面，应该获得对学习物理科学的兴趣。书本的内容是有限的、应试的，只有自己有兴趣和方法，才能通过更多的渠道学习物理。"

城区封老师列举得更加全面，她指出："物理学习的内容方面，概念的准确和线索的清晰是中学物理学习所必需的。但是，优秀的物理教学向我们传递的是一种思考方法，一种科学的视角，一种科学的品位，这是我们真正要学习的。不管我们今后干什么，你所学习的物理知识可能会慢慢淡忘，但是在学习物理中所锻炼提升的思维意识、科学习惯和情感态度价值观，却会让我们受益终生。”

在所有的教师中，只有高校阿老师对教学内容的适切性问题提出了自己的看法，他提出：“随着社会经济的发展，咱们这里的教育发生了质的变化，并逐步与内地接轨。但是在学习效果上，内地学生与咱们学生有着很大的差异。在中学阶段，我们主要完成新课标中所规定的经典力学的内容，学生们不仅要学好教材中的基础知识，还要学习提高物理实验的动手操作能力和探究解决问题的能力，并能够将物理知识与生活经验很好地结合。”

其三，物理教学方法观。

在物理文化视野中，物理教学方法应该是多样性的，这种多样性不仅表现为物理学传统方法的多样，如归纳、演绎、探究、重演等方法，更需要把视角放在不同地域群体的传统当中，通过运用不同地域群体处理自然世界的方法来解决问题，或者说，采取不同地域学生适合的方法来解决问题。在考察中，我们发现，很多教师已经意识到运用当地学生所适应的教学方法的重要性。

城乡接合部中学于老师所教的是一个乡村和牧区学生人数较多的班级，她在教学中所采用的方法，相对来说，无疑是比较多元的。

于：我们班的学生大多来自农村，而且班级当中来自不同地域的学生比较多。最初我开始教这个班级的时候，感觉到特别不适应，我在那里讲着课，发现城区学生还跟着我的思路，那些乡村或牧区的孩子就眼睁睁地盯着我，看上去好像在听我的课，我敢肯定他们思想不知道跑到哪里去了。后来我就想，是不是我在教学中采取的方法不太适合。我知道牧区学生有好动的特点，于是我就把生活中的炉子、玻璃杯、铃铛这类物品带到班上来，他们就可兴奋了！我还加强了实验课的教学，你就会发现，那些平时不说话的学生都“活”起来了！其实，我发现，如果把班里的合作探究组织好，也是挺好的办法呢！

我：为什么这么认为呢？

于：当然了，合作学习可以发挥好每个学生的主动性呀！每名学生可以讲出自己的想法并进行探究，就可以发挥每个学生的积极性了。

县城中学教师阿老师所教的是一个以牧区学生为主体的班级，他指出了教牧区学生时的困难。

我：你在教学过程中感觉到最大的困难是什么？

阿：他们不学习。

我：你指的不学习表现在哪些地方？

阿：上课不听，作业不做。

我：想过在教学方式上做调整吗？

阿：上课就是那样子上嘛，他们不听，我也没有办法。

三、态度维度的透视

教师对物理文化教学的态度会直接影响着其物理教学的实践。也就是说，积极肯定的态度会推动物理文化教学的实施，并努力提高着自己的物理文化教育力，而消极的态度无疑会对物理文化教学起着阻碍作用，从而制约着物理文化教育力的发展。物理教师对物理文化教学的态度更多体现在对物理文化的态度上，即物理教师是否对物理教学中多元的物理文化的存在表现出认同和理解，以及是否能够自觉地对自己实施物理文化教学的观念、思想、态度和行为进行反思等。

（一）对不同地域认知方式的认同

我们把物理文化认同分为三个方面和两个层次。物理文化认同的三个方面包括对本地域物理文化的认同、对其他地域物理文化的认同和对现代物理文化的认同；物理文化认同的两个层次包括对多元的物理认知方式认同和对多元的物理知识经验认同。物理文化的认同，我们在前述的章节已经论述。我们也认为，每一名物理教师长期受现代物理文化的熏陶，并在教授现代物理文化的物理课程时，每一名物理教师都会自觉地认同现代物理文化。因此，我们将物理教师对物理文化认同的关注点放在他们对本地域和其他地域认知方式的认同上，而多元的物理文化认知方式可以通过不同地域群体的思维习惯和行为方式体现出来。

几乎全部的物理教师都承认，学生是具有文化性的，这种文化性表明，每个人都是具有独特认知方式和行为方式的人，每个人都具有自己关于人类行为的基本假设。

城区中学吾老师就指出，学生的思维习惯和行为方式是与每一个学生的家庭文化及周围的环境直接相关的。“就像我前面跟您说的，不同地域学生在做事的方式上是不一样的，学生们的这些不同的做事方式，与每一个学生的地域传统与习俗习惯是有关系的。你想，每个学生天天都生活在他们家庭的氛围中，他们做事情的方式肯定受到他们那个家庭周围环境的影响。你就像我们山区出来的孩子，我们在洗手以后不能乱甩，你看山区孩子在做与水有关的实验中，就没有像城区学生那样到处都比较湿。所以，我认为，不同地域学生的做事方式肯定是不一样的。”

城区中学孟老师也表达着相同的认识。“学生思维方式问题，肯定和他们小时候的环境以及与他们思考问题的习惯有关系。你看，山区孩子家庭当中，对这个能做那个不能做都有规定，当孩子家里人按规定去做事的时候，家长做事的方式就会对学生产生影响，也会影响到他们在物理课上的行为了！”

教师们对学生所处地域认知方式的认同是非常重要的，它可以让教师们认识到，学生们的经验和行为是带有一定的地域取向的，因此也必然带有各地域群体所特有的价值、信念、知识、行为或习惯。当教师把对学生的这种知识经验带进到教学当中，教师们也就不太可能误解不同地域学生的行为，也就能够平等地对待不同地域学生，并且会用恰当的方式对不同地域学生的行为做出回应。

（二）对多元的物理文化的认同

教师对地方物理文化的认同，表明教师知道不同地域具有特定的物理文化，以及认识到不同地域之间的物理文化是有差异的。与教师对不同地域多元的认知方式认同相对应的是，教师在物理教学中却对多元的物理文化并不是那么重视，仅有四分之一的教师表达出会认真对待多元的物理文化要素，其原因在于，他们认为地方物理文化与物理教学是没有关系的。

在与城区学校张老师的交流中可以充分意识到这一点。

我：在你平时的教学中，你是否有意识地将不同地方的传统经验整合到物理教学中？

张：你要说我在上课的时候没有将地方传统经验整合到教学中，那是不可能的。比如说，我平时上课的时候讲例子，可以讲到吐鲁番的"坎儿井"，可以讲到草原牧民做的酸奶疙瘩（我们俗称的奶酪），可以讲到好多当地人早上起床后的第一件事情就扫院子散水，这些可都是与物理学中蒸发有关系呀，我在讲这些内容的时候，学生们就特别兴奋、特别感兴趣。但是你要说我是否有意识地去做这件事情，那倒没有……

我：我的意思是说，在你备课的过程中，是否考虑过将当地与物理有关的文化经验整合到物理教学中？

张：那倒没有，好多的内容都是在讲课的过程中想起来的，或者是有的学生提起后，大家一响应，就组织到课堂教学当中了，效果也不错。

在张老师的观念中，将地方物理文化整合到物理教学中是有作用的，因为，她已经看到"学生们就特别感兴奋""特别感兴趣""效果也不错"。然而，"并没有有意识地去做""在讲课的过程中想起来"等现象也说明，张老师并没有将地方物理文化作为物理教学内容很重要的一部分，这与张老师在地方物理学知识上的欠缺是直接相关的。

不仅如此，具有山区背景的教师对地方物理文化的重视也差强人意。与城区学校赛老师的交流可以证实这一点。

我：赛老师，您在教学中一般采取什么样的方式进行教学？

赛：第一，重视实验，尽可能地多做实验；第二，尽量压缩中间环节（应和了吾老师所提到的山区学生"概念的形成过程不宜太慢"的理念）；第三，尽量打破书本上的顺序，进行整合，在不知不觉中上完课。有时候，课都上完了，学生会惊讶地说：

“啊？我们这么快就学完了这一节了？”所以，要尽量把书本知识活起来，这样我的学生从来就不觉得学物理枯燥。

我：那你在教学中是否考虑过将你们原来出生地的物理文化经验整合到教学中呢？

赛：这个没有，上课的时间很紧张，我也很少将我们地方的物理文化经验放在课上去讲。

（三）对多元的物理文化的批判与忧思

物理教师能否持续地对自己所持物理文化教学的立场进行批判性反思是非常重要的。在一般情况下，这种批判性反思是建立在对多元的物理文化认同基础之上的，毕竟，没有对多元的物理文化的认同，也就无法对物理文化教学中各种要素引起重视，也就无法对物理教学中呈现出来的多元的物理文化样态进行有效回应。教师对自己在物理文化教学中观念和行为的批判，意味着教师开始对自己传统的物理教学实践的解构和物理文化教学实践的重新建构。

调查中，仅有八分之一的教师表现出多元的物理文化的批判性意识。如城区学校内初班的孟老师就指出：“学生们在物理教学中存在听不懂、学不透的现象，我觉得和我们老师对备课和上课的重视程度有关系，你比如说，学生听不懂，是不是咱们老师没有从学生的角度去设计问题？学生学不透，是不是老师没有按照学生可以理解的顺序去教学？”从孟老师的叙述中可以发现，他已经具备了一定的同理心，能够站在学生的立场来思考问题，并具备了从学生经验、学生的思维习惯方面设计物理教学的意识。县城中学朱老师对自己的教学观念也在进行着反思：“我觉得自己在对不同地域学生的认识上是存在一定偏见的，比如说，在回答问题上，我就认为农村或者山区的学生回答的比较浅显、比较幼稚；在作业质量上，我就认为农村或山区的学生做作业不认真，完成作业的质量不佳。虽然城区学生也会存在这样的问题，但我却只是认为这是一种个案。现在想想，这样一种先入为主的观念对于农村或山区的学生来说是不公平的。”

在调查中，有近五分之一的教师对地方物理文化远离物理课堂表达了忧虑，我们可以将其看成是对地方物理文化意识的反思。城区学校哈老师意识到了这种危机。

哈：你知道，咱们这里有一种长葫芦。有一次，我们班有一个墩麻扎（地处伊宁县的一个镇，笔者注）来的女孩，她是乡下的，她就提到了这个葫芦，葫芦里面的那个籽，熬了以后对牙痛很有好处。还有一个学生说，她奶奶家那个长葫芦，等它干了以后切掉上面的那个细头，开一个孔后做奶茶特别好。我就问为什么好喝啊，有些学生认为，如果用铁来做奶茶它会偏凉，对身体不好，有时候铁生锈了，人喝了奶茶以后对身体也不好。这(葫芦)是挺天然的东西,用起来方便,还轻,对身体还好。她觉得他们这里的人以前就是拿这个来提水的。

我:非常好呀,这是咱们当地人们利用这些物品来解决自然和生活中的事情。

哈:是呀,这个用途还很大呢。我们这里的人以前用它还做了很多东西,比如在上面刻了花纹就成了生活中的一种装饰。只不过现在生活越来越城镇化,这些老的东西逐渐开始被人们淡忘了……

县城学校黄老师提及了当前物理文化教学正在发生的一个问题——那些当初对本地域群体来说赖以生存甚至引以为豪的传统正在远离课堂,甚至正在远离这些学生们的生活。

黄:你看在我的班上,四十二名学生中就有十五名来自山区,人数够多吧,但是我们在讲课的时候,很少会把山区学生的那些传统拿到课堂上来讲,即使讲,我们也讲不透,久而久之,学生们就不太了解这些传统了。

我:咱们老师怎么就讲不透呢?

黄:说明白一些,就是我们不知道,也不太清楚地方的这些传统经验知识。不仅如此,如果你去问当地出身的老师,他们对当地的很多传统经验知识可能也讲不清楚。

……

我:所以,你觉得自己还是欠缺一些,一些什么样的(知识)?

黄:欠缺一些生活化的东西,他们(地域群体)原来的一些东西慢慢地就消融了,消失了,你还没有来得及去关注,它现在随着现代文明的发展就慢慢没有了。像我接触到的一个人大代表,他就是说孩子上学这个事情嘛,他说得也很符合实情。人大代表说,巴郎子(男孩子,笔者注)原来会放牛、会放羊,然后,初中三年以后,上学九年下来之后,牛和羊都不会放了,工作也没有了。你说这是不是一种教育的实情?

我:其实他说话的内容实质,是对于教育目的的一种反思。

黄:就是,我们是不是有这样的感觉,我们的教学脱离了我们的生活。

在交流的过程中,考察者深刻地意识到,对不同地域物理教师强化多元的物理文化意识的培养是相当必要的:其一,它会让全体物理教师能够对不同地域的地方物理文化有一个正确的认识;其二,它会让全体物理教师对不同地域学生的认知行为有一个正确的评价;其三,它会让全体物理教师对不同地域的地方物理文化有一种危机感,能够让物理教师对地方物理文化的保护产生一份责任;其四,它会让物理教师意识到自己是多元的物理文化的传承者。

我们已经知道,物理教师的专业素养是教师物理文化教育力提升的前提。通过对伊犁地区物理教师物理文化专业素养的考察，我们发现，在本地区，物理教师虽然已经初步具备了物理文化教学的意识，但是由于他们在多元的物理文化知识方面的欠缺，使得他们对物理学和物理教学的认识明显不足，对物理文化多样性的理解明显缺失，将多样性的物理文化纳入物理教学中的愿望也并不强烈，因此，他们在正确解读“何为物理文化教学”“如何实施物理文化教学”这些根本性的问题时还存在较大的差距，这也客观上制约了物理教师在物理文化观念和物理文化态度上的发展。值得欣喜的是，多数的物理教师对于地方物理文化远离课堂表达着忧虑，也保持着学习这些地方物理文化以及将这些地方物理文化纳入物理课堂的愿望和渴望，这对于让物理文化的教育理念进入课堂，并让教师自主地提升物理文化专业素养提供了机会与可能。

第五章 教师物理文化教育力提升的个案研究

往往，我们寻找最简单的出路，教一些学生学起来不会迷惑的、不会关心的，或是不会干扰的内容会比较简单。作为教师的我们，必须愿意承认我们不能知道所有的事，但是我们真的知道如何以一种可以达到最接近真实的方式来学习。我们能力所及的必须超过我们所能掌握的，而且这么做的时候，我们将能鼓舞那创造宏伟学术，鼓舞学生思考、开放心胸、关怀与博学所必需的卓越、热忱、尊重以及爱。

——班克斯(陈枝烈，等译，2008)

第一节　个案的选择与介绍

个案的选择与干预并没有与物理教师的访谈同步进行。在对伊犁地区物理教师实施访谈之前，考察者就着手选择个案，并期望在与个案持续的对话与交流中，探讨如何不断改善物理文化教学的质量，以此逐步提升个案处理物理文化教学的能力。

一、个案的选择方式

在个案的选择上，考察者确定了两个基本要素：一是，个案的工作地点应在县城中学。这是因为，在伊犁地区，多数学生集中在山区和牧区，为了上学的方便，学生的家长会让自己的孩子就近入学，因此，在县城学校，学生的地域种类比较多样，更加符合物理文化课堂的特征。另外，从与个案共同挖掘地方物理文化资源的角度而言，县城中学教师能够更加方便地进入到地方群体当中，了解他们的知识经验、传统习惯、思维方式、物理器物和历史贡献等。二是，个案的方言特征应有所不同。正如前章所提及的，方言会影响学生对物理知识的理解。因此，考察者将个案定位为两位教师，一位是具有方言背景的教师，一位是一直以普通话进行交流的教师。

机缘巧合的是，考察者在为“国培计划”新疆地方教师普通话培训班授课时，认识了X县第一中学的教师P，在课间与她交流的过程中，考察者能够感受到她是一位善于思考、对学生认真负责的教师。我将自己的考察计划与她沟通后，她欣然同意。在培训期间,P 老师完成了三稿教案的修改及试教工作。第一个个案选定以后,考察者选择了自己熟知的并在 T 县初级中学工作的教师 Z 作为第二个个案。之所以选择他,一是因为 Z 老师是考察者的学生,与其交流和沟通比较方便,对他的进一步指导也是高校教师强化职后教育的责任;二是因为 Z 老师刚从学校毕业两年,正处在教师专业发展的早期生存阶段[①],其教学思维定式还未形成,当下对其进行物理文化教育理念的干预,他更容易接受;三是 Z 老师从小就生活在当地环境当中,对地方物理文化比较熟悉,能够很便利地与当地群体进行交流。

二、个案的基本情况

(一)P 老师

P 出生在阿勒泰地区清河县阿热勒乡桥下村的一个农民家庭,在有着九名兄弟姐妹的家庭中,她排行老五。她的小学是在桥下村小学度过的,在 20 多名孩子的班级里,以牧民学生居多。三年级之前,她在全方言的环境中成长。

P 是在清河县县城的第一中学开始中学学习的。当时的第一中学并不是寄宿制学校,所以离家比较远的学生因为无法解决住宿问题就辍学了。在她的记忆中,当年桥下村小学只有四名同学进入初中学习,而因为她的姑姑在县城的缘故,她成为四名同学之一。其实,在进入初中后,她的学习还是比较吃力的,为了能够将成绩提上去,她每天回到姑姑家,就让上高三的哥哥带着她学习,到了初二的时候,她已经能够跟得上县城的同学了。据她说,她非常受益于这个过程,不但培养了她的自学能力,而且造就了独立的性格。

当她进入高中学习的时候,她已经是班里最好的学生之一了。良好的读写能力,让她在高中阶段受益颇多,例如,她能够在课余时间去查阅一些课外辅导资料。她的物理课是用当地方言来进行学习的,物理也是她在高中阶段最头疼、最吃力的一门学科。高中物理课教得非常慢,有时候学期结束了,物理的内容还没有学完,学期末的考试可想而知,考试成绩非常不理想。

命运似乎和她开了一个小玩笑,虽然在所有学科中,她的物理成绩最不理想,然而她在大学所学的专业却是物理学。

1999 年,她以较好的成绩考入了师范类大学,经历了四年专业的学习,她给自己的定位是:在物理学专业课成绩没有落下的前提下,发展自己的其他能力。因为 P 在体育方面具有一定的天赋,在大学期间,她积极参加体育活动,又因为她的普通话较为突出,所以在入学第二年,她自己买了电脑,自学起了 Windows,从那时起,她就开始替别人打印文章、刻录光碟挣钱了。2004 年,她以优秀毕业生的身份

① 注:取自于弗兰西斯·富勒在 1969 年提出的教师专业发展的四阶段发展模式:教学前关注阶段、早期生存关注阶段、教学情景关注阶段和关注学生阶段。

参加了招聘会，并被X县第一中学录用。

在毕业后的十年间，她曾经下过乡去支教，到本县那拉提镇乌拉斯台乡牧业中学当过一年的数学老师，这一年的支教经历让她了解了牧区学生的学习状况。2006年她回到学校以后，曾当过五年的班主任，并教授物理课。因为感觉物理不好教，所以她就利用课余时间补课，通过给学生买辅导资料等方式，提高学生的物理学业成绩。在她的努力下，她所教班级的学生的平均分比起其他班级要高出十几分，这也是她特别引以为豪的地方。在这十年中，她在县教育局组织的“扬州杯”示范课比赛中获得过一等奖，两次获得“优秀班主任”称号，获得过一次“三八红旗手”称号。她谈起作为一名物理教师的最大感受就是：越教就越喜欢教。

（二）Z老师

Z老师出生在T县东方红牧场的一个农民家庭，兄弟三人，他排行老二。他的小学生涯是在东方红牧场小学度过的，当时班里有二十几个孩子，以农村和牧区孩子居多。Z老师小学的生活是快乐的，和各个地域的孩子一起学习、玩耍。那时，当地师资非常缺乏，如果谁有高中文化程度，他就能来当地做代课教师，所以，当地小升初的升学率特别低，一所学校也只有十来个孩子上了初中，其他的孩子都辍学了。

因为感觉当地初中的教学质量不高，出于对自己孩子未来的考虑，Z的父母就把他送到了一百多公里之外的YG中学（现为X县第八中学）。据Z说，到了那里，他才知道什么叫作学习。学生们争着抢着学习，夏季的清晨，满操场基本都是背书的学生。老师们的工作特别负责、认真，既关心学生的学习，也关心学生的生活。由于他的努力，在初中毕业后，他以优异的成绩考入了YG中学的高中部。

他在YG中学的高中特尖班上了三年学。在三年学习期间，他的学习压力很大，比如说物理考了个89分，他自己都觉得很羞愧。高中班级里的学生人数比起初中要少得多，但也有50人。高中毕业时，因志愿填高了没有考上，中间有一年多的时间，他曾到济南和乌鲁木齐学习过计算机和俄语。2009年，他又重新参加了高考，并考入伊犁师范学院物理系物理学专业。

受初中老师的影响，他立志成为一名优秀的物理教师。在大学期间，他遇到该校历史上的第一个实验班：考研班和教师教育班，他毫不犹豫地选择了教师教育班。大学生活是充实而快乐的，为了提升自己的教学能力，他带过家教，去中学听过课，参加过假期实践。大学毕业时，他通过了新疆举办的特岗教师招聘考试，考入T县高级中学。

特岗教师需要有三年的下乡锻炼经历，在第一年工作期间，他被分配到了T县三乡小学工作，在那里教科学、计算机等科目；半年后，由于初级中学物理教师退休，在人手紧缺的情况下，他被调回县初级中学教授物理。讲起多年的工作经历，他的最大感受就是自己的教学经验还有待提高。他说：面对班级中有近一半的牧区学生，他的责任就是要把所有的学生都能够教好，让他们都能够学好物理。

三、个案学校及物理教学情况简介[①]

（一）P老师所在学校：X县第一中学

X县第一中学位于X县城（见图5-1），学校始建于1939年，原校址为现如今的X县第五中学。

图5-1　X县第一中学

学校占地面积104亩，主要分教学区、运动区、学生生活区三大块。学校有教学班44个，学生2500多人，90%以上为牧区学生；学校专任教师142人，其中90%以上的教师具有当地方言特征。学校的校训：立志、博学、和谐、报国；学校的校风：文明、团结、求实、创新；学校的教风：严谨、务实、敬业、奉献；学校的学风：勤奋、刻苦、踏实、进取。

学校共有18名物理教师，其中8名为女教师。所有的物理教师都具有本科以上学历。通常情况下，每名教师带3个班级，每周有12节课。学校有专门的实验楼，除非实验课排不开，所有的教师基本上都能够按照教材的要求开出实验课。教研活动是由教研组长组织进行的，每周1次，除了集体备课之外，也会进行一些专业学习和交流，而集体备课和专业学习并未做出详细的计划，通常是教研组长询问大家有什么样的问题，并针对这些问题加以解决，在“研”上下的工夫并不太多，因此教研的效果也不是太好。虽然该校教师方言特征显著，但几乎所有教师并未将地方物理学作为教学的一个选项，在教学中也没有对其引起足够的重视，因此，在挖掘地方物理教学资源上也没有进行任何尝试。

（二）Z老师所在学校：T县初级中学

T县初级中学位于T县城。2007年8月，T县委、县人民政府为了优化、整合教育资源，将原一中、二中、三中三所学校的初中部进行整合，创建T县初级中学（见图5-2）。

① 学校简介取自于各学校网页及教师提供的材料，并做了相应的改动。

图 5-2　T 县初级中学

学校占地面积为 86.86 亩，主要分教学区、运动区、学生生活区三大块。全校有教学班 48 个。全校共有在校生 2205 人，初级中学教师 167 人。学校的校训：尚德、励志、笃学、修睦；学校的校风：团结、诚信、求索、创新；学校的教风：敬业、爱生、博学、善导；学校的学风：勤学、好问、乐思、进取。

学校共有 10 名物理教师，其中有 6 名教师为具有方言背景的教师。所有的教师都具有物理学科的教师资格证书，并都在自己学科领域内进行教学。由于班级数较多，教师人数较少，每位教师带 4 个班的物理课，一周平均课时约为 15 节。有 2 名教师要跨年级上课，如 Z 老师就是跨年级上课，八年级带了 3 个班，九年级带了 1 个班。虽然学校有专门的实验楼，但每周到实验室上课的次数并不多，基本上每周有 1 次大课(2 节课)到实验室上。如果学校没有大型的活动，物理组每周都会有 1 次教研活动，讨论物理教学中常见的问题，如怎么样进行复习，怎么样上好实验课等。

第二节　P 老师在物理文化教育力上的提升

在本次考察中，考察者期望与个案之间的互动能推动和提升个案实施有效的物理文化教学的可能性，并通过考察物理教师在物理文化教育力上的变化，以期找寻教师在物理文化教育力上提升的要素或条件。为了获得答案，我们需要对个案的物理文化教学意识进行初步评估，并在此基础上，拟订出对个案的教学行为进行干预的基本假设、内容和方式，之后，我们将采取多样化的数据收集方式和分析策略，对教师实施物理文化教学的若干要素进行考察。

与传统研究对教学所提出的问题相比，个案研究可以形成不同类别的研究问题，并给我们呈现个案采取某种教学行为的想法，以及实施某项工作的具体流程，这样的做法可以让我们更好地去探索和理解个案的行为、理念、观点和情感。同样，与传统研究中的个案需要保持相对的被动性相比，在本次考察中，我们更期望去强化个案教师的主动性，并努力使其成为一个物理文化教学的研究者、分析者和实践者。

一、物理文化教学意识的初步评估

教师的物理文化教育力受多个方面因素的制约，因此，提升物理文化教育力需要对教师实施物理文化教学的知识、观念及态度进行审视，只有这样，才会发现教师实施物理文化教学过程中存在的问题。考察者与P老师的前期访谈，就是为了探查她对物理文化教学的基本认识，并为其物理文化教育力的进一步提升提供依据。

其一，地方物理文化知识。P老师认同地域群体文化中有很多物理学知识，但是她并不认同地域群体有自己的物理学。她说："地方文化当中很多事实都可以用物理学的知识来加以解释，例如冬不拉的乐器可以用声音的产生和传播的知识来解释；马背上的马鞍可以用压强的知识来解释。""我并不觉得地方文化有自己的物理学，我觉得所有的物理学都是一样的，都是可以用一种物理学来解释的。"这也表明，P老师并未将物理学看作是文化的一部分，也没有意识到物理学的相对性本质，从多元角度来理解物理现象的意识还比较淡薄，深入挖掘地方物理文化资源的意识还比较缺失。

其二，物理教学目标。由于P老师并不认同地方物理学的存在，因此，她将物理教学目标定位为让学生们获得书本上的那些物理知识，将教师的作用定位在严格地在现代物理学领域中给学生传递知识，从这一点看，P老师与本地区大多数物理教师对物理教学的理解并没有太大的区别。虽然"培养全体学生的核心素养"的物理课程的新目标理念已经深入人心，但是在P老师看来，核心素养的培养并不能让学生们"考出好成绩"，所以，新课程所倡导的物理观念、科学思维、科学探究、科学态度与责任的目标，对她来说只是一种术语。可见，P老师眼中的物理学仅是物理学知识的集合体，培养物理文化人的目标对当下的P老师来说并不现实。

其三，物理教学内容。在"物理教学应该教给学生什么样的内容"的问题上，P老师与大多数当地物理教师的认识并无太大区别："当然是课本上的那些物理概念和物理原理了，还有，就是要让学生们掌握一些物理方法，比如说控制变量法呀、实验法呀什么的。"分析P老师的教学设计可以看出，其教学内容的选取与教材内容没有多大出入。由于P老师在地方物理学知识上的缺乏，客观上造成了她在课堂教学设计中并未涉及过多的地域群体知识经验内容。即使在考察者最初的要求下，让她关注地方物理学知识方面的内容，在她的教学设计和教学组织中，也仅是将地方物理学方面的素材作为一个简单的实例，用以"提升学生们的学习兴趣"，也并未想到将地方物理文化知识作为物理教学的重要内容。

其四，物理教学方式。在物理教学方式的运用上，P老师的理念与实际做法存在一定的矛盾性，她认为，"在课堂上，我就期望通过提问，通过让学生们探究，通过给他们做实验来上课，我觉得这样的方式学生们特别喜欢，而且学生们学起来也特别轻松……”但是，在实际教学中却并非如此，“教师讲”仍是P老师实施教学的主要方式，如她在教学中虽然会有学生提问、实验或探究等环节，但是在学生们还没有回答完全、操作还没有结束的情况下，她就匆匆开始讲解起来。可见，P老师并不是一位建构主义者，或者说，在如何从学生原有知识经验出发让学生们进行有意义学习方面，P老师并不是特别擅长。

其五，物理教学评价和评估。表扬，是P老师对学生在课堂中日常表现常做的反应，如：“同学们，你们说她弹得好不好呀？”（在请女学生演奏地方乐器“节特根”时）“这位同学回答得非常好！”当然，P老师有时也会因为自己要讲授物理知识而忽视学生的回答。从如上的表现来看，P老师对学生的日常评价还处于浅层次，没能更好地利用学生的课堂表现，并通过师生间、生生间的对话以理解多元物理学的文化本质。P老师同大多数物理教师一样，也非常重视学生的学业评价：“你知道，我们牧区学生在理科上的成绩不太好。在我们学校，校长很看重学生在理科上的平均分，所以，每个年级每个班都会有排名。老师只有认真地去教，学生的平均分才会提上去。”可见，P老师所重视的评价，仍旧是学生的学习成绩，至于对多样化评价方式的采用也因过多注重学生的学习成绩而变得更不可能。

二、为改变而做的干预

教师物理文化教学意识的前期评估，为我们通过干预来进一步改善P老师的物理文化教育力提供了方向。所谓干预，就是参与过问，即考察者通过与物理教师的对话与沟通，介入物理教师的知识、观念、态度和教学行为转变的全过程。

（一）干预的基本假设

我们对地方物理教师物理文化教育力提升的干预是基于这样一种假设：教师是实施物理文化教学的主体。在物理教学的设计、组织和评价的各个方面，教师具有最终的决定权和主导权，教师如何将多元的物理文化有机地整合在一起，如何在教学中更好地关注多元的物理文化要素，取决于教师对物理文化本质和物理教学文化本质的认识。所以，当教师对物理文化、物理文化教学、不同地域学生、物理文化教师等要素有了更加积极的认识时，教师就会自觉地实践物理文化教学，并能更好地提升物理文化教育力。

（二）干预的主要内容

其一，提升文化意识。教师能够从物理本质角度来理解物理文化和物理教学，能够从多元视角来审视物理文化和物理教学；意识到地方物理文化在地域群体生活与生产实践中的作用和价值，意识到不同地域学生获得多元的物理文化的意义；认识到物理教学是以培养具有物理文化核心素养的物理文化人为己任的；认识到不同地域学生是具有不同的知识经验、思维习惯和交流方式的，因此，这些学生认识物质世界的过程是具有经验差异的。

其二，正视文化身份。教师是传承物理文化的促进者和帮助者，教师应该认真审视自己在物理文化教学中的文化身份，需要认真审视自己对物理文化的看法，正视自己在物理文化知识、观念和态度上的不足；教师应该认真反思自己在物理教学中对多元的物理文化要素的关注状况，正视自己在物理教学设计、组织和评价中存在的问题。

其三，改变教学范式。物理文化人的培养是通过物理文化教学得以实现的。教师应认真审视以往的教学方式，发现过往的教学方式在培养物理文化人过程中存在的不足。教师要善于挖掘和整理地方物理学的文化内容，运用积极的方式让不同的地方物理文化予以展现。教师要主动探究发挥不同地域学生优势的教学方法，发展可以与学生进行多元交流的教学模式，帮助学生在多元视野中，合理地组织知识经验，建构自己对物理文化的理解。

（三）干预的基本方式

其一，对话。对话是地位平等双方的交流与探讨，是精神的交流与价值的分享，它是考察者与物理教师进行思想碰撞最常用的方式。考察者通过与教师的对话，了解教师对物理文化、物理教学的看法，了解教师对将多元的物理文化要素整合进物理教学的看法。对话并不是考察者与物理教师之间的“你问我答”，也不是为了发现对方的“错误”，而是为了更好地理解对方的想法。考察者与教师的对话，要尽可能地减少说教式的交流，对话的内容提供的不单单是信息，更多的是实现物理文化教学的实际做法。考察者要巧妙地利用自己的“专家”的身份（在物理教师看来，考察者是课程与教学方面的专家），通过双方互动，使物理教师能够正视自己的文化身份，发现自己在物理文化教学中存在的问题，并逐步反思和构建自己在物理文化教学中的角色、作用和价值；考察者还要利用自己“专家”的身份，在互动过程中逐步让教师理解物理文化教学的目的，了解地方物理文化整合进物理教学的价值和作用；考察者还要与物理教师深入探讨不同地域学生的知识经验、思维习惯和行为方式，让物理教师认识到这些知识经验、思维习惯和行为方式在设计、组织和评估教学中的作用。由于P老师正在考察者所工作的学校进行学习，所以，考察者与P老师的对话大多采用面对面交流的方式。

其二，走访。因为多元的物理文化意识的欠缺，大多数物理教师面对地方物理文化时会显得熟视无睹，引导物理教师发现身边的地方物理文化的最佳办法就是“有意义浸入”，即走进地域群体的日常生活世界进行田野观察。这是因为，“在地域群体的传统中，儿童往往会在跨代之间的接触中受益。在地域群体的传统中，长者是通过传递知识和技能来对社区的发展做出贡献，子女也会通过向长者学习，来获得地域群体的传统经验”①。

在本次考察中，考察者与P老师一起走进当地家庭，进入当地工艺作坊以及手工器材店，拜访当地长者和手工匠，与他们进行近距离交流，由此了解当地长者和手工艺人对本地域群体处理生活和生产实际问题的做法，了解他们对物理世界的看法等（见图5-3至图5-5）。

图5-3　拜访地方长者

图5-4　拜访地方手工匠

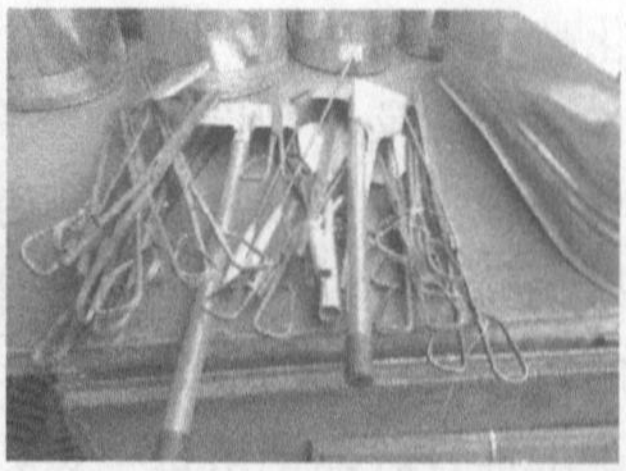

图5-5　参观铁器作坊的器具

其三，教案。教案是物理教师顺利开展物理文化教学活动的主要抓手。作为一种系统规划的文本，教案彰显着物理教师开展教学活动的教学理念，是对教学目的、教学内容、教学环节、教学方法等方面的具体设计和安排。教案是考察者了解物理教师物理文化教育力的重要途径。考察者通过与物理教师的对话与交流，要求物理教师根据自己对物理文化教学的理解，设计和规划相同课题的教案；考察者通过对教案的分析，梳理物理教师在地方物理文化、物理文化教学等知识、观念、态度及能力上的变化情况。考察者会依据对教案的分析结果，进一步与物理教师进行探讨，并与教师讨论新的调整方案。在本次考察中，P老师一共完成了同一教学主题三稿教案，而我们下面的数据分析中，也会较多地以这三份教案为蓝本加以分析（三份教案见附录3）。

对P老师的干预路径如图5-6所示。

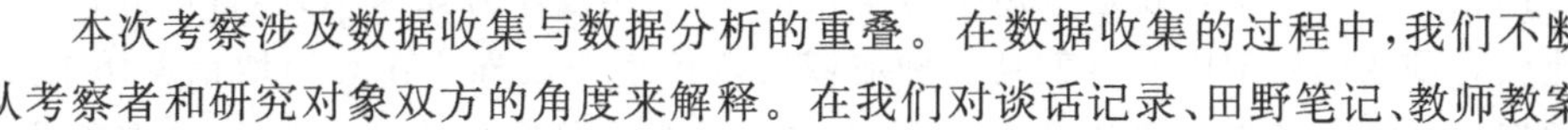

图5-6　对P老师的干预路径图

三、资料的分析与解释

本次考察涉及数据收集与数据分析的重叠。在数据收集的过程中，我们不断从考察者和研究对象双方的角度来解释。在我们对谈话记录、田野笔记、教师教案和教学录像等材料进行收集整理的过程中，初步的概念分类就在持续进行。随着

① STEPHEN S. Handbook for culturally responsive science curriculum[M]. Anchorage: University of Alaska, 2000.

收集的数据越来越多，我们开始与最初的数据进行比较、修改，并使各个概念分类中的数据更加精炼和明朗化。研究的有效性和可靠性基于我们在数据分析上的恰当性，以及研究的结论与所得的数据之间关系的紧密程度。

在本次考察中，我们试图通过考察本地域物理教师的知识、观念、态度和能力与教学实践之间复杂的相互联系，运用多样化的干预手段来促进物理教师物理文化教育力的改变。我们知道，教师的这种改变是暂时的，有时会因为社会环境的变化而出现反复，但这样的一种研究对于我们开展物理文化教师的培训、设计物理文化课程却具有极强的借鉴意义。如下的数据分析是我们对收集到的数据累积的结果，而且，这些数据也并不是针对理论建构中的每一项物理文化教育力来加以分析的，但是每一类数据都蕴涵着研究对象在物理文化教育力上的发展。我们也并不是平铺直叙地记录每一类数据的改变，而是针对某一归类，通过所有的来自研究对象的分析数据来展现该归类的变化图景。

（一）文化意识的改变

文化意识的改变意味着个体对地域传统所影响的知识经验、思维方式和认知方式的认识的转变。虽然P老师在多元物理学上的理解仍旧存在一些困惑，但是她对物理多元化的态度已经明显变化，最为关键的是，她能够主动地审视自己的文化身份，并且能够有意识地将地方物理文化整合进物理教学当中。她已经开始认识到，自己这样做，是作为一名公民应尽的一种责任。

其一，在地域传统差异方面，P老师始终认为，不同地域传统是有差异的，不同地域群体对待生活的方式也是有差异的。与她最初对地域传统差异的认识不同的是，她已经开始关注地域传统的长处，并认为物理教师有责任将这些长处告知学生。“你比如说，牧民对大自然的看法是不一样的，牧民十分热爱大自然，不会破坏大自然，因为这是我们牧民得以生存的地方，但是城里人看到好的大自然的景色，就想着在这里盖房子、修路、搞旅游，大自然也被破坏了……”“你看冬不拉这种乐器，当牧区朋友坐在一起，弹奏冬不拉来唱歌，就是抒发情感、凝聚亲情的，不像城里人，弹奏乐器往往被看作是提高修养的……我觉得这些内容都是牧区传统中好的方面，学生们都是应该需要知道的。”

其二，在地域传统传承方面，P老师是具有传统传承意识的人，与最初不知道如何在物理教学中实现地域传统传承相反的是，她逐步开始意识到，将地方物理文化整合到物理教学中本身就是一种地域传统传承的过程。在对当地长者访谈后，她谈道：“原来我在上课的时候，偶尔会讲一些我们牧民生活中的例子，这些例子也只是为了更好地学习物理学知识，从来没有想过会有传递地域传统的事情。今天，通过访谈我发现，物理就在我们的生活当中，就在我们的传统当中，物理教学完全可以做到传承我们的传统。只要把这些例子以更加完整的方式去让学生们知道，这不就是对我们传统的传承吗？”

其三，在文化角色方面，P老师已经开始对自己的文化身份加以关注，在不同场合的对话中，她多次对考察者说："我越来越感觉到，在物理教学中，我不仅仅只是一位传授物理知识的老师，我还是我们地域传统传承的帮助者。"她还说："通过这段时间的交流，我感觉到自己压力越来越大了，原来只想着教好学，让学生的平均成绩提高就行了。现在还要想着，自己怎么样更多地去挖掘地方物理文化，又怎么样把这些物理文化和书本上的知识传递给学生。"可见，教师文化意识最大的转变，在于教师对自己文化角色认识的转变，这是因为，当教师真正意识到自己是地域传统传承的促进者时，教师就会自觉地对物理教学中的多元要素给予关注，并会自觉地调整教学内容和教学方法，以实现教学效果的最大化。最为可喜的是，P老师已经实现了从"教师作为讲授者"到"教师作为促进者"的转变。我们观察到，虽然传统的现代物理学的实验活动还经常使用，但是P老师已经有意识地将地方物理文化器材与实验室中的实验器材有机地整合，并且在探究问题中，她尽可能地使用开放性的问题。如："刚才这位(这些)同学弹琴，你们认为琴的声音是怎么产生的呢？请同学们按自己的理解来进行回答。"在考察者问及P老师广泛使用开放性问题的理由时，她回答道："我们要想把学生培养成有责任的公民，那么我们就应该多让学生们从不同视角来回应它。"

(二)地方物理学认识的转变

P老师对地方物理学认识上的转变，发生在考察者与她一起对当地长者和手工匠人的访谈之后，而这样的认识也伴随着第三稿教案的设计完成变得更加清晰。

在与当地长者的访谈中，老人提到了当地牧民狩猎工具的变化：最初人们狩猎，最常用的工具就是马匹，牧民骑在马上追逐狼、黄羊、鹿等这些猎物易如反掌，但是，在遇到狐狸、野兔这些身体轻巧、灵活的猎物时，骑马则显得笨拙了许多，在这种情况下，牧民就想到了训练老鹰来捕获这些猎物。P老师在听完这样的故事后，自己就有些惊叹地说："真没有想到，猎人们并没有学过物理，但是他们却通过不断摸索，总结了捕猎的经验。刚才老人所说的这些，如果用咱们物理学去解释，不就是惯性吗？质量越大，运动状态越难以改变，质量越小，运动状态越容易改变。老人肯定没有办法用咱们刚才的方式解释，但是他却有自己从最初狩猎人口中传下来的物理学。"

同样的感叹也发生在我们对冬不拉工匠的访谈之后。当P老师真切地见到冬不拉的音箱是用专用的工具在桑树木上一点点地凿出来，并且看到树心正好位于音箱的瓢底时(见图5-7)，她说道："在讲到声音的知识时，我基本上都会讲到冬不拉这个乐器。今天我还是第一次看到冬不拉的制作方法，真的了不起！这样看来，牧区匠人是有自己的物理学的，只是匠人认识的物理学和书本上认识的物理学不一样而已呀。"在问及为什么音箱只能用桑树木、果木或桦木制作，而不选择廉价的三合板、杨木来替代时，手工匠人说，他们的父亲当初传给他们时，就是这样说的，而且很严厉地交代他们，必须按这个要求去做，否则就别做这一行。P老师说，物理教学中讲科学态度与责任，你看人家手工匠人制作乐器的时候，不是也在讲品行和价值吗？甚至在走出手工作坊时，她情不自禁地说："谢谢你，冯老师，你让我重新认识了我们牧区人的物理文化。"

图5-7 手工作坊中冬不拉音箱及其制作工具

P老师在地方物理学认识上的转变使我们意识到，要使物理教师对地方物理学有深刻的认知，就应该让他们走入地方环境中，通过他们细致的观察，去挖掘地方物理课程资源，并努力从地方群体视角来理解这些物理现象。

（三）教学目标理解的变化

教学目标是物理文化教学活动实施的出发点和归宿，它凝结着物理教师对实现什么样的物理教学以及如何实现这样的物理教学的总体看法。虽然P老师对教学目标的理解仍旧沿袭物理课程标准实施以来的三维目标的方式，但是从教学目标的阐述上，多元的物理文化已经成为其教学目标表述的重要内容。在问及物理教学应该把学生培养成为什么样的人时，P老师这样回答："原来的想法是，应该把学生们培养成具有物理知识并能运用物理知识解决问题的人，你现在让我回答，我会说，物理教学应该是把学生培养成既获得书本上物理知识的人，也获得地方物理文化知识的人。"从如下我们对P老师三稿教案的梳理中，可以清晰地发现她在教学目标的理解上的变化。

在与P老师初次进行交流时，考察者就对她说明了我们进行研究的意图。从P老师的第一稿教案可以看出，其教学目标设计仍旧是以获得现代物理学知识为旨归，地方物理文化并未作为教学的目标之一。

（一）知识目标

1.初步认识声音产生的条件，知道声音是由物体振动产生的。

2.知道声音的传播需要介质，声音在不同的介质中传播速度不同。

（二）能力目标

1.探究声音是如何产生的，声音是如何传播的。

2. 锻炼学生初步的观察能力和使其掌握研究问题的方法。

(三)情意目标

1. 激发学生的学习兴趣和对科学的求知欲望,使学生乐于探索自然现象和日常生活现象中的物理学的道理。

2. 注意在活动中培养善于与其他同学合作的意识。

针对P老师在教学目标设计中地方物理文化的问题,考察者与P老师就物理教学的目的、物理教学的文化价值、物理教师的文化角色等议题进行了深入的交流,P老师开始意识到,物理文化教学不应缺失地方物理文化的身影,应将学生对多元的物理文化的理解作为物理教学的重要目标之一。于是,P老师在第一稿教案的基础上,设计出了第二稿的教案,并以此教学设计进行了尝试性的教学。虽然在第二稿教案的教学目标中,多元的物理学知识依旧缺失于"知识目标"当中,但在"能力目标""情意目标"中,多元性已经初见端倪,而且,她将"我们要珍惜、尊重并传承地方传统"作为物理教学的目标之一。

(一)知识目标

1. 了解声音的产生和传播条件,知道声音是由于物体的振动而产生的,知道声音的传播需要介质。

2. 了解声音在不同介质中的传播速度是不同的。

(二)能力目标

通过实验活动(弹奏各种民间乐器),让学生探究各种发声体是如何发声的,声音又是如何进行传播的,借此发展学生的观察、分析和总结能力。

(三)情意目标

1. 通过教学活动体会到地方乐器的发明是地方人民智慧的结晶。

2. 地方人民早就发现并利用声音传播的知识。

3. 我们要珍惜、尊重并传承地方传统。

在第二稿教案的尝试性教学之后,P老师在其教学反思中写道:"我将地方乐器搬到课堂上,学生们都非常高兴,但是我觉得,教学还没有真正实现我最初的目标,我们地方物理学知识还没有和物理知识的教学真正地结合在一起。"在之后的交流中,我们主要围绕如何实现课堂上多元的物理文化的表达进行探讨。我们提出:其一,能否把地方群体对声音的理解作为"知识目标"来进行设计;其二,能否将地方群体思考问题的方法作为"能力目标"来进行设计。由此,P老师对地方物理学知识与现代物理学知识进行了更好的融合,多元的物理文化进入到教学目标之中。

(一)知识目标

1. 学生们通过对冬不拉乐器的观察,能够了解冬不拉的结构,并通过学生们的演示,让学生们从不同地域传统角度来理解冬不拉发声的原理。

2. 通过实验探究，学生们能够知道声音的传播是需要介质的。

3. 通过当地民间故事的讲述，了解声音在不同介质中的传播速度是不同的。

(二)能力目标

1. 借助地域群体文化知识和器具，发展学生从不同地域传统角度来理解物理知识的能力。

2. 通过探究的方法，发展学生们的观察、分析和归纳能力。

(三)情意目标

1. 学生们能够体会到冬不拉的发明是地方人民智慧的结晶。

2. 学生们能够体会到每一个地域群体都有理解物质世界的特定方式。

(四)教学内容的变化

教学内容是随着教学目标的变化而变化的。P老师三稿教案中提供的证据显示，P老师在教学内容的选择与整合上已经实现了根本性的转变。

其一，从贡献法到转型法的转变。所谓贡献法，即在不改变教学目标和教学基本框架的情况下，仅在教学内容上融入地域群体的贡献或先进事迹的做法；而转型法，则不是仅在教学内容中增加一系列的贡献或事迹，而是要求把不同地域群体对物理问题的看法和参考框架有机整合在一起，以帮助学生从不同视角来认识物理学。

P老师第二稿教案中地方乐器的融入就是典型的贡献法，她试图通过学生们对地方乐器的认识，实现“体会到地方乐器的发明是地方人民智慧的结晶”的目标。

[活动一]认识一些地方乐器。

教师：同学们，今天我们来认识一些地方乐器。

介绍1：冬不拉、库布孜、节特根、色布孜克。

介绍2：吾勒帕孜、达吾勒帕孜。

其实这些乐器是我们地方牧民世代传承的文化遗产，包括文化艺术在内的歌舞、音乐等艺术形式，无一不是适用于畜牧业经济发展和游牧生活的创造性文化。我们知道，歌与马是我们当地牧民的两只“翅膀”，这里的“歌”并不只是“诗歌”的意思，它还应该包括由歌产生的对生活的追求及丰富的情感，以及由此产生的金歌美曲和与之有关的一切文娱活动。同样，为艺术服务的牧民的乐器本身作为一种艺术形式，也经历了历史沧桑而流传至今。作为本地域牧民后代的我们，应该根据时代发展的需要，不仅要积极做好对中华民族优秀传统文化的弘扬工作，还要为我们传统文化遗产的继承和发扬做出贡献。

然而，P老师并未让学生们从地方观点出发来理解这些乐器发声的原理，在随后的教学中，她继续试图让学生们回到现代物理学知识的轨道上，用现代物理学的观点来理解物理学。

问题1：哪位同学会弹冬不拉？(教师让会弹的学生出来弹冬不拉)请同学们

认真听，并观察冬不拉是如何发声的？

问题2：哪位同学会弹奏这些乐器呢？（教师要求学生们弹奏库布孜、节特根、色布孜克、吾勒帕孜、达吾勒帕孜、弹拨尔、都塔尔、塞塔尔、胡西它尔等乐器，边介绍并分发给每组学生）请同学们看一看、摸一摸、弹一弹、敲一敲，思考一下这些乐器是如何发声的？

学生回答：同学们用什么方式让这些乐器发出声音呢？________

学生回答：触摸弦时有什么感觉？________

P老师第三稿教案中教学内容的整合则渗透着转型法的设计内涵。从"导入新课"中学生们对地方乐器结构的认识，到学生们"讲述从老人处听来或从书籍上获得的关于冬不拉的故事"，再到学生通过"单独弹，或者合奏"，来研究声音产生的原理，以及到如何听到冬不拉声音的探讨，在这个过程中，P老师正在试图围绕一件地方乐器，来展开多角度的分析和理解。P老师在对声音传播原理的探讨中，并没有像第二稿那样直接进入现代物理学的学习中，而是鼓励学生们从自己的理解出发阐述问题，同时也没有忘记现代物理学的目标，由此实践"能够从学生的地方物理文化和现代物理文化的基本要求出发规划教学"（见第三章第三节）的能力要求。

教师：老师想问大家另一个问题，琴声是通过什么向外传播的？或者说，在家里听冬不拉所弹奏的音乐，听的人又是怎么听到的呢？

（讨论并猜想）（鼓励学生从自己理解的角度来阐述原因，有的说，通过空气，老师要反问，就没有其他的方式吗？有的同学会说，通过水，通过固体等，老师还要反问，没有这些物质声音就不能传播了吗？）

教师：同学们刚才提到了很多的猜想，你们能不能用实验给老师证明呢？

（进行探究）（老师要注意给学生们提供帮助，还要注意给学生们提供器材，如玻璃缸、水、闹钟、真空罩、抽气机等）

其二，从片段性到持续性的转变。P老师将地方物理文化内容整合到物理教学中最大的变化就是内容安排方式的变化。

在教案第一稿中，地方乐器只是以片段的方式被提及，如在第一个知识点"声音的产生"中，为了验证声音产生的条件，她"提供给学生们阿萨塔亚克、色布孜克、节特根、库布孜、冬不拉等地方乐器，让它们发出声音，听听看，谁发出来的声音比较好听，触动一下它们的弦或者敲击一下，观察这些乐器是怎样发出声音的"，并且"击打吾勒帕孜，观察鼓面在振动吗。如果在振动，你如何证明，能否让看的人感受到它的振动？说出你的方法"。之后在"巩固练习"部分，P老师也提供了两个练习题。"弹奏节特根时，优美动听的音乐________而产生的，并经________传入人耳。""在X县塔勒德镇制作的乐器中，冬不拉、节特根、色布孜克等乐器在那吾热孜晚会上发出的音乐声是由于乐器中________而产生的。"可以发现，这种片段式的内容安排方式，并不是要求学生们获得地方关于物理问题处理的不同观点，而仅是将其看作获得现代物理学知识的附加物，有没有这些内容的存在，学生们均能够获得现代物理学知识。

在教案第二稿中，为了实现“通过教学活动体会到地方乐器的发明是地方人民智慧的结晶”和“地方人民早就发现并利用声音传播的知识”的教学目标，P老师增加了地方物理文化内容，与这两个目标相对应，她设置了“认识一些地方乐器”“让学生弹奏不同的地方乐器，提出问题并让学生观察”“讲故事”等活动。P老师在这一阶段的内容安排思路，正在从偶然式向持续式转变。然而，在这一稿中，并未实现让学生们从多元视角处理物理问题的教学目标，所选择的事件、立场和问题仍旧坚持现代物理学的标准和视角。

在教案第三稿中，地方物理学教学内容的安排则保持较强的持续性特征，即这样的内容几乎贯穿于教学设计的始终。在“导入新课”部分，P老师围绕地方乐器冬不拉，要求学生们了解它的结构、来历，并通过学生们的弹奏，引出问题；在“组织新课”部分中，在探讨“声音的产生”的原因上，她要求“学生们先动手再回答”“鼓励学生们从自己理解的角度来回答，有的可能说与琴箱有关，有的可能说和琴弦有关，有的可能说与琴杆的长短有关，有的可能借助从老人或家长那里听来的故事进行回答。教师注意让学生们说明判断的原因”。在“声音的传播”主题的研究上，她要求学生“讨论并猜想”“鼓励学生从自己理解的角度来阐述原因，有的说，通过空气，老师要反问，就没有其他的方式吗？有的同学会说，通过水，通过固体等，老师还要反问，没有这些物质声音就不能传播了吗？”而在讨论“声音传播的速度”时，P老师又以“皮帽做枕”为讨论主题，从当地牧民的文化习俗和现代物理学知识两个角度出发来加以探讨。在“巩固练习”“课堂小结”和“作业布置”部分中，她都对地方物理文化有所关注。从第三稿教案可以看出，多元的物理文化贯穿于整个物理教学的始终，P老师试图通过地方物理文化与现代物理文化的整合，让学生们从多元视角来理解物理学。

（五）教学方式的变化

P老师在第二稿教案的试讲之后，对授课的效果并不满意，甚至有一种挫败感。她对考察者说：“我感觉没有达到预想的效果，学生回答的问题让我感觉也没有实现预期的目标，而且我觉得这堂课讲下来特别累！”在之后的反思中，她分析了自己在教学方式运用上的问题：一是讲的过多，虽然在教学中对学生们提出了问题，但却没有更好地挖掘学生们对问题的理解；二是教学方式比较单一，没有采用多样性的方法调动学生们的积极性；三是活动设计过多，学生们没有针对同一活动展开深入讨论。

考察者与P老师对这些问题进行了深入的探讨，并在讨论结果的基础上完成了第三稿教案的设计与编写工作。由第三稿教案及与其之后对话的证据显示，P老师在教学方式的运用上已经发生了变化。

其一，在活动的创设上，P老师更加注重利用学生原有的知识经验。针对考察者与P老师达成的共识，学生活动的创设应满足如下条件：一是活动要帮助学生们在新旧知识之间建立联系；二是要鼓励学生们亲自动手进行活动；三是要鼓励学生从自己的知识经验出发描述实验过程和分析原因；四是活动中器具的选择要精练，能引发全体学生的共鸣。如在器具的选择上，她选取了当地牧民家庭常见的冬不拉，多个教学活动的创设正是围绕以冬不拉为主题而展开讨论的，如冬不拉的分类、结构、源起，冬不拉声音的产生和传播等。这样创设的结果是，学生们不仅认识了地方物理学，而且能够从多元立场出发对物理问题加以探讨，发展了综合性的物理学观点。

其二，在交互方式上，P老师更加注重师生、生生之间的互动。P老师一改第一稿和第二稿中"教师讲、学生听"的教学方式，在第三稿中，她尽可能发挥每一名学生在知识建构中的积极性，试图通过师生、生生间的互动，从多元视角来探讨问题，由此，她通过设计开放性问题来引发学生们讨论。如在"声音的产生"的活动中，P老师就试图以学生原有的经验为基础，通过师生、生生之间的互动来建构知识。

教师：刚才这位（这些）同学弹琴，你们认为琴的声音是怎么产生的呢？请同学们从自己理解的角度来进行回答。

（学生们先动手再回答）（鼓励学生们从自己理解的角度来回答，有的可能说与琴箱有关，有的可能说和琴弦有关，有的可能说与琴杆的长短有关，有的可能借助从老人或家长那里听来的故事进行回答。教师注意让学生们说明判断的原因）

教师：你们都从自己理解的角度分析了冬不拉发声的原因。现在，老师给你们每组的桌上都放了一个音叉，用小橡皮锤敲击，音叉会响，你们仔细观察，再进行比较，通过比较，看一看有什么发现。

（学生们动手、比较，同学间讨论）

其三，在对待学生的态度上，P老师更加信任、尊重和鼓励学生。在第三稿教案中，P老师有两次提及"鼓励学生们从自己理解的角度来回答"，考察者问及原因，P老师说："鼓励学生，就是让学生们大胆地发表自己的观点，学生们只有发表了自己的观点，其他同学才会理解到他的观点，这样，同学们才会综合自己原来的观点和别人的观点形成自己新的观点。"她还说道："以前，我总是不太相信学生，总觉得他们回答不好，回答的不正确。即使鼓励他们回答了，我心里面又担心他们会说错，现在想想，那时的鼓励也不能算鼓励，只有信任学生的鼓励才是真正的鼓励。"P老师对学生态度的变化，直接影响到其课堂氛围的改变，其课堂气氛更轻松，学生之间的关系更融洽，学生的回答更具开放性。

(六)教学评价的变化

通过考察者与P老师的交流与互动,P老师已经逐步认同从多元物理文化视角来评价学生的学习成效这一观点,然而,她却仍旧对这一观点存在疑虑,究其原因是现行的评价方式的问题。首先,地方物理学并不是当下学校对学生进行评价的主要内容;其次,即使能够评价,评价哪些内容以及如何进行评价,都没有具体的参考。因此,在展示课之后,考察者和P老师通过讨论确定了物理教学评价的三条原则:一是物理教学应该把多元物理学知识的获得作为学生学习成效的重要指标;二是评价应以教学目标的设定为主,要确立教学目标既是教学起点也是教学归宿的观念;三是评价方式应尽可能多样化。

P老师对物理文化教学评价的态度正在发生着变化。她在与考察者的对话中指出:"老师应该抱着欣赏的态度去评价学生,这样,老师就会发现学生处理物理问题过程中的很多闪光点。当老师抱着欣赏的态度去进行评价的时候,学生们也会感受到自己发言的价值,学生们的发言也就会更加积极。"态度的转变,直接影响到P老师教学行为的变化,正如在第三稿教案中所看到的,师生、生生之间的交互更加频繁,老师更多地鼓励学生们发表自己的观点。

P老师开始尝试以多元物理学知识的获得作为学生学习成效的评价指标。如她在"巩固练习"和"课堂小结"中分别提道:"冬不拉的琴弦在声音的产生过程当中,是起到了________的作用,声音是靠弦的________而产生的。冬不拉的结构包括________________________________等。""冬不拉、库布孜、达吾勒帕孜等是本地民间流行的传统弹拨乐器。冬不拉的音箱是由松木、果木或桑树木制成的,呈扁平或瓢状,琴杆细长,上面有8~10个品位,两根羊肠弦或钢丝弦。其结构包括面板、背板、琴杆、琴头、弦轴、马子和缚弦等。"用这些知识作为检验学生们学习成效的内容,无疑是P老师依照我们达成的共识而实施的行为。

然而,P老师在多样化评价方式的运用上仍显不足。在P老师的课堂教学和教学设计中,练习题、提问等方式仍是评价的主要方式,而考察的内容更多以现代物理学知识获得为主,让学生们以自己喜爱的方式来展示他们的学习成效,且展现他们运用多元物理学知识来处理物理问题的能力还没有得到体现。我们分析造成这一现象的原因有二:一是受学校评价制度的制约,考核现代物理学知识的获得情况仍是学校评价的最主要指标;二是受教师个人评价知识的制约,对多元物理文化评价方式的生疏造成教师不知道该如何实施这种评价。

P老师对考察者所说的一句话值得我们深思:"如果把地方物理学知识作为考核学生的主要内容的目标能够实现,老师们可能真的要从各个方面加以改变了!"

第三节 Z老师在物理文化教育力上的提升

个案研究作为质性研究的一种方式，是对“某种社会现象例子的深度检验”[①]。它假设这个世界存在多个现实，并且这个世界具有个人互动和感知的功能。在这样的范式中，其假设并不固定，且处理资料的办法及最终的结果也不会受到任何的限制。

我们发现，在上一个案例中，其分析框架能够很好地表现出个案在干预前后物理文化教育力的变化，为此，我们对Z老师物理文化教育力提升的探讨，依旧保持着上一个案例的分析构架。正如本章第一节所介绍的那样，Z老师在其成长环境和学习经历上与P老师有着较大差异，基于这一点，我们尝试在干预方式上做出部分调整，即适度改变干预路径，以此分析其在物理文化教育力上的变化。

一、物理文化教学意识的初步评估

Z老师是一位对教学饱含热情的新手教师。虽然刚刚工作两年，但他却凭借自己的勤奋和努力，得到了学校校长与同行的认可。在他所教的班级中，具有方言背景的学生占70%以上。由于性格上比较谦和，又善于与学生进行沟通和交流，他与班级的学生们相处十分融洽，学生们非常喜欢上他的物理课。作为一名新手教师，Z老师正处于其专业发展的适应期——适应教材、适应不同地域学生、适应物理文化的课堂，教育教学实践能力正在逐步形成。在该阶段，Z老师最大的愿望就是，“通过自己不懈地努力，能够让全体学生在物理学习上成绩突出”。与Z老师的前期交流，能够勾勒出他对物理文化教学的初步认识。

其一，地方物理学知识。Z老师认为，每一个地域群体中有自己的物理学，他将这种物理学看作是“一种实际应用的物理学”。他说：“他们这种物理学是一种实际应用的物理学，不像我们课堂上讲的那样，课堂上讲的大多数是理论知识，而他们的物理学是实践中慢慢积累起来的，也许他们不知道其中的物理原理，但是他们会对这种物理加以运用。比如说毡房的房顶制造成圆弧状的，这就是他们的力学；再比如说，他们在晾晒酸奶疙瘩的时候，会将酸奶疙瘩放在通风且有阳光的地方，这就是物理学中加快蒸发的两条途径；还有就是核桃钳的使用，这就是杠杆工作的原理；等等。这些就是他们生活中的物理学，也许他们不懂得其中的道理，但是这些道理的的确确是我们物理学中所学的内容，也许它和我们学的物理不一样，但是其中的道理是一样的，所以我们也可以将这些称之为地方物理学。”

其二，物理教学目标。正如前述，Z老师对物理教学的培养目标定位在培养

---

① 巴比.社会研究方法[M].邱泽奇，译.10版.北京：华夏出版社，2005：286.

“对社会有用的人”。他认为,“不管是否是哪一个人,我们都应该将他们培养成一个对社会有用的人”。在他的眼中,“对社会有用的人”就是一个能够更好地生活的人,“一个对社会、对家庭、对国家做出相对贡献的人,他不一定会像科学家那样研究出什么科学成果,但是他应该不做无业游民,他应该有一个稳定的工作和收入,不在社会上胡作非为。”他认为,“对社会有用的人”就应该是具有物理学知识的人,他“可以把物理学知识应用到实际生活当中去,可以用相关的物理学知识去解释有关的物理现象,或者说知道他们平时生活中已经用到了许多关于物理方面的知识,通过系统的学习让他们至少要知道如何去应用”。所以,从这一点来看,Z 老师秉持培养物理知识人的教学目的观。

其三,物理教学内容。物理教学内容的选择是由物理教师的目标观所决定的,即有什么样的物理教学目标就应该具有什么样的物理教学内容。由于 Z 老师所持物理知识人的培养目标观,因此,在物理教学内容的选择上,他认为应该教给学生们课本上的物理学知识。“我认为课本上的物理知识都应该学到,也许此时用不到,但将来也有可能用到。当然,最好是和他们日常生活有关的知识,比如奶油分离机的工作原理;为什么帐篷顶端要凸起来,为什么不做成平的或斜的;还有劈柴的时候为什么斧头磨得越锋利越好等,这些是他们平时都会接触到的知识,对于学生们来说都应该学到。”从 Z 老师对物理教学内容理解来看,学生们所获得的并不是具有多元理解的知识,而是从现代物理学的视角来对地域传统中常见的器具、生活用品、生活经验加以解释的知识。

其四,课堂教学组织。由于 Z 老师成长在牧区,因此,他对处理物理教学中地方传统要素较为敏感。他说:“物理老师应该对地方传统有一定的了解,这样不会导致老师在授课的过程中出现一些不必要的误解(例如牧区的风俗习惯,以及一些他们忌讳的话等)。”然而,在如何利用这些要素上,他与大多数物理教师一样,采用的贡献法和附加法,前者是教师将地方传统中关于物理实践的一些贡献告诉学生;后者则是教师将地方传统中的一些内容附加到传统的教学内容当中。“物理教师要对他们平时生活中所用到的有关物理方面的工具(器具)有所了解,这样可以用所学的物理学知识去解释其工作原理,以及其所包含的物理学知识。”

由于 Z 老师所教的班级是以牧民孩子为主体的班级,因此,Z 老师认为,物理教师了解学生的学习习惯和思维方式十分重要。他说:“物理教师要了解他们的思维习惯或用什么样的方式思考,这样有利于授课的过程中如何用他们能理解的方式去讲解,这样可以提高教学的效果。”然而,在采用地域群体的学习习惯和思维方式来组织教学上,他有着自己在教学上的困惑:“我觉得牧民的思维方式比较单纯,是一种直线型思维方式,也就是说会做一道题就是一道题,不会举一反三,不能将学过的知识加以灵活地运用。我觉得他们的思维方式比较简单,而且遇到不会做的题就不做,不去思考,久而久之就形成了破罐子破摔的现象。我觉得这种思维方式和学习习惯给物理教学带来了很大的困难，特别不利于物理教学的实施，会阻碍物理教学进度。因为，在教学的过程中，我们不仅要照顾到其他学生，还要照顾他们，这样一来就会阻碍教学的进度。”

与P老师不同的是，Z老师并不熟悉当地方言，这给他的教学带来了一定的困难。“他们对物理概念的理解不到位有时甚至不理解……不像城区学生理解得那么到位，你想，概念都不理解如何去做题？这就导致作业不会做而又得交，没办法的情况下就出现了抄作业的现象。”在这种情况下，他通常的做法是，“在课堂上，老师要多关注学生难理解的地方，在这个时候，老师就要多问问他们听懂了没，如果没有听懂就要多解释几遍，解释的过程中尽量用比较简单的话而且要用与他们生活有关的现象去解释；其次课下要多问问他们听懂了没有，记住了没有，如果没明白的，我就会给个别的学生单独讲解或者举一些实例来帮助他们理解。”所以，在谈起如何才能更好地提升学生学习成效时，他说：“老师要和学生多交流，在交流的过程中，老师要给这些学生灌输一种积极学习的态度，要让学生们意识到老师是真正地期望他们能够认真学习。让学生们意识到这一点，不管从教学方面还是育人方面，都可起到一个很大的作用。”

在教学方法的使用上，Z老师倡导使用讨论法和实验法。Z老师对讨论法的理解，能够透露出些许的地域群体认知方式应用的理念。他认为：“我觉得上课过程中，运用讨论的方式是最有效的，因为学生们都有各种各样的思考方式，想出来的问题也各式各样，有对的也有错的，不管结果如何，只要去想就是好的，这说明他的思想是在课堂上，如果学生的思想不在课堂上，就算老师讲得再好也没有用。”他还认为，之所以运用讨论法，是因为可以实现师生之间良好的互动。“教学过程是双向互动的过程，不论哪一方面出现了问题都不会得到一个好的结果。教师的任务就是准备好每堂课，时刻关注学生的变化，而学生的任务就是认真听课、认真完成老师布置的作业，只有双方互相配合才能使教学任务很好地完成。”Z老师认为，实验法是解决不同地域学生间在认知方式和思维方式上存在差异的最好的方式之一。“物理本身就是一门以实验为主的课程，只讲理论不能说明白一些问题，每个人的思维方式都不一样，而实验是最能说明问题的方式，通过实验可以亲自体会到理论的真实性，同时也可以激起学生的好奇心。”

其五，物理教学评价。在评价方式上，Z老师已经具有初步的多样化评价观念。他指出：“对牧区学生来说，不能光靠成绩来评价他们，因为成绩只能反映他们学习情况的一个方面。他们还有其他的能力比较强，比如说他们的马术就比较好，他们制作工艺品的能力就比较好，他们对放牧方面的知识就比城里的学生要多。所以，这种情况下，我们应该从多个方面去评价这些学生。”虽然Z老师具有多样化评价思想，但是，在评价来自不同地域学生的学业成绩方式上，他和其他老师一样，也没有太多可行的办法。“我也想过用学生擅长的方式来评价学生，可能是我自己还不了解学生那些擅长的方式,也可能是我自己手脚放不开,我总觉得用那样的方式来评价学生,课堂秩序一方面比较乱,另一方面对学生的评价不在一个水平上,没有办法对学生进行比较。"由此可见,Z老师依旧保持着通过"比较"或"甄别"来考查学生学业优劣的传统评价观念。

通过如上的分析,我们发现:Z老师已经初步具备了物理文化教学的理念,他能够意识到地域传统在物理教学中的作用。虽然地域传统在物理教学中充当着附加或中介的角色,但是,他却能够意识到地域传统在学生建构物质世界新意义过程中的价值。并且,Z老师还是具有同理心的教师,即他能够站在学生的立场来思考问题,并试图从学生知识经验的差异中寻求问题产生的原因,这在考察者所访谈的教师中是比较少见的,也是初任教师中较为少有的。考察者认为,Z老师所具有的初步的物理文化教学理念,是与Z老师的学术经历紧密相关的。考察者作为Z老师的大学老师,在大学期间给他们讲授了较多的物理文化教学的知识,要求他们在教学过程中注重不同地域群体的知识经验,要求他们关注不同地域学生在物理学习中的经验差异。虽然这样的讲授多为理论性的阐释,但是这些内容足以对他们的思想造成一定的影响。正是Z老师对物理文化教学这种并不深入的认识,使得其物理教学中的物理文化并未表现出多元化,考察者对Z老师的物理文化教育力干预也正是建立在这种素养之上。

二、为改变而做的干预

通过对Z老师物理文化教学意识的勾勒,我们可以发现,Z老师有着比P老师更深地对物理文化教学的理解。我们亦会发现,Z老师对物理文化教学目标的认识仍旧停留在如何让学生获得更多的现代物理学知识的层面之上,从这一点来看,对Z老师在知识、观念、态度及能力上改善的干预并不比P老师更少,因此,考察者对Z老师为提升物理文化教育力而做的干预的基本假设、内容和方式并没有进行太大调整(具体见上一节)。下面,考察者仅就干预方式上的微调做一简要说明。

其一,对话。通常来说,考察者与研究对象之间的对话是因对话双方在时间和空间上的便利而定的。因为考察者与P老师之间的对话大多发生在考察者所在的单位,所以,我们更多采用面对面交流的方式。而考察者与Z老师之间的交流则不同,由于他与考察者之间的距离约为200公里,且每周两人日常教学工作量比较大,所以,两人之间的交流更多采用电话或微信通讯的方式。虽然如此,这样的交流方式并没有阻碍我们之间全面地沟通,甚至因为这种方式更具灵活性,我们之间对某些问题的理解会更加深入。考察者与研究对象之间的对话是相当重要的,诸如对于"引导教师学习科学哲学知识、社会学知识",以及"引导物理教师主动探寻不同地域群体传统间的差异"这类提升措施来说,如果没有通过对话引发物理教师深刻的情感体验,物理教师也就不会产生很强烈的内在需要,也就形成不了强烈的学习和探究动机。

其二，走访(见图5-8至图5-10)。考察者与Z老师对当地家庭的走访是发生在第一稿教案完成之后。考察者利用周末驱车赶往T县，在他的具有当地方言特征女同事的带领下，我们先后走访了地方铁器作坊、地方村落和家庭，并与铁器作坊的工匠、地方家庭的老人及其家属、地方村落负责人等进行了深入的交流。正如Z老师自己所说的，这样的走访使他"大开眼界"。在地方家庭老人叙述完奶酪的制作过程后，Z老师对考察者说："原来我只是大概地了解奶酪的制作方法，具体的制作流程却不清楚，老人这么一讲，才发现他们具有这么好的运用物理学方法处理生活中问题的能力，这样的感觉真的很奇妙……"走访另一地方家庭制作地毯的过程，也使Z老师对地方传统产生了更多的感触，即他不仅被地方家庭精湛的工艺所折服，还为这些民间工艺逐渐被大机器所取代，以至于许多地方传统正在慢慢地消失而感到忧虑。Z老师说："我现在似乎能够理解你带我来这里的意义了。如果老师没有意识到自己是地方物理文化的传承者，那么他就很难将地方物理文化渗透到物理教学当中。"的确，这种"有意义浸人"的方法所形成的知识和情感，为Z老师更加全面地设计多元物理文化课程奠定了良好的基础。走访的方式亦可以看作是一种"参与式行动研究"范式[①]，它是研究对象通过参与考察者所设计的行动研究，使研究对象找出他们自己的问题和所渴求的结果。

图5-8 在牧民家庭做客

图5-9 参观牧民家庭地毯工艺

图5-10 牧民家庭烧水炉

其三，教案。考察者认为，对研究对象教案的分析，是探索Z老师的物理文化教育力现状及其改进效果的最主要途径，也是考察者观察干预成效的重要方式。比如，考察者会与Z老师对课题的导入部分进行分析，询问他对导入部分设计的看法；也会就教案中所体现出来的地方物理学内容进行交流，在倾听他的看法的同时，发表自己对问题的见解。正如上节我们所提到的那样，考察者会巧妙地利用"专家"的身份，促使Z老师对物理教学中的多元的物理文化进行反思。在本次考察中，我们是在他第一稿教案的基础上进行的多层次干预，并在此基础上完成了他第二稿教案，因此，Z老师并未像P老师那样有三稿教案(两稿教案见附录3)。

① 巴比.社会研究方法[M].邱泽奇，译.10版.北京：华夏出版社，2005：289.

其四，资料。正如前述，Z 老师作为考察者的学生，在他就读大学期间已经接触到部分多元物理教学的知识，这样的基础为我们更好地沟通和交流提供了便利。为此，考察者就在对话的基础上，为 Z 老师提供了物理文化教学的相关资料，在 Z 老师阅读完这些资料之后，考察者与 Z 老师对资料的内容进行了深入地交流和探讨。这一点是本次研究干预中与 P 老师最大的不同。考察者认为，对于有效提升物理教师的物理文化教育力来说，这样的干预手段是相当必要的。这是因为，大多数物理教师长期受传统物理教学观念的影响，即使教师能够意识到地方物理学知识在物理教学中的重要性，由于他们并没有物理文化教学的经验可循，他们通常会按照传统的思路进行教学，这也是为什么绝大多数物理教师运用附加法和贡献法来处理地方传统要素的原因。物理文化教学相关资料的介入，不仅提升了物理教师的理论水平，也开阔了物理教师的视野，在启发物理教师采用多元办法设计物理教学的同时，提升了物理教师从多元视角进行教学的能力。在本次考察中，考察者就为 Z 老师提供了近几年来国内外的多元科学文化教学的文献资料，在他进行阅读的同时，我们会就阅读文献过程中存在的问题通过微信展开交流。例如，为了让 Z 老师能够更好地了解不同地域学生认知方式之间的差异，以及采取多元教学方法来使学生适应物理教学，考察者专门为他影印了学习资料。Z 老师在学习之后对考察者说：“老师在教学中不应当仅是采取适当的教学方法来适应不同地域学生的学习方式，他们的学习还应该涉及他们当地人对自然世界的看法，以及他们处理自然界相应问题的方式……”由此看来，与沟通对话相结合的多元物理资料的介入，为研究对象的物理文化教学意识的提升提供了良好的理论背景。

图 5-11 为我们进行干预的路径图。

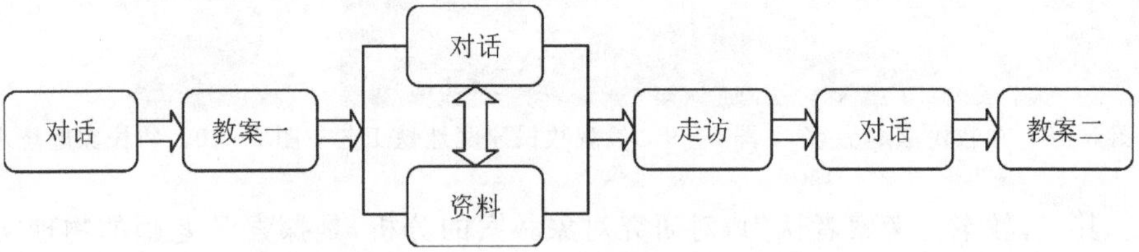

图 5-11　对 Z 老师的干预路径图

三、资料的分析与解释

同 P 老师一样，对 Z 老师在物理文化教育力提升方面的研究也涉及数据收集和数据分析的重叠，也即是说，对 Z 老师的数据分析是与数据收集相辅相成的。这些数据包括 Z 老师对物理文化教学理解的开放性问卷、我们之间的谈话记录（包括微信聊天记录）、田野调查中的对话以及教案等。为了保持研究归类的一致性，我们采用了与 P 老师相同的归类分析模式，这样可以便于我们对两种干预方式所产生的效果加以比对。

（一）文化意识的变化

Z老师自身是具有初步文化意识的教师，通过干预活动前后的比较，Z老师的文化意识正在逐步得到强化。

其一，关于认知型态。在Z老师看来，不同地域传统是有差异的，而不同地域学生之间的思维方式也是有差异的。在考察者与Z老师后期的对话过程中，他已经开始对班级中不同地域学生的学习型态加以比较。“对山区学生来说，他们在课堂上特别好动，也特别爱说话，老师只要一开始做实验，他们就特别兴奋，有不懂问题的时候，他们甚至不举手就问老师；而牧区学生相对来说就要安静许多，在课堂上听讲过程中，他们的眼睛会一直盯着老师，不太爱说话，即使不懂他们也不会主动提出来；城区学生的学习型态却是介于两者之间，他们有时会听老师讲课，有时会拿起笔来记笔记并自己思考着做题，即使做实验，他们喜欢了解了实验原理和步骤之后才开始去做。”从这一点来看，Z老师对地域传统差异的认识，已经不仅仅只是意识到不同地域学生思维方式和学习方式存在不同，而是将认识深入到认知风格的差异上，并且能够主动地区分这些差异。认知风格作为“人们在不同情境下回应和表现的一种方式”[①]，它可以分为场独立型和场依存型。处于场依存型一端的人更多地依赖于外部条件，着重于问题的整体层面，而处于场独立型一端的人则更多地依赖于内部条件，倾向于以分析性的以及具体细节式的方式进行思考。从Z老师的叙述中可以看到：山区学生和牧区学生倾向于场依存型，而城区学生则倾向于场独立型。正如Z老师自己所说的：“当我了解的不同地域学生的知识经验内容越多，我在教学中所选用相应的教学方法就越能适合他们，这样，学生学习物理的效果就会更好。”Z老师的认识是符合学习者认知规律的，即当学习者的学习型态跟教学策略与环境的主要因素相配合时，教学活动就变得更有效率且更加丰富[②]。

其二，关于文化角色。在物理文化课堂中，物理教师的角色定位是相当重要的，它将直接影响到学生的角色定位、学习方式的转变，教学目标、教学内容、教学方式、教学模式，以及教学的组织者、促进者、参与者、考察者等[③]。Z老师最初对自己的角色定位较为宏观，他认为老师应该是“将学生培养成对社会有用的人”，为实现这样的目标，教师一方面要教学生们知识，另一方面要教学生如何做人。通过物理文化教学知识的学习，Z老师对自己的角色定位开始转向文化层面。“我觉得，自己应该是地域传统的学习者，你想，如果我对地方传统经验有更多的了解，那么

---

① PAI Y，ADLER S A. Culture foundation of education[M]. 黄纯敏，译. 台北：学富文化，2006：309.

② PAI Y，ADLER S A. Culture foundation of education[M]. 黄纯敏，译. 台北：学富文化，2006：309.

③ 张爱琴，谢利民. 教师角色定位的本质透视[J]. 教育评论，2002(5)：41－44.

在授课过程中，我就不会对他们的一些风俗、行为方式、禁忌等产生误解；我觉得，自己还应该是不同地域群体思维方式的学习者，当我了解了他们的思维方式，并在授课过程中运用他们能理解的方式去讲解，学生学习的效果就会更好；我觉得，自己还是地方物理方面工具的学习者，这样，我们就可以运用所学的物理学知识去解释其工作原理；我觉得，自己还是学生动手活动的促进者，你想，山区的孩子们实验仪器见得比较少，为了要让他们学好物理，老师就应该多让他们动手做实验，去感受物理实验的乐趣”。虽然Z教师的认识中仍旧带有较强的趋同式思维，但在其理念中，已经开始着眼于从地域传统传递的视角来反思其教学，并将自己定位为地域传统的学习者和学生学习的促进者。

其三，关于认知冲突。物理文化课堂中的认知冲突通常是指不同地域经验互动过程中因经验差异而使学生产生的抵触或排斥情绪。这样的认知冲突是不可避免的，它会因价值目标、价值取向、认知方式、思维方式、学习型态和评价方式的不同而产生。Z老师能够意识到不同地域学生在物理学习上的纠结心理，他以“山区孩子”的学习为例，对山区孩子在物理学习中可能存在的认知冲突进行了说明。“在物理学习效果上，山区的孩子肯定赶不上城区的孩子。你看老师上课时举的例子、做实验时的仪器，山区里的孩子很少能够见到，所以他们在新知识的学习上相对来说就要困难一些。”“当老师讲授或解释的内容与山区里的孩子所接触的内容不一致的时候，山区里的孩子即使想学好，但内心肯定是困惑的。”对于学生们的认知冲突解决，Z老师也有自己的看法，那就是，老师应该更多地了解山区孩子的知识经验，了解山区学生的思维方式和学习方式，只有这样，老师在教学过程中才会站在这些学生的立场上设计教学，并用他们能够理解的方式来组织教学。当然，Z老师并不认为认知冲突就是对学生不利的，他认为，认知冲突在物理课堂上是必然存在的，不仅山区学生学习物理时会有认知冲突，城区学生在学习物理时也会有认知冲突，认知冲突解决的过程，正是学生知识成长的过程。可见，Z老师已经是一位具有初步建构主义教学思维的教育工作者。

其四，关于刻板印象。确切来说，刻板印象是一种心理感知，是个体对某一类人或某一类事物较为固定的看法，刻板印象往往会对教师的教学行为产生影响。通过物理文化教学知识的学习，他对不同地域学生在学习上的总体认知有了较大的改观。“原来，我和大多数老师的想法一样，认为山区学生在对物理现象的理解上天生就不如城区学生。我觉得，这样的想法对于物理教学来说是十分有害的，那就是，如果山区学生在物理学习上学不好，我就认为是正常的，而如果有个别的学生理解能力强，我反而觉得是反常的了。现在让我来看，每一名学生，他们理解物理现象的能力都是比较强的，只是由于他们原来生活场景的不同，他们的理解仅是从自身的角度理解罢了。但是从物理文化的角度来看，学生们从不同角度来理解物理现象的过程，也是学生们分享学习经验的过程。”他还认为，物理教师应该经常审视自己对不同地域学生的看法，以防止强烈的刻板印象造成不同地域学生在学习上的不利。他说："不管哪一个地方的学生，他们都是一个个体，不能简单地说这个地方的学生怎么样，那个地方的学生怎么样，在教学中应该鼓励每一个学生发表自己的看法，并从不同的角度来理解物理现象。"有效的教学计划应该帮助学生审视和澄清他们的文化身份①，当物理教师帮助学生们意识到自己是某一地域传统中的个体的时候，他们就会基于自己地域传统来理解物理学，当物理教师帮助学生们意识到其他学生也是另一地域传统中的个体时，他们就会真诚地听取他人的看法，并从其他人的视角来认知物理学，从而形成学生对物理较为综合而多元的认识。

（二）地方物理学认识的变化

物理教师承认地方物理学的存在，且地方物理学是实现物理文化教学的基础，而教师具有地方物理学的知识与方法，也是教师物理文化素养的重要组成部分。从Z老师最初的理解来看，存在着大多数教师对地方物理学理解上共有的误区，即不同地域群体具有自己的地方物理学，但对地方物理学的理解，却是从现代物理学的视角来加以解释的。通过干预，Z老师对地方物理学的知识和方法有了较大的改变。

其一，关于本土物理学知识。Z老师认为，牧区是具有自己本土物理学知识的。与前期的认识不同的是，他认为牧区的地方物理学具有自己的知识体系，而这些知识往往与他们的生活经验联系在一起，并通过家族的传授而得以延续。"你看，像咱们那天了解的牧民做羊毛毡的技术，他们边喷水边滚压，羊毛毡就做成了。他们的这种知识就是与他们的生活息息相关的，而这样的技术又通过家庭的熏陶传承了下来。""我相信，他们这样的知识也是具有系统性的，你比如说，同样是羊毛毡技术，前期需要修剪、整理、准备，后期需要染色，再后来，有的做成毛毯，有的做成毡靴。这些技术都是成体系的。"Z老师也提到了自己的困惑与不足。"说实话，像我刚才所说的这些，我真的没有认真地梳理和提炼。而这样的知识，又的确需要有人对它们进行挖掘和总结。当有人将这样的体系从牧区人的传统视角加以提炼的时候，它就可以看作是地方物理学知识体系了。"Z老师的建议是合理的，但是在操作的过程中会存在着一定的问题，即由谁来对地方物理学加以提炼？显然，当具备现代物理学知识的个体去解读物理现象的时候，形成于地域传统之中的地方物理学必然受到现代物理学知识的侵蚀，所形成的地方物理学解释亦是带有现代物理学意味的解释，而这是物理文化教学需要加以注意的方面。

其二，关于地方物理学方法。经过数百年的发展，现代物理学已经形成独特的

---

① 班克斯.文化多样性与教育：基本原理、课程与教学[M].荀渊，等译.上海：华东师范大学出版社，2010：130.

方法体系，从哲学层面来看，具有系统论、控制论和信息论；从逻辑联系层面来看，具有理想方法、对比方法、对称方法、数学方法等。Z老师认为，地方物理学具有独特的方法，这些方法与现代物理学的方法并不相同。“你比如说，咱们教的物理学要求我们先确定问题，再根据理论提出假设，在制订好方案以后进行实验验证，如果实验结果与最初的假设相同，则确证了假设；如果不相同，就再进行假设、提出方案并验证。但是牧民在解决自然界的问题时，擅长寻找物和物之间的关系，通过这些关系，提出解决方案。你比如说，牧民在搭建毡房的时候，不会破坏牧场，因为那是牛羊赖以生存的东西，而且毡房易于拆卸，易于转场。”在Z老师的眼中，地方物理学的方法论是基于空间关系的，而不是像现代物理学那样讲究逻辑联系，他的这种理解与地方科学教育工作者凯杰特的理解相类似：所有人类发展的前提是，我们与土壤、空气、气候、植物，以及我们生活空间中的动物之间的互动。在空间中所形成的基于生态思维定式的模型，要求人们去建立和维护一个空间，以使其与前述空间保持正确的可持续的关系，即人们制造一个空间正如空间制造了他们。当地人与他们已经生活了很长时间的空间互动，他们的空间变成他们恰当的灵魂的反思①。

（三）教学目标理解的变化

考察者对Z老师物理文化教学能力转变的考察，是以他对“汽化和液化”（人教版八年级物理）的教学设计，以及他对教学中存在问题的看法加以分析的（下同）。从Z老师前后两稿所设定的教学目标来看，他经历了从无“文化”向有文化、从文化一元向文化多元的转变过程。

其一，从无“文化”到有文化的转变。

从Z教师第一稿教学设计可以看出，其教学目标就是为了让学生们获得现代物理学知识。我们在此将无“文化”的文化打上引号，意在表明，Z老师在编写第一稿教案时，并没有把物理学确实地看作是一种文化，把其看作是一种用以规范人的行为、信念和思想的文化形态，而是将其看成是一种静态的、普遍的、客观的、由科学家所发现的自然界已经存在的“真理”，是学生需要记住的知识。所以，他认为，“通过总结物理规律可以使学生对物理有一个系统的认识，这样才能更好地去理解，老师可以采用不同的方法去总结，使它更容易记忆”，因此，在知识与技能维度目标的设定中，Z老师大多采用“知道”这一词来加以叙述，如“知道汽化、汽化吸热和液化的两种方式；知道沸腾现象；知道蒸发的定义和影响蒸发快慢的因素”等，认为学生们只要知道并且能够记住这些知识点，就算是实现了这节课的目标。由此看来，虽然Z老师具有初步的物理文化意识和地方物理学知识，但是受传统物理

① CAJETE G A. Native science: Natural laws of interdependence[M]. Santa Fe: Clear Light, 2000: 187.

哲学观和物理教学观的影响,物理文化意识并没有成为物理教师实施教学的主流。

而说其有文化,表明Z老师通过科学哲学及物理文化教学理论的学习,已经开始意识到物理学是一种多元要素构成的文化,是受到不同地域传统影响的文化。因此,在第二稿的教学目标设定中,Z老师已经开始关注物理文化所面对的不同地域群体、知识、方法及其精神内涵,并对物理文化的社会性、历史性及其建构性属性加以探讨。在对物理学的理解方面,开始逐步表现物理文化习得的全面性,如"能够从地域群体的经验出发,认识蒸发现象并深入探索影响蒸发快慢的因素",要求学生们立足于地域群体的实际,实现对物理现象的理解,而学生的这种理解,是整合了地方物理知识和现代物理知识之后的综合的理解;"能够利用本地域群体文化知识和物理学知识,从不同角度来理解汽化现象的本质和用途",既说明了同一物理现象理解的多元性,也说明了处理同一物理现象方法的多样性;"充分利用学生们不同的地域文化观点,让他们在尊重其他人观点的基础上形成自己的理解"。这样目标的设定,与其说是"能力目标"维度,还不如说是物理文化所展现出的人文性、相对性和公众性的文化属性。

其二,从文化一元到文化多元的转变。

如果认为Z老师第一稿教案所定位的目标是学习现代物理学的话,那么在其第二稿教案中,他所定位的目标则是同时学习现代物理学与地方物理学。在物理教师物理文化教育力分析中我们提到,"能够从学生的地方物理文化和现代物理文化的基本要求出发规划课程和教学",这一点在第二稿教案的教学目标中有着较多地体现,"能够利用本地域群体文化知识和物理学知识,从不同角度来理解汽化现象的本质和用途",在这一点上,Z老师正在逐步摒弃趋同思维,试图采取改变传统的课程结构的方式来规划教学目标。因此,在三个维度当中,Z老师既对现代物理文化的学习有要求,亦对地方物理文化的学习有目标,并让学生们意识到物理学存在于不同地域群体的传统生活当中,每一个学生都应该懂得对不同地域群体传统的尊重和欣赏。Z老师对考察者所说的一段话也印证了这一点:"原来没有认识到地方物理知识的重要性,因此,也没有想到会将这样的物理知识当成教学目标,而现在我觉得,不仅牧区学生应该重新认识牧区人们的物理知识,而且在当地生活的其他群体的学生也应该认识这些物理知识,这对于更加深入地认识彼此的知识经验是非常重要的。"

(四)教学内容选择的变化

泰勒指出,在设计教育计划以达到某些特定目标时,我们面临的问题是:要决定提供哪些特定的教育经验,因为只有通过这些经验,才会产生学习,从而才能达到教育目标①。因此,教学内容的选择受制于教学目标的设置,教学目标的改变也

---

① 泰勒.课程与教学基本原理[M].施良方,译.北京:人民教育出版社,1994:49.

必然伴随教学内容选择的变化。

其一，注重挖掘学生原有的知识经验。

Z老师认为，“物理是通过观察物理现象、研究物理现象，并揭示现象背后的本质和规律才发展起来的。学生学习也应该是这样，即通过观察和研究物理现象引出其背后的物理学知识”，这样才会将学生从对事物的感性认识上升为理性认识。所以，在两稿教案中，Z老师非常注重物理实例特别是对生活经验的举例，如在第一稿中，Z老师讲到了“游泳后身体打战”“烧红工件放入水中所产‘白汽’”“衣服晾干”“酸奶疙瘩制作”，还提到了“非洲的‘沙漠冰箱’”“饭店热风干手机”等，这些实例不可谓不多。认真分析这些实例会发现，有些实例虽然在现实中存在，并且也能反映汽化和液化的具体实际，但是有些实例距离学生的生活比较遥远。

在Z老师的第二稿教案中，实例明显减少，然而，他所选择的实例更加贴近了学生的实际生活。在导入新课部分，Z老师就以学生们熟知的“酸奶疙瘩制作”引入，让学生意识到酸奶疙瘩的形成是水分蒸发的结果。接着，老师又以“你们的生活中还有哪些现象与咱们刚才所说的这种现象相类似”提出问题，让学生们从自己的生活中找实例。“湿手变干”“馕变干”“马、牛、羊粪变干”等，这些实例紧扣学生的生活，使学生们从自己现实的经验中寻找所有这些物理现象的共同点。教学内容的选择从教师的引导转向学生自发地对内容加以选择，使得不同地域的学生都参与到学习当中，并以这些经验为起点来形成新的认识。

其二，地方物理知识与现代物理知识的整合。

Z老师对地方物理文化的理解，为其将地方物理文化纳入物理教学奠定了基础。正如Z教师自己所说，“物理教师要对牧民平时生活中所用到的有关物理方面的工具(器具)有所了解，这样可以用所学的物理知识去解释其工作原理，以及所包含的物理知识”。可见，按Z老师最初的理解，在物理教学中提供地方物理学的知识，只是为了实现学生对现代物理学知识的理解，因此，在Z老师的第一稿教案中，他提及了牧民制作酸奶疙瘩的过程，还提到了吐鲁番坎儿井的构造和当地人们制作风干肉的内容。这些内容(更确切地说是实例)固然能够引发学生的兴趣，然而，对于学生们从地域传统视角来理解物理现象并无益处。

在第二稿教案中，Z老师不再仅仅只是举几个实例，而是从某一物理现象出发，让学生们站在不同地域群体立场上对该物理现象展开探讨，以此形成对该物理现象复杂而多元的理解，实现地方物理学知识与现代物理学知识的整合。如Z老师就以牧民制作酸奶疙瘩的过程作为学生们探讨的主题，学生们谈到了酸奶疙瘩制作的原料、制作的步骤、制作过程中的注意事项，也谈到了液体的蒸发、影响蒸发速度快慢的因素等。如学生们提道：“我们家在做酸奶疙瘩的时候，就不是将它放在有阳光的地方，因为那样酸奶疙瘩做出来颜色就很不好看，而且味道也不好，一般家里就把它放在用芨芨草编成的席子上。在放的时候，我妈妈先把奶酪用手捏成圆形，再把它平铺开，放在芨芨草的席子上，要是放得太挤的话，那样晾得就很慢，而且它上下都和空气接触着，四周都在汽化。在牧区的时候，我们通常把它架在毡房的阴凉处，或者树荫的阴凉处；在山下的时候，我们会把它挂在比较凉的而且通风的偏房里或棚子里，晾上几天，软硬适中的时候就可以吃了。”当其他学生听到这段叙述的时候，不仅对牧民制作酸奶疙瘩这一习俗有了较为深入的认识，而且对蒸发现象有了全面的了解。由此可见，Z老师已经能够挖掘地方物理文化教育资源，并有将其整合进物理教学的能力。

（五）教学方式运用的变化

在建构主义者看来，教师应该从学生的角度来选择不同的教学方法。有学者通过研究，提出多元科学教学在其展开方式上应该具备如下特征：其一，鼓励学生们互相交流经验；其二，提供各种活动以满足某一学生的需要；其三，保证教学内容与学生的生活相关；其四，开展学生们亲自动手的活动；其五，鼓励学生们描述原因过程；其六，引导学生们进行提问；其七，帮助学生们联系新旧知识①。可见，物理文化教学应该从关注学生原有经验和学习方式着手。

其一，问题设计方式的变化。

从两稿教案的设计来看，Z老师十分注重以问题为中心开展教学。如在第一稿教案中，Z教师就以问题的方式进行导入，又以三个问题和一个实验来归纳汽化和液化的概念；在第二稿教案中，Z老师亦是以牧民家庭的一个日常食品为例提出一系列问题。虽然同样都是以问题的方式展开教学，然而，第二稿却更加体现出教师对学生原有经验和学习方式的关注。

我们首先来看第一稿教案中Z老师的导入：

“同学们，在夏天，游泳的人从水中上岸会感到冷，如果有风吹过，甚至会冷得打战；而坐在岸边未下水的人却觉得很热，你知道这是为什么吗？制造金属工具时，为增加工件的硬度，将烧红的工件放入水中进行淬火，此时会发出“吱吱”声，并在水面上冒出“白汽”，这其中经历了哪些物态变化呢？……秋天，草木、石块上出现的露是怎样形成的呢？在生活中类似的现象还有许多，你能用所学的物理知识去解释吗？”

在这一大段以问题展开的叙述中，Z老师似乎并不在意学生是否回答，而只是为了展示问题而提出问题。即使是要求学生需要回答的问题，也是一种被动的、不能与学生原有的生活经验紧密相关的问题，例如：

问题一：住在非洲的居民，由于没有电，夏天无法使用电冰箱保鲜食品，于是人们发明了一种“沙漠冰箱”——罐中罐。它是由内罐与外罐组成，两罐之间填上湿润的沙子，食品放在内罐中，然后放在干燥通风的地方，并在沙子上洒水，罐口放上

---

① 马丁.科学课教学研究[M].薛伟江，译.长春：长春出版社，2008：121.

湿布。

思考问题：

(1)经常在沙子上洒水是为了什么？

(2)放在干燥的地方是为了什么？

Z老师第二稿教案中的问题设计就有了较大的变化。

师：……老师想问大家，你们看这两块酸奶疙瘩有什么不同？

生：一个是干的，一个是湿的。

师：它们的原材料都是一样的吗？

生：是一样的，它们的原材料都是牛奶。

师：既然原材料都是一样的，造成干和湿的原因是什么呢？

生：干的酸奶疙瘩是因为水分没有了，液体变成气体飞走了，被蒸发了；而湿的酸奶疙瘩里面的水分还很多。

师：刚才有同学说，酸奶疙瘩中的水变成气体飞走了，被蒸发了。那老师想问同学们了，你们的生活中还有哪些现象与咱们刚才所说的这种现象相类似？

生：……

在这一部分教学设计中，Z老师紧密联系学生的生活实际，借以问题而展开的对话方式进行教学，鼓励学生们对现象的实质进行讨论。同时，教师并不以“解决”这一问题而终止，而是通过继续追问，鼓励学生们从自己的生活经验出发，阐述对这一问题的看法。可见，第二稿教学设计中的问题设计方式，更贴近学生的生活实际，更易使学生产生安全感，也更易使学生们积极主动地从不同视角来阐释自己的观点。

其二，引导方式的变化。

物理文化教学实现的关键，就是教师能够引导学生从多元立场出发，批判地、整体性地看待物理文化。在第一稿教学设计中，Z老师并未意识到这一点，教学的实施更多是彰显教师对物理文化的理解，而未从学生的角度来设计问题，引导学生们进行多元的理解和思考，因此，学生们的积极性和主动性并不高。在第二稿教学设计中，Z老师为了实现物理文化教学的目标，采用了多样化的引导策略。

首先，通过引导，鼓励学生们寻找类似点。如“你们的生活中还有哪些现象与咱们刚才所说的这种现象相类似？”通过鼓励学生们从自己的生活实际出发来寻找类似现象，引导学生们从不同视角来理解物理学本质。

其次，通过引导，鼓励学生们寻找差异点。如“刚才同学们发现了汽化现象的共同点，即它们都由液体变成气体飞走了。那么，同学们能不能找到它们的不同点呢？”用以鼓励学生们发现问题，更加全面地认识物理现象，从而为下一步的探究奠定基础。

最后，通过引导，鼓励学生们自主总结。如“通过刚才同学们的猜想，再到你们的实验探究，你们从中能够得到些什么？”运用这样的引导语，促使学生们对整个学习过程进行反思，以此促使学生们从多元视角对整个教学过程加以总结。正像Z老师教案中所预设的学生回答那样，“我们发现，每一个地域群体都在利用自己的智慧探索自然，并且将这种探索自然而获得的方法和知识应用于他们的生活和社会实践当中，因此，每一个地域群体所创造的文化都应该值得我们尊重和欣赏。”可见，在教师的引导下，通过反思，可激发和培养学生们对不同地域传统经验的尊重和欣赏。

（六）教学评价能力的变化

教学评价是人们对教学活动的显性或隐性价值所做出的理性判断，这种理性判断的前提就是教学目标，即人们是依据教学目标来对教学过程及结果进行价值判断的。显然，教学目标的取向不同，人们对教学过程及教学结果的价值判断也不同。通过对Z老师两稿教案教学目标取向的分析，以及考查考察者与Z老师的对话，Z老师的物理文化教学评价能力发生了明显的变化。

其一，教学评价理念的变化。

在教学评价的理念方面，Z老师开始逐步关注学生作为“整体的人”的发展和寻求个人的知识建构两个层面，因此，Z老师对物理教学内容和结果的评价，也正是建立在这两个教学评价理念之上。

在“整体的人”的发展层面，Z老师认为物理教学应该体现在两个方面：一是，学生对物理学的学习应该是完整的，即学生不仅要学习物理学的知识和技能，还要学习物理学的方法和精神；不仅要学习书本上的物理学，还要学习当地地方物理学。所以，Z老师在第二稿教学目标的三个维度中，紧扣学习内容的整体性。Z老师的如下话语充分显示了这一点，“我原来觉得，只要让学生们学习书本上的知识就够了，现在看来，物理教学并不仅仅只是书本上知识的学习，还有学生们对地方传统经验知识的学习。所以，要考查一堂课的教学效果，应该从这两个方面来着手。”二是，人、自然与社会的发展应该是和谐的，Z老师认为，“原来，我和大多数老师一样，认为学生只要学好书本上的知识就行了，其实，书本上的知识只是人们认识自然界的一个方面，不同地方的人们对自然的理解是不一样的，要想让这个地区的人们和谐地生活，学生们不仅要学习书本上的知识，还应该了解地方群体认识自然的知识。你看看，很多人学习了物理，就运用这些知识或物理技术来开发自然，在开发自然的时候，就破坏了自然，这样的例子很多。然而，在当地生活的人们认识自然的知识，必然是讲究人、自然与社会和谐共生的。”因此，在Z老师第二稿的情意目标中，重在考查两个方面的任务：一是让学生们认识到物理就存在于生活当中，激发学生从日常生活中探索物理的热情；二是激发和培养学生们对不同地域群体传统的尊重和欣赏。

在寻求个人的知识建构层面，Z老师认为好的物理文化教学，应该是注重学生个体对物质世界意义建构的教学。在他的评价理念中，好的物理教学应该遵循两个方面：一是，好的物理教学应该立足于学生的现实。他在分析第一稿的教学设计时指出，“我的第一稿教案最大的问题就是没有将学生原来的知识经验放在第一位，那样上课的结果，就是我讲学生听，学生还学不好。”“第二稿教案相对来说就好一些，因为我的每一个问题的设计都是从学生出发，从他们原来的知识经验出发，这样，我和学生之间的互动，甚至是学生之间的互动就好得多，在学生们和我一起互动的过程中，就会形成他们自己对自然界的认识。”二是，好的物理教学应该提供多种理解。例如，在第二稿教案中，Z 老师明显地强化了学生们从自己生活经验出发对物质世界理解的设计，按他的说法，当他对地方物理知识欠缺的情况下，只有依靠来自学生的认识，让学生们自己的认识与书本上的知识相结合，才能形成对自然界一种综合性的理解。

其二，教学要素评价理解的变化。

物理教学作为一个整体性、综合性和动态性的认知过程，是由各种要素组成的，每一要素并不是孤立存在的，它们都是以其他要素的存在为前提，并为其他要素目标的实现提供支持。我们认为，物理教学评价的要素应该包括教学目标、教学内容、教学方法和教学效果。

在教学目标评价的理解上，Z 老师正在逐步摆脱“教学目标虚设论”。他指出，在传统的物理教学中，教案中所写的教学目标都是为了应付检查的，写不写都是那些内容，只要将书本上的内容讲清楚，能够让学生做题就可以了。通过干预，Z 老师逐步认识到，教学目标中所设定的三维目标，并不仅只是一个华丽的摆设，而是认真考查了学生原有经验的，为了实现学生对物理文化多元理解的，充分考虑学生整体发展的。

在教学内容评价的理解上，Z 老师已经开始意识到地方资源开发的重要性。他认为，在物理课堂中，如果缺少了地方传统的素材和资源，这样的教学就是不完备的。尽管他明了自己在地方物理资源开发上存在明显的劣势，但是他却坚定地认为，如果他无法开发更多的地方物理资源，无法系统地了解地方物理文化，要实现学生对物理文化的多元理解也仅是一句空话。

在教学方法评价的理解上，Z 老师已经认识到适应学生的教学方法运用的重要性。他指出，要想真正地评价一名学生的学业成就是否真的提高了，就不应该只是用考试这一种方式，而应该从多个角度出发对学生进行考查。在考查的方式上，Z 提出，可以用做题的方式，可以用实验的方式，还可以用社会实践的方式。因此，他指出，一个好的教学方法，应该是适应不同地域学生的。然而，面对班级中不同地域的学生，什么样的教学方法是好的方法，以及什么样的教学方法才是适应不同地域学生的方法，Z 老师似乎也没有太多主意。

在教学效果评价的理解上，Z 老师正在逐步树立学生高参与度的认识。按 Z

老师自己的说法，在传统的物理课堂上，要么课堂死气沉沉，要么课堂上喧哗吵闹，这些课堂“效果”都是脱离了学生高参与、高认知的课堂。因此，他认为，一个良好的物理文化课堂教学效果，学生应该对物理学有多元的认识，应该能够认识到不同学生的说法是属于哪一类物理文化，不同地域学生都应该参与到课堂活动当中，不同地域学生回答问题都应该有一定深度，不同地域学生间的合作是融洽与和谐的。

第四节　基于个案研究的反思

为了探索物理教师物理文化教育力提升的有效策略，我们采用了两种方式的干预路径，通过对话、走访、编写教案、提供学习资料等方式，使个案有效地参与到研究的整个过程中；同时，我们利用多种数据收集渠道，对这些数据进行了归类、整合与分析。案例分析的结果显示：对话能够促使物理教师正视自己的文化身份，使物理教师主动地反思物理文化教学的现实与问题；走访能够帮助物理教师深入地方传统世界，习得地方物理知识，并能够主动地挖掘地方物理文化的意义和价值；资料则有助于提升物理教师的理论水平和文化视野，使物理教师能够直面物理文化教学所存在的问题。研究亦表明，有效的干预提升了物理教师的文化素养，改善了物理教师的物理文化教育力，并使物理教师将多元的物理文化视为物理教学不可或缺的要素。

虽然在个案的积极参与下，行动研究带来了积极的效果，但是，我们必须看到，在干预过程中，仍有许多因素制约着教师物理文化教育力的发展。为此，我们基于如上两节个案研究的分析，对如何更好地开展物理教师物理文化教育力的培养进行反思。

一、克服行进中的制约因素

研究表明，物理教师物理文化教育力的培养并不是一蹴而就的。我们在本章第二节就指出，“教师的这种改变是暂时的，有时会因为社会环境的变化而出现反复”。例如，虽然历经数月的干预，“学习课本上的物理知识”依旧是P老师教学观的主要内容，如何从多元视角来考察物理文化教学效果的意识也并未在P老师身上有强烈的表现。可见，物理教师物理文化教育力形成的过程，会受到多种因素的制约，具体来说，表现在如下几个方面。

（一）社会因素

我们这里所说的社会因素，主要是指观念因素，也即整个教育甚至整个社会并未给予多元的物理知识以正确的定位和恰当的认识。受趋同思想的影响，人们往往从文化统整的视角来理解物理文化，认为物理文化最终会实现一统，即现代物理文化；而将这样的观念反映在教学上，物理教学就是让学生获得现代物理文化的过程。观念就像一个巨大的场，不仅学校主动地在制度和环境建设上予以配合，教师也会自觉地在思想和行动上予以回应。因此，教师自觉适应物理文化教学的愿望因这一无形场的制约而变得困难重重。可见，强化发展地域传统经验的社会氛围，是物理文化教学得以有效实施的社会保障。

（二）学校因素

学校无疑是开展物理文化教学的重要场所，然而，与这种愿望相背离的是，学校并未将不同物理学知识的习得作为是学校教学的必然选项。就像Z老师所提及的“可以把物理学知识应用到实际生活当中去，可以用相关的物理学知识去解释有关的物理现象”一样，让学生们习得现代物理学观念、科学思维、科学能力和科学情意，并以现代物理学为基准来加以评价，仍是学校对教师教学的基本要求。虽然在山区或牧区学校，会鼓励教师运用学生的经验来开展教学，然而这些经验并没有与现代物理学知识有效整合，它们通常以附加的方式呈现，无法使学生对地方物理学经验形成全面认识。为此，学校应从致力于中华优秀传统文化传承的角度，系统地挖掘地方物理文化，并将地方物理文化的习得纳入物理课程与教学之中，以此实现物理文化教学的科学实施。

（三）个体因素

教师是实施物理文化教学的主体与核心，因此，教师自身的文化素养无疑会对物理文化教学产生极大的制约。我们借用“有意义学习”理论来说明这一制约因素，奥苏贝尔认为，要使学习者的学习有意义，必须具备三个条件：其一，学习者必须具有积极主动学习的倾向（心向）；其二，学习者认知结构中必须具有适当的知识，以便能与新知识进行联系；其三，学习材料本身要具有逻辑意义[①]。根据我们对两个个案的研究，我们发现，虽然地方物理教师最初在物理文化教学方面的积极性并不高，但是在我们对物理教师进行必要的指导之后，他们一般都能够对地方物理学整合入物理教学这一做法产生积极的心向；然而，在涉及什么是地方物理学，如何挖掘地方物理学，以及如何将地方物理学整合进物理教学方面，他们却缺乏必要的知识和技能，因此，他们也就没有足够的经验来支撑并创建恰当的多元物理课程来实施教学。所以，从个体因素而言，有效提升教师多元的物理文化知识、观念和情感等专业素养，会对教师的物理文化教育力的提升具有极大的促进作用。

二、教师培养需待精致化

精致化通常与浅显化、表层化和简约化相对。长期以来，不管是教师教育还是在职教育，其培训方式往往重理论而轻实践，即使在理论的讲解方面，其面向教育

---

① 冯忠良，伍新春，姚梅林，等.教育心理学[M].北京：人民教育出版社，2010：119.

教学实践的针对性也不强，因此，培训内容总体上表现为浅显化、表层化和简约化，对物理教师教学实践能力的提升力度并不大。随着物理文化教学的提出，物理文化教学对教师的物理文化教育力的要求必将提升，因此，对教师的培养也必须考虑走精致化之路。

（一）理论学习

我们已经发现，就个体而言，教师的物理文化教育力难以提升的根源，就在于其文化素养的缺失，其中最根本的要素就是物理文化教学相关知识的欠缺。在第三章第四节，我们就提出了“引导物理教师加强物理文化教学的理论研究”的建议，我们认为，让物理教师掌握必要的物理文化教学的理论知识，是实现教师自觉主动设计、组织和评价物理文化教学的关键环节。在行动研究中，我们对 Z 老师的物理文化教学的理论学习进行了指导，并依据此过程，就加强物理教师理论学习的指导方面提出如下几条建议：其一，理论学习应模块化，即将物理文化教学理论的学习分成若干模块，如科学本质模块、科学文化模块和多元物理科学教学模块等，每一模块中为其准备三至五篇文章，或让其阅读多元科学教育文献的相关章节；其二，理论学习应以问题为导向，我们吸取了“基于问题的学习”(problem-based learning)模式，即针对不同的模块提出开放性的问题，个案通过阅读、查阅资料、反思等对这些问题进行较为全面的解释；其三，理论学习应注重层次化，这种层次化不仅体现在模块的设置上，也体现在问题的设置上，即后一模块或后一问题总是以前一模块或前一问题为基础，这样做的目的，就是为了使教师对物理文化教学的理解更加深入、透彻，防止学习重点的偏离；其四，理论学习应做好有效的反馈，也就是说，指导者必须对教师的理论学习及时跟进，定期听取汇报，并解决物理教师在理论学习中的困惑。对大多数物理教师来说，他们对物理文化教学中的相关概念和理论的认识是陌生的、全新的，因此，指导者应采取精致化培养的方式，做到教师物理文化教育力培养的有序和高效。

（二）社会浸染

物理文化的多样性是物理文化教学最显著的特征，多样的物理文化既是物理文化教学开展的基础，亦是物理文化教学实施的目标。然而，我们不得不看到，教师在地方物理文化上的缺失，使得物理教师即使有着强烈的物理文化教学心向，其教学实践也无法得到有效开展，为此，我们需要在教师地方物理文化的获得上进行规划和实施。我们用“社会浸染”一词，意在表明，在当前绝大多数教师的地方物理文化缺失的前提下，获得地方物理文化最有效的办法，就是深入当地社区，在当地人的文化语境中，对当地人的制度习俗、认知方式、思维习惯和交往方式等进行比较整体的研究和反思，以经历“在这里”(being here)、“到过那里”(being there)、

“回到这里”(coming here)的社会人类学旅程[①]。个案研究表明,通过走访、与当地人一起生活等实地调查的方式,能够使教师很好地获得对地方物理文化的认识。

运用“社会浸染”的方式进行实地考察需要关注的问题很多,如研究框架、样本选择、交流方式和分析方式等,基于本次考察的经验,我们提出三个在实地调查中特别需要注意的问题:其一,专家的引导,即物理教师初入当地人社区,应有物理文化教学专家的引导,或者须由专家提前对其进行辅导,否则,物理教师进入社区后,其观察的内容、观察的方法以及观察后的归纳总结会处于无序状态,达不到调查的效果。其二,角色的转换,即参与实地考察者要摆正自己的文化身份。陈向明教授在对质的研究的分析中就提及了“局内人”和“局外人”的问题,她认为,“从一定意义上来说,真正的‘局内人’是不存在的。当一个人作为一名考察者对自己的文化进行研究时,他/她就已经与自己的文化拉开了一定的距离。他/她已经(而且必须)站到一个与自己的同胞不同的观察视角上,才有可能看清楚自己的文化和人民(包括他/她自己)”[②]。所以,在实地调研中,考察者要特别注意自己角色的转换问题,将自己定位于听众、学习者、观察者和反思者的角色。例如,我们进入当地村落,对方就会将我们当作“教授”或“领导”,我们则要以谦逊的态度予以回应,使对方感受到我们的确是抱着学习的态度和其交流,对方就会给我们介绍更多关于地方物理学方面的内容。其三,个体的反省,我们这里并没有谈及研究的编码、归类和分析等,而是关注物理教师个人在实地调研中的反省问题,毕竟,使教师“社会浸染”的过程,就是使其感受地方传统,并对地方传统产生认知和情感的过程。所以,实地考察中特别关键的是,指导者或考察的设计者要通过各种方式,如对话、设定问题等来促使物理教师对研究问题和研究过程进行反省。

(三)教师教育体系变革

对Z老师的个案研究使我们意识到,在教师教育阶段对准教师进行专业素养的培养是非常有必要的,而要实现这一点,有必要对教师教育体系加以调整。我们在第七章“对师资培养和培训部门的建议”中会对如何重构人才培养体系有专门的论述,在此,我们仅对教师教育体系因何而调整进行简要的分析。

按费勒斯的理论,他将教师的生涯发展划分为八个阶段:职前教育、实习导入、能力建立、热心成长、生涯挫折、稳定停滞、生涯低落和生涯引退阶段,其中,他将职前教育阶段看作是职业角色的准备时期,是教师职业信念的形成时期[③]。可见,在教师教育阶段,师资培养和培训机构通过帮助准教师获得物理文化教学的知识、信念、基本技能和情感,将会为教师的整个职业生涯奠定良好的基础。为此,师资培

---

① 王铭铭.西方人类学思潮十讲[M].桂林:广西师范大学出版社,2005:143.

② 陈向明.质的研究方法和社会科学研究[M].北京:教育科学出版社,2000:142.

③ 钟祖荣.现代教师学导论:教师专业发展指导[M].北京:中央广播电视大学出版社,2001:264.

养和培训机构需要重新审视人才培养目标、规划课程结构和内容、调整人才培养方式等，最为关键的是，师资培养和培训机构在教师教育体制的变革方面必须考虑师资培养的广度和深度。对于广度和深度有三层含义，一是在培养面向上，即培养的师资要具备将学生培养成为合格国家公民的决心，合格国家公民，就是要使学生有理想、有本领、有担当；二是在教育实施上，应主动将多元的物理文化融入物理学科和专业之中；三是在培养效果上，应使所培养的师资具备多元物理教学的专业素养，特别是具备物理文化教育力。而要实现这一目标，师资培养和培训机构需要在制度、课程、师资、设施等多个层面加以变革，只有这样，才能适应物理文化教学的现实需要。

第六章 教师物理文化教育力的提升策略

任何教育教学改革要想真正落实到学校的具体实践中，转化为学校的日常行为，就必须要触动教师，将教育教学改革的要求切实转变为教师的教学理念和行为，否则，这种教育教学改革只能是外在于学校。

——郑金洲(2004)

物理文化教学将彻底改变人们对知识、物理学以及物理教学的看法。正如实地考察中我们所看到的，大多数教师并不具备与物理文化教学相对应的观念、知识、技能和信念，更不具备与不同地域学生进行有效沟通所需要的经验。为应对这种状况，通过职前教育和在职教育来培养教师的物理文化教育力将显得尤为迫切。我们借鉴实地考察和个案研究的结果，在理论梳理的基础上，提出提升教师物理文化教育力的相关策略。

第一节　引导物理教师主动学习多元的物理文化知识

物理文化教学能够在多大程度上得以实现，将极大地取决于课堂上教师的多元的物理文化知识、态度和能力。作为一个起点，物理教师需要对物理文化课堂教学中所涉及的要素非常熟悉，如不同地域群体对物理世界的解释，不同地域学生的行为规范，以及这些行为规范与学校所教授规范之间的差异，不同地域所特有的方言及不同方言对物理术语表述上的差异等，以此使教师在物理文化教学设计、组织和教学评价上能够更好地考量这些要素。为探寻不同地域群体间传统经验的差异，物理教师可采取多种途径来加以实施。

一、以田野调查的方式跨入不同物理世界

马松发现，教师实地开展田野体验，会使他们获得关于不同地域群体的信息，并产生利用这些信息的更有意义教学的内涵[①]。如前所述，物理教师因为现代物

① MASON T C. Prospective teachers' attitudes toward urban schools: Can they be changed? [J]. Multicultural Education, 1999, 6(4): 9-13.

理学对其观念、思维产生的惯性，他们在地方物理文化、行为规范和思维模式的识别上会存在着天然的局限性。而田野调查的优点在于，它“很少带着需要加以检验的、已明确定义的假设”①，因此，它具有较强的体验性和建构性，即它不仅仅是资料搜集的过程，更是意义生成的过程。物理教师通过走入当地人的生活世界，如院落、牧场、田间地头、工作作坊等地，亲自参与或者观察他们的生活实践，询问、体验并记录他们在日常生活中处理物理问题的方式和看法，结合收集到的其他资料（与解决物理世界问题相关的地域群体的文献、照片、影像等），来尝试推导、验证和总结出地方物理文化的最一般规律，以此梳理出地方物理文化最一般的知识、观念、方法和精神体系等。这种通过田野调查来探寻物理文化差异的方式，正是学者所提出的“有意义浸入（meaningful immersion）”方式②，也即我们上一章所提及的“社会浸染”的方式。田野调查当然会遇到困难，如物理教师可能会不知道观察从哪儿开始，应该去问哪些人以及要问哪些内容，有时甚至会感觉到所接收到的信息与自己所问的主题无关等。这样的过程，恰好正是物理教师尝试理解不同地域传统的差异以及尝试跨越文化边界的最好时机，当教师逐步走入对方的文化世界，尝试运用他们的知识、行为方式和思维方式去进行沟通与交流时，就会逐步理清不同地域群体的地方物理文化的结构和全貌。

二、走入长者和专家的精神世界

每一个地域群体都会有自己群体所共享的信息库，它包含着该地域群体对世界理解的“自明之理”、生活方式和哲学等，这个知识宝库被外部世界命名为“传统的知识”。在历史的长河中，这一知识宝库被自己地域群体通过观察、假设、试误总结提炼而成，它们顽强地存在着，指引着本地域的人们依据这样的知识认识外部世界，并与外部世界进行互动。这些知识要么会通过文字的方式进行着传递，要么通过故事和神话等方式在人与人之间传播。以冬不拉琴弦的起源为例，琴弦通常是以羊肠制作而成，其声音能够很好地表现出草原欢腾的羊群和骏马疾行的蹄声，而关于为何以羊肠作弦，在牧区流传着多种版本的故事，如父亲为怀念战场战死的儿子，宰羊而将羊肠悬挂风干后，顺风而起哀鸣声；牧羊者将狼咬死的羊的肠挂于风口，所发声音防止狼的侵扰。这样的故事在一定程度上反映了本地域群体对世界认知的方式及知识。

与深受现代物理学影响的年轻人相比，本土的长者和专家是这个地域群体中较多知识的拥有者，走进长者和专家的精神世界，是物理教师理解作为整体性的地

---

① 巴比．社会研究方法[M]．丘泽奇，译．10版．北京：华夏出版社，2005：354.

② KEA C, CAMPBELL-WHATLEY G, RICHARDS H V. Becoming culturally responsive educators: Rethinking teacher education pedagogy[EB/OL]. [2023-05-30]. http://www.nccrest.org/professional/culturally_responsive_pedagogy-and.html.

方物理文化不可缺少的手段。物理教师通过拜访长者和专家，对他们进行访谈，可听取他们对于自然世界的理解，了解他们处理物理世界问题的手段。物理教师还可以就物理教学中存在的问题与他们进行交流，交换看法，听取他们解决认知冲突的意见等。有时，长者和专家对物理世界的认识可能并不会像现代物理文化那样具有完整性，并且他们对某些物理现象的理解可能会以故事的方式叙述，甚至会包含着神话的要素，然而，这样的叙述却“提供了生活在当地的人们对事件来龙去脉的所有解释”①。在个案研究中，研究者就与两名研究对象一起，深入当地社区，与长者进行交流，从中获得了很多关于当地人解决和处理物理现象的知识、技能和方法。当然，从地方物理文化体系建构的角度而言，物理教师还可以组织长者或专家组成“合作探究团队（the collaborative inquiry committee）”，用于预见、讨论和澄清地方物理文化、多元物理教学的哲学根基和构成框架。总之，物理教师要认识到当地社区长者和专家的重要作用，充分利用他们的知识来提升自己对地方物理文化的理解能力和处理物理文化教学中认知冲突的能力。

第二节　引导物理教师主动理解物理学和物理教学的文化本质

教师对物理文化本质和物理文化教学本质的深入理解，是提升教师物理文化教育力的核心，也是实施有效的物理文化教学的核心。教师物理文化教育力的培养，应该先从他们对物理文化和物理文化教学本质的理解做起。

物理文化教学是针对物理文化所展开的教学。物理教师如果仅是从课堂上物理表现形式的多样性出发来考量，那么教师的专注点将是不同地域群体在其历史上对物理学所做的贡献，地方物理工作者在当前的物理探索活动中所做的贡献，或者是不同地域学生在物理学习中的现实需求等，在这种情况下，物理教学的设计仍旧采取贡献法或附加法，教学并不会帮助学生们从多元视角来看待物理学。将物理教师引向对物理文化本质属性的理解其实并不简单，原因在于，大多数物理教师受传统物理本质观的影响，其关于物理学的客观性、普遍性、静止性的观念根深蒂固。只有采取相应的方式，引导教师主动理解物理文化的本质，使其意识到物理文化的相对性、建构性和社会依存性，才能使物理教师真正理解多元的物理文化存在的价值和意义，使物理教师自觉地对多元的物理文化在教学中的有效整合有所作为。

一、引导教师学习科学哲学和科学知识社会学

科学哲学和科学知识社会学是物理教师理解物理文化本质的母体。科学哲学

---

① SAMMEL A. Strengthening community through science curriculum actualization：A research report [R]. Regina：University of Regina，2005.

的发展为物理教师认识物理文化本质提供了清晰的脉络。从早期的实在主义和理性主义，到20世纪初盛行的实证主义和经验主义，再到证伪主义、历史主义和无政府主义，科学知识从最初的客观、实在、真实、累积，向主观、暂时、相对和变动(革命)发生着转变，而科学方法也从最初的注重观察、归纳和演绎，向观察受理论制约以及没有特定研究方法转变。科学知识社会学的发展，则对科学知识与社会之间的关系进行了更为深入、系统的讨论，它以“知识的社会建构”为核心，提出了一系列反对传统理性主义、知识的客观性以及真理的普遍性的激进主张①，并由此让人们关注科学知识与社会文化等各方面的互动关系。科学哲学和科学知识社会学为物理教师提供了一个实施物理文化教学的理念假设：物理学是一种文化现象，也是一个文化过程。物理学的文化构成并不是唯一确定的，它是由每一地域群体的社会、经济、技术和文化状况共同决定的，也就是说，每一地域群体基于自己的历史文化背景都会形成自己的物理文化。另外，物理学是人们理解物理世界的一种方式，但不是理解物理世界的特定方式，它会凭借自己的系统结构和内在一致性，成为理解世界的强有力方式，并且每一个地域群体对物理世界的理解都会成为人们建构意义的方式。而这样的假设为认同不同的地方物理文化以及让地方物理文化进入课堂奠定了良好的哲学基础。在个案研究初期，研究者针对Z老师所做的工作表明，通过适当的方式使物理教师了解科学哲学和科学知识社会学的知识，对其更好地理解物理文化教学的本质是有帮助的。

二、引导物理教师加强物理学史的研究

物理学史是关于人类认识物质世界的发展史。它不仅包含着物理学的概念、原理和规律的发展过程，还包含着物理学观念和思想的变革过程。物理学史的研究让物理教师认识到物理学中的每一种发现或研究，是“出于什么动机、基于何种意图而被提出的，对它进行研究时的基本想法是怎样的”②，该研究在客观上具有什么样的历史意义，它的成果又是怎样被当时的人们所接受的，是如何被确定下来的。在对物理学中的每一项发现进行历史梳理的过程中，物理文化中的知识、方法、精神、观念、器具、物理学共同体等要素都一一展现在教师面前，它让物理教师可以站在整体的角度来审视物理学的知识、方法及观念的变革过程。更为重要的是，物理学史的研究让物理教师意识到物理学并非如逻辑实证主义所说的那样客观实在，它会随着时代的变革而发生转变，也会随着文化背景的差异而有着不同理解。正如当时的人们利用当时的观念、当时的方法和当时的材料，克服当时的制约因素来认识当时的事物，从而形成当时的物理学概念和规律一样，当时的物理学概

① 马尔凯.科学与知识社会学[M].林聚任，等译.北京：东方出版社，2001:3.
② 广重徹.物理学史[M].李醒民，译.北京：求实出版社，1988:序言.

念和规律绝对不能运用当前的方法来加以理解和赋予意义。正是透过这种历史的制约性，物理教师可以充分地认识社会、历史和文化要素对物理学发展的影响，并进一步理解物理学的相对性、历史性、社会依存性和变动性的文化本质。

第三节　为教师的物理文化教学实践提供帮助和指导

长期以教授现代物理文化为主的教师，习惯采用现代物理教学的规范与模式，这样的规范与模式显然不能适应物理文化教学的要求。物理教师获得物理文化教学的必要知识，将会有效地提升其处理物理文化教学的能力。为此，学校和教育主管部门应为物理教师获得这样的知识提供必要的指导或帮助。

一、为物理教师提供与物理文化教学相关的资料，并尝试编制多元物理课程手册

在我国，关于多元物理文化、物理文化教学的研究并不多见，这也客观上造成了教师面对物理文化教学时不知该如何下手。因此，学校、教育管理部门或研究机构可集中力量，梳理国外的相关研究成果，并组织教师加以学习；或者在参考国内外文献的基础上，结合当地教育的具体实际，为物理教师编制地方物理教学手册，为物理教师进行教学决策提供有效的指导框架。

在物理文化课程和教学的设计方面，国外相关机构和学者为我们提供了较好的示范，如美国阿拉斯加州就为本土科学教育工作者编写了《文化回应性科学课程手册》(*Handbook for Culturally Responsive Science Curriculum*)，用以指导科学教师结合阿拉斯加地方知识和西方科学知识进行教学。再如，加拿大萨斯喀彻温省的勒吉那大学(University of Regina)的研究人员专门制订了本省的《科学教学整合地方观点的指导方针》(*Guideline for the Integration of Aboriginal Perspectives into the Teaching and Learning of Science Education*)，以此来指导科学教师将本土观点和方法整合进行科学教学。同样，美国学者艾克海德(Aikenhead, 1996)的“边界跨越”理论、杰吉德(Jegede, 1995)的“并行学习”理论、欧哥尼(Ogunniyi, 2002)的“持续性学习假说”理论以及日本学者小川(Ogawa, 1995)的“多元科学文化教育”理论等，都可以为物理文化课程与教学的设计提供很好的借鉴。地方教育部门可以为不同地域学校的物理教师提供这些理论或标准，供物理教师设计、组织和评价物理文化教学时参考；地方教育部门亦可以从物理文化教学推广的角度出发，以这些理论和标准为蓝本，编制具有当地特色的物理文化课程标准，这些标准规定着物理文化课程与教学的目标、理念、原则、内容、实施方式及评价方式等，指导物理教师进行物理文化教学的实践。

二、为物理教师提供与物理文化研究学者共同探讨的机会

物理教师将地域传统的认知方式融入物理文化教学是一个观念、知识和方式变革的过程，仅靠自己的力量将很难实现。学校或教育主管部门通过采纳参与式行动研究(participatory action research)的框架，把物理教师与物理文化研究学者组织起来进行探讨和实践，可以很好地解决这一难题。参与式行动研究是通过让研究群体参与到讨论进程中，开发出这部分群体所使用的实践性知识。在通常情况下，它把解决基础性议题的方法与民主进程、社区建设以及参与社区的方法结合在一起。研究者们的角色一方面是记录研究过程，另一方面是提供足够的资源，最终是期望群体或社区能够支持他们提出的方案并实现实质性的改变①。

将参与式行动研究框架植入教师的物理文化教育力的提升中是相当必要的。其一，它使得物理教师能够在相关专家的帮助下对自己的文化意识加以审视，即先明晰和确定自己的文化身份，检查自己对物理文化教学的立场，确定自己对物理文化多样性和物理文化教学目标的理解程度，继而审视所教学生因认知差异而造成物理学习的问题和障碍，以及考察自己对学生的这些问题和障碍所持的立场等；其二，它使得物理文化研究学者对物理教师实施有针对性的指导成为可能，在物理文化研究学者的帮助下，受现代物理文化浸染的教师不再坚持将现代物理学及其教学方式的运用视作是“自然的”，而是主动地对物理文化教学进行反思，通过寻找不利于物理文化教学的因素，深入分析并采取有效的措施加以改进；其三，它使得物理教师可以在务实的计划中有序地发展物理文化教育力，通过物理文化研究学者与物理教师的交流与沟通，双方可协商出针对物理教师具体情况的可行性的教育力提升方案。在具体的实践中，学校或教育主管部门可以规划和拟订物理文化教育的主题，定期邀请物理文化研究学者和教师针对这些主题进行探讨，双方共同发现和处理物理教师在物理文化教学设计、组织和评价中存在的问题。

三、为物理教师提供物理文化教学的观摩机会

教学观摩是师资培养/教师专业研修的很重要的方式，它通过教师(或准教师)对教学全过程的观察，引发或促进教师对教学过程中存在的问题进行思考。教师对教学过程的观摩往往是带有针对性的，只是针对的主题有大有小而已。物理文化教学作为一项较大的研修主题，通过观摩课的方式进行研讨，将是提升教师的物理文化教育力的现实办法。

学校在组织物理教师进行教学观摩时，应该注意三个方面的要求：其一，观摩

---

① SAMMEL A. Strengthening community through science curriculum actualization：A research report [R]. Regina：University of Regina，2005：8.

应该有确定的主题方案。正如前述，观摩的主题可大可小，但是观摩必须要有主题，如物理教学中多元的物理学知识的整合效果，物理文化教学方法的应用效果，学生从多元角度对物理概念的理解效果，以及学生利用多元的物理知识解决问题的效果等，通过有目的的观摩，加深教师对物理文化教学的理解。研究表明，为物理教师建立研修方案，可以促进教师更加主动地反思教学[①]。为此，学校可以组织力量，设计主题分明的观摩课主题研修方案，促进教师有序专业地成长。其二，观摩应该有来自不同地域的教师参与。观摩后的研讨是针对物理文化教学中的主题深入分析的过程，亦是不同地域的教师从不同视角加以理解的过程，来自不同地域的教师会从自己地域传统的历史脉络、知识和特征出发提出建议，从而使研讨的主题呈现出多元化。其三，观摩应保持多元物理学的立场。教师的观摩意在提升物理文化教育力，因此，物理教师应始终保持自己的多元物理学立场，这样，教师在观摩中就会从不同的物理文化角度出发来考察整个教学过程，就容易发现授课教师和学生解释某一概念的物理学立场，也会发现教师和学生在教学过程中的行为取向，这对教师反思自己的物理文化课堂提供着借鉴，也为教师改进自己的物理文化教学提供了素材。

第四节　加强物理教师之间的合作

多元科学教学的研究表明，不同教师之间的合作会提升科学教学的有效性和教师的教学效能[②]。物理文化教师之间的合作实质上是一种注重反思的批判性互动。它是以教师的自愿和平等为基础，为了实现物理文化教学的共同目标，共同享有资源、共同参与决策、共同承担责任的互动关系。从教育力提升的角度而言，不同教师之间的积极互动与协商，使得教师的“经验条理化、明晰化、结构化和概括化”[③]，让他们获得“新思路、创造性的能量和道义上的支持，并有助于他们与学生更加有效地沟通”[④]，从而促进教师对自身的物理文化教育力加以明晰、反思和改进。

一、选择与致力于物理文化教学的不同地域教师合作

合作教师的选择对于教师物理文化教育力的提升至关重要。在我国，物理文

① LUFT J A, BRAGG J, PETERS C. Learning to teach in a diverse setting: A case study of a multicultural science education enthusiast[J]. Science Teacher Education, 1999, 83(5): 527－543.

② JOHNSON J, KEAN E. Improving science teaching in multicultural settings: A qualitative study [J]. Journal of Science Education and Technology, 1992, 1(4): 275－287.

③ 饶从满，张贵新. 教师合作：教师发展的一个重要路径[J]. 教师教育研究，2007(1): 12－16.

④ HARGREAVES A. The emotional geographies of teachers' relations with colleagues[J]. International Journal of Educational Research, 2001, 35(5): 503－527.

化教学刚刚起步，教师对物理文化教学的认识还不够全面，对不同地域群体的地方物理文化的理解还不够深刻，因此，合作教师是否具有物理文化教学的理念、是否对不同的物理文化具有敏感性、是否能够从多元视角对物理教学出现的问题进行思考等，对于合作的成效都会起到关键性的作用。为此，有学者提出了"亲密'他者'"(close"others")①的概念，用以指代与自己的知识经验完全不同的知心的和反思型的合作教师，意指他们是善于倾听，并能产生良性互动以及愿意澄清对方困惑的反思型伙伴，而不是物理文化教学方案的给予者。可见，亲密"他者"一般是指生活在特定地域，对该地域传统比较熟悉的物理教师。

选择亲密"他者"的优点在于：首先，"他者"本身就生活在地方环境当中，"他者"能够方便地识别地域传统中的要素。大多数来自特定地域的教师与学生一样，有着大致相同的知识经验、生活经历、方言模式和行为习惯等，对学生在课堂中体现的地域性表达，有着天然的亲近感，他们能够快速地识别学生们是从哪些视角对物理现象进行理解的，因此，来自特定地域的教师能够很好地站在不同物理文化框架中，从有利于多元的物理文化理解的角度给合作教师提出建议。其次，"他者"的成长经历能够让他们迅速地体悟学生在物理文化学习中的冲突与障碍。来自特定地域的教师与学生一样，都曾面对过相应阶段物理文化学习的障碍，能够明白学生在物理学习中可能存在的冲突和焦虑。教师可以从自己的经历和经验出发，针对学生的这些障碍和冲突，与合作教师展开探讨，使他们能够快速地形成解决这些问题的可行性方案。最后，来自特定地域的教师本身就是物理文化教学的资源库。大多数物理教师受现代物理文化的影响，其思维方式大多也与现代物理文化思维方式相似，然而，这并不会影响其生活环境和成长经历对他们的知识体系和价值观念的冲击，即他们从多元视角来理解物理文化的意识依然存在，将来自特定地域教师对多元物理文化理解的"隐性的知识"激发出来，将会对物理文化教学产生极大的推动力。

二、能够与合作教师共同开发课程和设计教学

从内容的角度而言，物理文化教学得以实施的关键应该是具有多元物理文化的物理课程。如前所述，大多数物理教师受现代物理文化的影响，在开发课程和设计教学上还依旧保持着现代物理文化的特征，即使这些教师可能会关注到地方物理文化，但是他们对课程、教学的设计依然采用附加或贡献的方式，这样的方式虽有"多元的印迹"，但其本质仍是试图将学生纳入一元的学习当中。因此，通过与来自不同地域的合作教师共同开发多元的物理文化课程、教学设计和教学方法，整合

---

① LUFT J A, BRAGG J, PETERS C. Learning to teach in a diverse setting: A case study of a multicultural science education enthusiast[J]. Science Teacher Education, 1999, 83(5): 527－543.

多元的物理文化的要素，实现合作教师之间“各自交换个人性、实践性的知识，可以在教师集体内部建立起实践知识储藏室，进而通过谋求其共有，使得磨炼相互的能力成为可能”①，显然，这里所提及的“能力”，正是我们所倡导的物理文化教育力。

物理文化课程开发和教学设计的前提和目标是，要实现学生们对物理文化的多元理解，因此，倡导多元性材料、组织和方法的有效整合是合作教师实施开发的重要目标，也是体现物理教师物理文化教育力的重要标志。“课程开发应该涉及所有的相关利益者的声音，包括所有的教师和学生，以达到预期的课程效果”②，否则地方物理文化又将成为现代物理文化的附属品。为此，教师之间的合作开发应该体现出如下原则：其一，材料应该关注到当地群体对物理现象的解释；其二，材料应该注重学生们对不同物理文化整体性的理解；其三，允许同伴间相互辅导，允许小组内同学使用自己的认知方式对物理问题进行理解；其四，允许学生们将自己熟悉的物理实例、表述带进课堂并作为课程/教学内容的一部分；其五，强化学生们与提供的材料进行互动，鼓励学生们协同工作，通过自己的理解建构新的知识；其六，教学方法的选择和材料的运用要与学生的学习风格相适应③。

三、强化合作教师观点的深入交流与反思

教师的物理文化教育力的提升大多是在个体不断反思与改进中前行的。教师之间的合作为这种深入的反思提供了平台。毕竟，教师之间的合作是一种注重反思的批判性互动，因此，这样的合作渗透着教师之间对互动目的、互动内容、互动行为和互动方式的质疑、批判、深思和反省。所以，有学者就此指出，“合作中的教师同事关系是一种‘诤友’关系，而不是一种表面的礼貌和亲密关系”④。

合作教师之间要实现观点间的深入交流与反思，有必要构建维系这种深入交流的行为框架。其一，教师间的合作要出于自愿。即来自不同地域的物理教师能够为了物理文化教学目标的实现而自觉地组合在一起，那种人为的不情愿的组合并不会引发教师平等的身份认同，也就不可能实现真正意义的交流与合作。其二，合作要有共同的目标。因为有了共同的目标，才会使合作双方产生实现这一目标的责任感，并由此对其后的任务分工形成默契感，从而会投入全部的精力于任务当中。其三，合作中的教师要共同为决策担责。课程开发和教学设计都是在共同协

---

① 饶从满，张贵新. 教师合作：教师发展的一个重要路径[J]. 教师教育研究，2007(1)：12－16.

② REYES W S, HARVEY R M. Developing a multicultural teacher education curriculum using a collaborative-participatory approach[EB/OL]. [2023－05－28]. www. cetl. hku. hk/conference2010/pdf/Reyes. pdf.

③ BARBA R. Science in the multicultural classroom: A guide to teaching and learning[M]. Boston: Allyn & Bacon, 1998:21.

④ 饶从满，张贵新. 教师合作：教师发展的一个重要路径[J]. 教师教育研究，2007(1)：12－16.

商当中产生的，合作双方既要对协商的结果负责，又要为协商后的决策担责，担责意味着，物理文化教学不是随兴的教学，而是在深思熟虑中为了实现物理文化教学目标而做出的共同决策。其四，合作要实现双方物理文化教育力的共同提高。合作作为注重反思的批判性互动，是基于共同目标对过程的批判与反思，教师之间的交流与对话，体现着对构成物理文化教学每一要素的反对或认同、失望或愉悦、迷惑或理解，但每一次互动都是对自身教育力的提升。

第七章　结论与建议

为保证学生成为负责任的物理文化人，物理教师应该为学生们提供实现多元的物理文化对话的环境，为学生们了解和掌握多元的物理文化提供素材、资源和途径，以保证来自不同地域的学生，能够有效地提升在不同的地域环境中进行个人决策、参与公民事务和文化事务、从事经济生产的能力。在这种情境下，提升教师的物理文化教育力必然成为应对物理文化教学的有效途径。

本研究并不是以一种先入为主的方式来直入主题，而是先从理论的逻辑论述出发，再转向对研究议题的现实观照。在理论层面，本研究试图为大家展现这样一种逻辑场景：物理学是一种具有多元属性的文化，由于文化自身的相对性，作为文化的物理学是多元的；既然物理学是一种多元的文化，那么物理教学的目标、内容、方式等方面也应该与多元的物理文化相适应；为了适应物理文化教学，教师需要具备相应的物理文化教育力，而这种教育力就要求物理教师能够识别、开发和组织不同地域传统的材料，并将这些材料整合到物理教学中以实现物理文化人的培养。在实践层面，本研究借助理论部分所梳理出来的框架，对来自多元地域的几十名教师进行了观察，以此分析出这一地区当中教师的物理文化教育力的整体状况。以此为基础，我们选择了两所学校的物理教师，通过不同的干预途径，以期发现加强教师物理文化教育力培养的有效路径。

本章我们将根据前述各章的论述，尝试归结本研究的主体内容。同时，根据对本研究存在问题的分析，对如何更好地实施物理文化教学、提升教师的物理文化教育力以及后续的研究提出建议和展望。

第一节　结论

一、物理学的文化特质表明物理文化是多元的，物理教师应强化对地方物理学的开发与整合

物理学作为自然科学的重要组成部分，其本质问题一直是科学哲学工作者探讨的主题。在科学作为一种建制、方法、累积的知识传统、维持或发展生产的主要因素等的理解中，物理学亦可以作为社会文化的重要组成部分而出现，因此，物理学的文化本质亦成为我们加以研究的重要根基。

物理学是一种文化，它必然符合文化的基本特质。因此，物理学在保持其物理学共同体、物理学器物、物理学知识、物理学观念、物理学方法、物理学精神等多元构成要素的基础上，也必然具有其特定的文化属性。这些文化属性决定了物理学并不是客观的和价值中立的科学，它是受历史、社会文化和意识形态浸染的科学。因此，物理学伴随着社会文化的差异而展现出多元性，即物理学除了现代物理学之外，每个地域和每个社会中都会有自己的地方物理学，可见，物理学自身也是多元的。

现代物理学在其推行方式上是强势的，这种强势造成地方物理学并没有以合法的地位进入学校教育之中，因此，地方物理学仍散布在民间，也没有形成像现代物理学那样系统的体系，然而，地方物理学却是客观存在的。物理教学作为培养负责任社会公民的实践活动，在推行现代物理学的同时，它有责任也有必要推行地方物理学，以实现物理教学的社会目标；同样，物理教师在掌握系统的现代物理文化的同时，有责任也有必要去开发和整合地方物理文化，以使物理课程的设计能够包含多种物理文化材料，并通过物理文化教学，拓展学生的多元视野。

二、物理教学目标需重新反思，物理教师应意识到培养物理文化人是新时代对合格公民的基本诉求

长久以来，物理教学充斥着培养“物理知识人”“物理工具人”的目标倾向，物理教学被其功利化和功用性目标所绑架，致使物理教学培养的并不是完整的人。要想让物理教学回归到完整的人的培养，必须将物理教学置身于完整的物理文化场域中，并将学生培养成为能够在完整的物理文化场域中处理物理问题的人，因此，物理教学培养的是物理文化人。

物理文化人的核心是人，物理文化人是由某种文化规范或标准予以支撑的，当其置身于该文化中，能够自觉地按该文化的规范或标准进行觉知、辨识及实践动作时，其就成为该文化中的文化人。因此，物理文化人是具有多元的物理文化的人，是一个能够从多元视角来理解物理文化，又能够运用多元的物理文化来处理和解决现实问题的人。

物理教师应该意识到，物理文化人的培养是新时代对合格公民的基本诉求。在党的二十大报告中，勉励大家要做有理想、敢担当、能吃苦、肯奋斗的新时代好青年。有理想就是共产主义远大理想和中国特色社会主义的共同理想，敢担当就是负责任，这个责任包括对国家、对民族、对社会、对自然的积极心态。所以，在《义务教育课程方案和课程标准(2022 年版)》中，关于“有担当”的理解中就提道：“热爱自然，保护环境，爱护动物，珍爱生命，树立公共卫生意识与生态文明观念。具有维护民族团结，捍卫国家主权、尊严和利益的意识。关心时事，热爱和平，尊重和理解文化的多样性，初步具有国际视野和人类命运共同体意识。”可见，对于学习物理

的学生来说，他们要成为一名合格公民，一是要能够了解、尊重和欣赏不同的物理文化；二是要能够在现实生活场景中运用不同的物理文化处理物理问题；三是对关于自然世界的议题具有批判性思考的能力。物理教师还应该意识到，物理文化人是具有物理核心素养的人，与现代物理文化下的学科核心素养不同的是，在多元物理文化环境中，物理文化人的科学素养应该具有更加广泛的内涵，即个体在进行个人决策、参与公民事务和文化事务、从事经济生产时，不仅需要现代物理学的知识、过程和方法予以支撑，还需要对地方物理学的知识、过程和方法加以考虑。为此，物理文化人就必须将物理学看作是一种文化现象，并能够从现实和经验出发来进行意义建构，将物理学与更加广泛的社会和技术议题结合起来，在积极的和负责任公民背景下发展核心素养。

三、物理教学并不存在普适的单一的教学模式，物理教学应适应来自不同地域学生的认知方式

物理学方法是物理教学的重要内容之一。物理学并没有特定的研究方法，与其他学科的研究方法相比较并没有本质性的差异。物理学的观察和实验都是具有理论负载的，是受到自己以往的理论和文化经验所制约的，并不存在绝对客观、毫无偏见的观察，不同观察者对同一现象的观察往往会产生不同的观察结构，亦会形成具有差异性的解释。因此，物理学的研究方法是多样性的，可以是实验的、理性的、逻辑的方法，也可以是非实验的、非理性的、历史的方法乃至系统思维的方法，任何方法都是具体的、历史的。因此，物理教学在学生的物理学方法上的培养是多元的，学生获取物理学知识的途径也应该是多元的。

物理教学要实现物理文化人的培养，应该采用多元的物理教学模式。所谓多元的教学模式，并非是用一个全新的教学模式来取代原有的教学模式，而是说，多元的教学模式应该对课堂中物理文化的多样性做出回应，对课堂中学生个体的多样性做出回应，只有这样，物理教学才能适应不同学生的实际需求，使其从多元视角来理解物理文化，运用多元的物理文化来发现、分析和处理现实世界中的问题。因此，物理教学应该是以活动为取向的教学模式，是以学生的差异性需求为取向的教学模式，是基于学生原有的知识经验的教学模式。

物理教学必须重视来自不同地域环境中学生的知识经验与认知方式，并将其看作是实施教育教学的重要资源。在物理教学中，教师通过提供多元的物理材料，采用多元的物理教学模式，使学生能够在不同的物理文化间展开交流与对话，感受不同物理文化的特质，探讨物理文化的本质，构建属于个人认知的物理文化的丰富内涵。物理教师应该鼓励学生们直面不同的认知冲突，要求学生们既要站在多元视角来理解这种冲突，也要批判性地分析和反思这种冲突，从而形成对认知冲突的全新理解。

四、物理文化教学是新时代物理教育的必然要求和选择

物理教学是多元共生的文化，因此，多元既是物理教学的文化本性，亦是物理教学的价值追求。物理教学为学生们提供了直面多元社会的认识基础和视角，它不仅能够使学生们认识和理解现代物理文化，而且能够使学生们更好地认识和理解地方物理文化；它能够消除学生们过往的根深蒂固的单一物理文化视野，使学生们能够正视现实世界中各种差异，并能够让他们意识到多元的物理文化是现实世界的重要资产。物理文化教学为学生们提供了不同物理文化相互对话和交融的场所，不同物理文化知识在这里相互接触、相互冲突、相互融合、相互滋生，这种多元的场所，为学生们学会处理多元物理问题提供了机会。

物理教学须给学生们提供多元的物理文化经验，让不同地域的物理文化和现代物理文化一样恰当地发声，透过对多元的物理文化的接触，使学生们在了解现代物理文化的同时，也能正确地认识其他地方物理文化。物理文化教学须帮助学生们在多元视野下，重新对多元的物理文化进行定位，厘清未来的物理文化走向，并帮助其组织物理文化经验以及建构新的意义。也就是说，物理教学应为来自不同地域的学生们提供独特发展的机会，以便使每一名学生的潜能都能得以发挥。

五、教师的物理文化教育力结构提供了物理教师进行物理文化教学与实践的基本框架

物理文化教学所面临的新目标和新任务，要求物理教师应该具备与其相适应的新能力。在教学设计方面，教师应该具有从多元的物理文化的基本要求出发规划和设计教学的能力；能够很好地挖掘地方物理课程资源，并能有效地将这些资源整合进行教学的能力；能够识别材料中的刻板印象或文化偏见，并将其剔除或转换的能力。在教学组织方面，教师应该具有依据学生的语言规范和学习风格确立课堂教学规范的能力；能够通过创设安全的学习环境，鼓励学生积极参与学习活动的能力；具有引导学生们利用多元的观点展开探讨和发表自己观点的能力；能够引导学生认识到不同地域群体在物理文化上的贡献；能够引导学生识别物理文化之间的冲突，并能找到解决冲突的安全方法的能力。在教学评价方面，教师能够将多元的物理文化的内容融入学生评价中，并采用多元的方式对学生的学习表现做出反馈。

教师的物理文化教育力，为其实施有效的物理文化教学提供了保障，然而，教师的物理文化教育力并不是一种教学技巧或技能，对其培养是一个综合的和系统化的过程。这意味着，教师必须首先发展一个物理文化多样性的知识基础；其次是教师须形成一套立足于物理文化教学实践的观念体系；再次是教师应具备对物理文化教学的积极态度。只有这样，物理教师才能够接受多元物理文化，愿意实施物

理文化教学，并能够自觉地发展物理文化教育力。

六、教师物理文化教育力的考察：来自现实的思考

（一）多元的物理学知识欠缺，物理文化教学设计能力薄弱

面对来自不同地域的学生，物理教师均认同发展多元的物理文化知识基础的必要性，他们认为，具备多元的物理文化知识是开展物理文化教学的基础。然而，受现代教学体制的长期影响，物理教师并未对物理学的文化本质进行深入的探讨，绝大多数物理教师在物理学本质知识、地方物理学知识、物理文化教学法知识方面有所欠缺。

物理教师在多元的物理学知识上的缺失，直接导致他们在物理文化教学设计能力上的不足。研究表明，绝大多数教师缺乏按照物理文化教学的基本要求来规划设计教学的意识和能力，由于他们很少将多元的物理文化作为物理教学的目标，因此，文化的一元性仍是物理教师进行教学设计的主流。几乎所有的教师都认为，将地方物理文化内容整合进物理教学是有助于学生们的物理学习的，然而，受一元思维的影响，他们并不看重多元物理文化课程资源的开发，即使他们有着资源开发的意识，在如何挖掘地方物理学，以及如何将地方物理学与现代物理学的整合上，也是缺少必要的办法和措施。可见，物理教学并未充分地考虑物理文化的多样性，教学设计并未明显地考虑地方物理文化知识的习得。在物理文化教学设计过程中，物理教师不可避免会面临刻板印象和文化偏见等问题，研究表明，物理教师因为长期生活在特定地域，对该地域的禁忌是特别注意并尽可能避免的，然而，由于大多数物理教师对地域传统的了解存在片面性，在教学设计中不可避免地会出现文化偏见或刻板印象，甚至对该地域地方物理文化的存在性也产生疑虑或持消极态度。

（二）物理文化教学观念薄弱，物理文化教学组织能力有待提高

有什么样的学生观，就会有什么样的教学观，学生观的差异往往会造成物理教师在教学目标、教学内容、教学方法的制定与选择上形成差异，从而导致教学组织及教学效果的差异。研究表明，绝大多数教师并没有因为学生的认知方式的差异而表现出足够的心理准备。他们普遍认同，不同学生之间是具有认知方式差异的，然而，这些差异具体表现在什么地方，以及如何有效利用这些认知方式差异来组织教学，他们却并没有清晰的认识和切实可行的措施；他们也认同，在教学中应该注重以学生为中心，然而，在如何凸显学生的中心地位方面却非常乏力，他们在教学设计与教学组织中只能尽可能表现出对学生的均等性，但如何从学生自身优势出发来组织教学并无太好办法。在对物理教学的认识上，大多数物理教师并没有脱离现代教育体制的桎梏，在育人目标上，他们认为应该培养对社会有用的人，而这

种“对社会有用的人”，却并未将对地域优秀传统文化的学习列入考虑之列，为此，在教学内容的选择上，他们仍旧将关注点放在现代物理学知识上。

(三)物理文化教学评价意识缺失，物理文化教学评价能力不足

评价既是物理教学的一个环节，也是物理教学的重要导向。现实看来，物理教师并未将物理文化多样性看作是物理教学评价的主要选项，如相当多的物理教师还以是否符合现代物理文化来判断不同地域学生的学习成效，以是否能够运用现代物理知识解决问题来评价学生的学习，因此，他们往往会把对学生的学习预期放在同一个标准或同一水平上加以评估，并时常给牧区或山区学生标签化，将他们看作是物理学习不利的群体，而未想到调整自己的信念系统，改变评价方式，调整教学内容和教学策略等。

研究表明，绝大多数物理教师十分认可多样化的教学评价方式，认为多样化的评价方式可以更加客观地考察不同地域学生的实际水平，然而，这种评价方式并未得到真正落实。究其原因，一是教育行政部门并未将多样化知识的习得作为评价目标；二是学校并未建构起多样化的教学评价体系；三是物理教师自身并没有运用多样化评价的经验和能力。

七、恰当的干预措施可以有效地提升教师的物理文化教育力

参与个案研究的两位物理教师，其最初的物理文化教育力是欠缺的。干预后的证据显示，恰当的措施可以有效提升教师的物理文化教育力。对物理教师的干预并非仅是从技能上得以提高，而是涉及教师的知识、观念、情感等多方面的素养改善，特别是逐步提升教师的物理文化意识、促使物理教师认真审视自己的文化身份，以及改变物理教学的范式等。

研究表明，对话是物理教师正视自身文化身份、审视物理文化教学问题、反思和构建物理文化教学角色与范式的通行方式。对话对干预者提出了更高的要求，即干预者应该具备较强的文化素养，他既要与被干预者保持平等交往的心态，又要充当专家和帮助者的角色。有意义浸入式走访是物理教师主动探寻和理解多元的物理文化差异的重要手段，亦是尝试跨越文化差异的必要手段。通过走访，物理教师能够步入当地社区，习得当地社区的物理学知识，感受当地社区的传统经验，并逐步适应使用这些物理学知识、思维方式和行为方式进行沟通与交流。研究也表明，物理教师对于如何实施物理文化教学非常陌生，而多元科学资料的介入，可以很好地提升物理教师的理论水平，开阔物理教师的视野，且资料中所提供的多元科学文化教学的模式，亦为物理教师设计、组织和评价物理教学提供了借鉴。

研究者也发现，传统的物理教学模式依旧束缚着物理教师观念的转变，既而影响着教师的物理文化教育力的提升。而且，单一个体教师的物理文化教育力的提升，亦无法撼动特定地域传统物理教学的现状。因此，未来物理文化教学的发展，

必然要求学校、教师、学生及社会整体的参与，透过多重机构的合作，共同促进物理文化教学的有效实施。

第二节　建议

教师的物理文化教育力并非是独立的专用术语，它是和物理文化教学紧密结合在一起的。没有物理文化教学，也就没有提升教师的物理文化教育力的必要和需要。

一、对教育行政部门的建议

（一）认真考察教师的物理文化教育力结构，编制适应物理文化教学的教师教育课程标准或培训标准

在我国，师范类院校和教师培训学校是培养和培训中小学、幼儿园教师的重要机构。长期以来，受传统教师教育培养机制的影响，这些部门在教师培养的目标、教师培养的规格、课程的规划与设置、教学的方法与评价等方面，往往沿袭着为现代物理学的传递来培养师资的方式，这种以为现代物理学的传递服务的师资培养课程体系并不能适应物理文化教学对师资的要求，并且，长期的培养或训练通常会使教师们形成对现代物理学教学的思维定式，从而在一定程度上抑制了物理文化能力的提高。因此，教育行政部门应根据不同地域物理文化教学的需要，在考察和分析物理教师的物理文化教育力结构的基础上，为师资培养和培训机构编制物理教师教育课程标准或培训标准。

教师教育课程标准及培训标准的编制应明确如下几点：其一，应确立为物理文化教学培养师资的理念，物理文化教学不同于传统的教学，它有着自己的理论基础、价值取向和内容体系，因此，教育行政部门应在审视传统教师教育课程标准的基础上，融入物理文化教学的理念，确立为物理文化教学培养师资的目标。其二，应明确物理文化教师的能力结构，教师的物理文化教育力是为了适应物理文化教学而应该具备的能力，其能力结构具有特殊性，教育行政部门应在考察和分析本地区物理文化教学的基础上，明确物理文化教师的能力结构，以便在课程标准和培训标准中确定物理文化教师的培养规格，并依据培养规格构建教师教育的课程体系。其三，课程体系的规划与构建应围绕教师的物理文化素养的提升而展开，教师的物理文化素养总是建立在对多元的物理文化理解之上并服务于物理文化教学的，因此，教师教育或教师培训课程体系的规划应注重多元物理文化的有机融合，使多元物理文化内容体现在课程的多个层面，贯穿到课程实施的整个过程中。

（二）认真审视物理文化教学内涵，编制适合当地教育需求的多元物理文化课程标准（或补充标准）

课程标准是教育部门所编制的规定某一学科课程性质、课程目标、内容目标和实施建议，各科教师实施某一学科教学的指导性文件。它反映了教育部门对学生学习结果的期望，是对学生正确价值观念、必备品格和关键能力的基本要求。在国家通行的物理课程标准中，其目标指向为核心素养的培养，而这种核心素养，是特指现代物理学层面上的核心素养，因此，它并未对物理文化多样性提出要求，物理教师也就无法有针对性地通过课程标准上的要求来设计、组织和实施物理文化教学。因此，国家或地方教育行政部门，应该因应当地学校教育发展的需要，制定适合地方教育发展和学科专业发展的课程标准（或补充标准），以使其成为物理教师发展物理文化专业素养的依据。

为此，国家或地方教育行政部门，应整合包括课程、教学、社会学、文化学、人类学等领域的专家，以及当地学校的物理教师、社会人员、家长等，通过研究物理文化的内涵，比较现代物理文化与地方物理文化的差异，重新审视当地物理教学的目标和任务，以此构建出适合本地实际和需要的物理文化课程标准（或补充标准）。该标准不仅应说明学生所应达到的现代物理学培养目标和要求，而且应说明学生所应达到的地方物理学培养目标和要求。物理文化课程标准编制，应致力于多元的物理文化间的联系，致力于学生对不同物理文化的理解，致力于发展学生多元理解与合作的能力，致力于学生利用多元的物理文化知识进行个人决策、参与公民事物和文化事务、从事经济生产等方面能力的提升等。物理文化课程标准（或补充标准）应成为地方编制地方课程和校本课程的基础，以及成为当地教师设计、组织和评价物理文化教学的依据。

（三）组织整合多元物理文化资源，让地方物理文化在学校发声

多元物理文化课程资源，是教师设计和组织教学活动的主要依据。地方物理教师无法有效开展物理文化教学，大多与缺乏相应的课程资源有很大关系。从现实来看，地方学校缺少有针对性的多元物理文化资源。虽然新课程改革以来，国家倡导课程管理的多样化，逐步构建国家、地方和学校三级课程管理体系，以此增加课程对地方、学校和学生的适应性。然而，在边远地区，地方课程和校本课程的建设并不乐观。

为此，国家或地方教育行政部门可以以高等师范院校为依托，成立教育研究中心或资源整合中心，负责本地区学校的教育研究、业务咨询和课程资源建设等研究和服务性工作。在多元物理文化资源的整合方面，应改变过去的附加式或贡献式模式，转变为融合式模式，即努力系统挖掘地方物理文化的观点、参考框架和内容，并将其与现代物理文化有机整合，让多元物理学在学校发声，让学生们更多理解多

元物理文化，提升学生从多元视角处理物理问题的能力。国家和地方教育行政部门，应从中华优秀传统文化传承角度出发，组织力量搜集、挖掘和整合地方物理资源，系统地研究地方物理文化，使地方物理文化的知识、观念、方法和精神系统化和体系化。在资源库建设上，国家或地方教育行政部门可以编制与物理文化教学相关的音视频、工具书或理论书籍，供地方学校或教师选用，以提高物理教师利用多元物理文化素材进行教学的能力。

二、对师资培养和培训部门的建议

虽然物理文化课程标准及资源为教师物理文化专业素养的提升提供了契机，但是教师如果没有多元的物理文化知识和批判反省能力，课程标准及资源也仅是一纸空文；或者即使缺失多元的物理文化相应的资源，但是教师却具有较强的物理文化素养和物理文化教育力，教师依旧能够透过有效的教学设计和组织，在物理课堂上呈现多元物理文化观点，培养学生对多元物理文化的理解能力。可见，教师的物理文化专业素养是物理文化教学有效实施的保证，教师的物理文化专业素养的提升，是摆在物理文化教学面前的关键问题。为了有效地做好这一点，我们建议，应建立职前职后一体化的师资培养体系。

(一)职前教育应认真审视课程内容与结构，着力培养职前教师的多元物理文化素养

职前物理教师大多是在高等师范类院校加以培养的，然而，地方高等师范类院校并未将多元物理文化素养作为人才培养的主要目标。在教育行政部门还未对物理文化教师教育课程标准进行修订之前，地方高等师范类院校应从本地区物理文化教育的大局出发，主动地审视并重构人才培养体系。首先，应明确多元物理文化意识的培养在职前教师培养中的地位，把物理文化教师的培养作为职前教师培养的重要目标，只有这样，课程设置、教学内容、教学方法和教学评价等才能与这样的目标相适应；其次，应重构物理文化课程体系，地方高等师范类院校应从物理文化人才培养的规格出发，重新优化课程体系，开设 HPS(科学史、科学哲学与科学教育)、物理文化教学、物理文化教学法等方面的课程，旨在拓展职前教师的物理文化素养，发展他们的物理文化教育力；最后，应重构物理文化实践教学体系，通过田野观察、课题研究、实习实训等方式，有效提升职前物理教师的教学技能，发展不同于现代物理文化的教学策略，引导职前教师发展运用多元的物理文化知识认识、判断和反思现实问题的能力。

(二)职后教育应认真分析物理文化教学的现状，通过切实可行的措施提升在职教师的物理文化教育力

受现代物理文化教学模式的长期影响，在职教师并没有形成物理文化多样性

的知识基础，从多元的物理文化观点思考教学问题的意识淡薄，从多元物理文化视角设计、组织和评价物理教学的能力欠缺，致使在职教师并未给予多元物理文化以足够的重视。要实现物理文化教学，全面提升在职教师的物理文化意识和物理文化教育力势在必行。在我国，职后教育通常是以继续教育、骨干教师培训、国培计划项目等方式在实施，这些类型的培训对于在职教师接受全新的教育理念、学习教育教学理论、提升教育教学技巧、反思现实教育问题均有一定的益处，然而，大班授课制培训所带来的不足也显而易见：重理论讲授，轻实践探索；重现代物理文化思考，轻地方物理文化探索；重标准与统一，轻批判与质疑。职后教育需要从地方物理文化教学的现实入手，找准问题，寻求思路，通过切实可行的措施提升在职教师的物理文化教育力。

为此，我们提出如下建议：其一，职后教育需将物理文化教育力培养作为培训目标，或者针对物理文化教师的核心素养进行专项培训。职后教育应将多样性物理文化、多样化认知方式作为在职教师培训的主要内容，加强地方物理文化知识与地方群体认知方式、思维方式和交流方式等方面内容的学习，强化物理文化教学技能的训练，加强物理文化教学设计的研究与探讨，有效提升教师对多元的物理文化及物理文化教学的理解、反省和批判能力。其二，开展介入式跟踪培训。职后教育须改变大班授课制培训方式。作为教师物理文化教育力专项培训的重要内容，职后教育可以通过介入式跟踪培训，在分析受训教师物理文化知识、观念、态度及教育力等现状的基础上，分阶段、分层次、分主题开展小班式专项培训。介入式培训可通过举办读书会、对话、浸入式走访、分析教案、听课评课等方式，拓展教师文化视野，提升教师文化意识，正视教师文化身份，养成教师物理文化的信念与行为。

三、对地方学校的建议

地域传统的多样性是地方社会文化及经济生活的重要特质，学校理应对这一特质做出回应，并对全体教师的物理文化意识和物理文化教育力的培养做出统筹与安排。

（一）改善课堂环境，为教师物理文化意识的提升创设氛围

一个理解、认同多元的物理文化课堂环境，对于教师自觉、主动地开展物理文化教学至关重要。在地方学校的物理课堂，虽然人员构成、师生互动、同伴交往、班级建设处处都洋溢着地域传统的多样性，但是物理文化课程建设和物理文化教学实施上却并未成为主流。这表明，当下的物理课堂仍旧被现代物理文化所主宰，地方物理文化游离于课堂之外。显然，这样的课堂环境是无法实现物理文化人培养的。

为此，地方学校的校园环境必须加以优化和改良，使每一位物理教师能够理解物理文化的差异、直面认知冲突，使得多元的物理文化能够在课堂中和谐共存。首

先，学校应将物理文化多样性作为课堂文化建设的突出内容，具体体现在教学材料、场所布局和活动组织上，课堂文化的多样性为教师关注不同物理文化提供了条件，不同教师之间合作创建课堂文化的过程也为其了解多元的物理文化提供了机会。其次，课堂文化建设应鼓励地方专业人士的参与，学校可以邀请教师、学生家长、社区代表和地方专家等对课堂文化建设提出建议，让不同物理学观点在课堂文化建设中产生碰撞，通过适度的调配，形成多元的物理文化共存的课堂文化。再次，学校应鼓励来自不同区域教师间的深入学习和交往，不同教师间的深入交往，可以使教师充分地了解不同地域的风俗习惯、思维方式和交往方式，可以促使教师以同理性心来看待对方知识经验与认知方式。

（二）建立校本教研机制，探讨适合物理文化教学的教育模式

校本教研被看作是提升教师教学能力的最好方式之一。然而，地方学校校本教研工作的开展却并不乐观，经常会出现校本教研“异化”、管理制度不规范等问题①。另外，受教研机制的影响，教师们将研究目光放在多元物理文化议题上的机会也并不多见。因此，地方学校通过建立有效的机制，鼓励教师以研究者的眼光来审视、分析和解决物理文化教学问题，这对于提高教学质量、提升教师的教学能力具有重要意义。

首先，学校应将物理文化教学作为校本教研的重要议题，通过议题的制定，物理教师就会自觉地学习多元的物理文化、物理文化教学的相关知识，就会自发地分析物理教学中存在的相关问题，就会自觉地找寻多元物理文化的差异点，就会有意识地探讨将多元的物理文化观点整合到物理教学中的办法。其次，学校应鼓励教师尝试整合地方物理文化资源，从物理文化的传递来说，课程资源是国家物理课程的重要补充，是学生们认识、理解和审视多元的物理文化的方式之一，教师通过整合地方物理文化资源，能够扩展自己的视野，能够站在地方物理学视角上来审视物理学，并站在现代物理学视角上来反思物理学。最后，学校应为校本教研提供必要的保障，学校应针对教师多元物理文化校本教研意识不强的问题，聘请专家进行培训；学校应针对多元的物理文化素材不足的问题，多渠道查找资料；学校应针对教师故步自封的问题，组织本校教师之间进行合作、校际教师进行探讨与交流，用以扩展教师对多元的物理文化、物理文化教学的认识。

（三）建立教师评价机制，为教师物理文化教育力的提升提供指导

教师评价是特定组织或个人对教师的教学工作、教学工作的各个环节进行价值判断的活动。教师评价过程不仅是特定组织或个人对教师工作状况进行总结的

---

① 马振彪．校本教研在西部贫困地区的有效尝试：以宁夏回族自治区南部山区S中学为例[J]．新课程研究，2009(166)：61－64．

过程，更是促使教师依据教师评价的标准进行分析、反思、提高的过程，所以，教师评价更像是教师专业发展的指导方案，它能够促使教师朝向这一目标而努力。所以，学校可以通过建立适应物理文化教学的教师评价机制，鼓励教师主动自觉地发展物理文化教育力。

在教师评价机制的统整方面，学校应在如下两个方面予以考虑：其一，教师评价应注重教师物理文化专业素养的整体提升，教师的物理文化专业素养包括物理文化知识、物理文化观念、物理文化态度以及物理文化教育力等几个方面，所以，教师的评价指标也应从这几个方面着手建立；其二，教师评价应重视物理文化教学的有效实施，教师评价总是与一定的教学活动联系在一起的，所以教师评价应关注教师在物理教学实施中的各个环节，从设计、组织再到评价，每一环节中均应体现出教师对物理文化多样性的关注，对学生物理文化核心素养的关注。

（四）组织教师参与田野调查，挖掘与提炼地方物理文化

从地域传统出发去理解物理文化，对于教师物理文化教育力的提高是至关重要的。学校应建立相应的机制，组织物理教师走入地域传统特色浓厚的城镇、农村、山区或牧区，亲自参与或观察反映地方传统的社会实践，并从地域传统视角，尝试总结当地人们对物理学的理解；物理教师应通过各种方法收集地方物理学的资料，咨询地方长者或学者对这些资料的理解和看法，以此来建构地方物理文化的知识、观念、方法和精神体系。

在教师参与田野调查过程中，需注意如下几点：其一，应认真审视自己的立场。教师若对地方物理文化持有偏见，或者根本不认可地方物理文化的存在，田野调查只会强化教师的这一偏见，因此，物理教师在田野调查之前须认同物理文化的多元性，须对地方物理文化抱有欣赏的态度。物理教师须知道，田野调查过程中对地方物理文化的学习不应当是排他的过程，不是区分孰优孰劣的过程，而是强调每一种物理文化存在价值的过程。其二，应持多元视角。田野调查须坚持人类学的立场，教师应力图运用地域群体认同的知识，采用地域群体认同的方法，运用地域群体常用的思维方式来探讨当地人的社会实践活动，同时，物理教师也应跳出当地人的立场，从其他物理文化视角来对比对事物理解的共同点和差异点。其三，应与多元物理文化课程建设相结合。教师参与田野调查的目的就是通过挖掘和提炼地方物理文化，以使物理教学文化多元化，因此，物理教师的田野调查内容应逐步归类化，以使教师在教学设计过程中便于提取，使教学内容既能考虑现代物理学的观点，也能考虑地方物理学的观点。

四、对后续相关研究的展望

（一）加强地方物理文化的研究工作

地方物理文化作为物理文化教学的重要内容，其结构的完整性、内容的全面

性、表达的恰当性直接决定着物理文化教学的效果，物理教师将多元的物理文化有机地整合在物理教学中，也恰恰反映着其物理文化教育力的成效。我们认同地方学校物理教师挖掘地方物理文化的重要性，然而一线教师毕竟不是课程开发方面的专家，他们对地方物理文化的研究不免零散，甚至会存在认识上的偏差。作为一项系统性的工作，地方物理文化的研究迫切需要较为专业的研究团队来加以实施，这样的团队需具备如下素养：其一，团队成员必须对物理哲学、物理文化有足够的认识，能够知道物理文化的本质，能够知晓物理文化的构成，这样，才会根据文化的构成分类开展研究工作；其二，团队成员需具备较好的人类学的相关知识，具备进行社会调查的基本方法，这样，他们能够站在地域传统立场上运用科学的调查方法来开展研究；其三，团队成员中须具有熟悉地方方言或文字的研究者，地方物理文化大多集中在民间，其存在的方式包括两种，一是用地方方言以口授的方式代代相传，二是以小说、诗歌或传记等方式加以记载，这样，熟悉地方方言或文字的研究者将更容易地接受并理解到这些物理文化；第四，团队成员需具备文化学的基础知识，地方物理学作为地域传统传承的重要内容，需要研究者认真思考研究内容的文本书写方式，需要审视哪些内容需要传承，以及以什么样的方式实现传承等。因此，地方物理文化须在专业团队的组织下，系统地加以研究，研究成果可以作为物理文化教师设计、组织与评价物理教学的重要基础。

（二）开展物理文化教学的比较研究

与西方多元科学文化教育研究相比，我国的物理文化教育研究相对薄弱。开展国际多元科学（物理）文化教学的比较研究，可以更好地了解到不同国家实施多元科学文化教育的成因、内容、状况及成效，可以更好地了解不同国家多元科学文化教学素材的开发思路和方法，可以了解到不同国家多元科学文化课程设计的指导思想、原则、方法，可以了解到不同国家是如何将多元科学文化内容融入教学的，在教学实施过程中又遇到了哪些问题，教师又是如何加以解决的，以及可以了解不同国家是如何对物理文化教师加以培养的，对这些问题的澄清，可以给我们有效地开展物理文化教学以借鉴，并为提升教师的物理文化教育力提供参考。

（三）在地方学校开展物理文化教学实验研究

物理文化教学与传统的物理教学在教学目标、教学内容、教学组织方式和教学评价等方面存在较大的不同，它致力于物理文化人的培养，倡导学生在理解不同物理文化的前提下，积极思考物理学与日常生活、物理学与社会文化、物理学与经济生产之间的关系，能够成为从物理文化视角进行个人决策、关注地方发展以及关注现实生活的人。当前的物理教学虽然会对地方物理文化有所关注，但往往是在不改变传统物理教学目标、内容或范式的前提下，将地方物理文化极少的内容、概念或主题附加到物理教学当中，附加模式并不能实现或满足物理文化教学的目标需求，也不能有效提升教师的物理文化教育力。因此，研究者可以组织团队，在与地方教育部门和学校进行有效沟通的前提下进入教育现场，有序地开展物理文化教学的实验研究。研究团队可以与学校教师一起，共同分析学校的物理文化教学现状，共同设计物理文化课程，共同选择适合物理文化教学的方法，共同诊断教师在物理文化教学中的问题，并有针对性地提出可行的措施和策略等。这种协同研究的模式，不仅使研究者对物理文化教学的研究更具语境性，而且可以有效地改善教师的物理文化教育力。

参考文献

爱因斯坦,1979.爱因斯坦文集:第三卷［M］.许良英,范岱年,译.北京:商务印书馆.

安卡约里,1981.物理学史[M].戴念祖,译.呼和浩特:内蒙古人民出版社.

巴比,2005.社会研究方法[M].邱泽奇,译.10版.北京:华夏出版社.

巴伯,1992.科学与社会秩序[M].顾昕,范岱年,译.北京:生活·读书·新知三联书店.

巴恩斯,2001.科学知识与社会学理论[M].鲁旭东,译.北京:东方出版社.

班克斯,2010.文化多样性与教育:基本原理、课程与教学[M].荀渊,等译.上海:华东师范大学出版社.

邦格,2003.物理学哲学[M].颜锋,刘文霞,宋琳,译.石家庄:河北科学技术出版社.

贝尔纳,1983.历史上的科学[M].伍况甫,彭家礼,译.北京:科学出版社.

本尼迪克特,1987.文化模式[M].何锡章,黄欢,译.北京:华夏出版社.

波普尔,1986.猜想与反驳:科学知识的增长[M].傅纪重,纪树立,周昌忠,等译.上海:上海译文出版社.

波普尔,1987.客观知识:一个进化论的研究[M].舒炜光,卓如飞,周柏乔,等译.上海:上海译文出版社.

波塞尔,2002.科学:什么是科学[M].李文潮,译.上海:三联书店.

玻恩,1964.我这一代的物理学[M].侯德彭,蒋贻安,译.北京:商务印书馆.

布朗,1998.科学的智慧:它和文化与宗教的关系[M].李醒民,译.沈阳:辽宁教育出版社.

蔡铁权,姜旭英.科学课程与教学研究[M].杭州:浙江大学出版社,2008.

查尔默斯,2007.科学究竟是什么[M].鲁旭东,译.北京:商务印书馆.

陈美如,2000.多元文化课程的理念与实践[M].台北:师大书苑有限公司.

陈向明,2000.质的研究方法与社会科学研究[M].北京:北京教育出版社.

戴维斯,2008.如何教和你不一样的学生[M].丁红燕,译.北京:中国轻工业出版社.

丹皮尔,1975.科学史及其与哲学和宗教的关系[M].李珩,译.北京:商务印书馆.

迪昂,1999.物理学理论的目的和结构[M].李醒民,译.北京:华夏出版社.

笛卡尔,1991.探求真理的指导[M].管振湖,译.北京:商务印书馆.

董小英,1994.再登巴比伦塔:巴赫金与对话理论[M].北京:生活·读书·新知三联书店.
杜威,1990.民主主义与教育[M].王承绪,译.北京:人民教育出版社.
杜威,1991.我们怎样思维:经验与教育[M].姜文闵,译.北京:人民教育出版社.
多尔,2000.后现代课程观[M].王红宇,译.北京:教育科学出版社.
恩格斯,1972.家庭、私有制和家庭的起源[M].中央编译局,译.北京:人民出版社.
法伊尔阿本德,1992.反对方法:无政府主义知识论纲要[M].周昌忠,译.上海:上海译文出版社.
费恩曼,莱顿,桑兹,2005.费恩曼物理学讲义:第3卷[M].潘笃武,李洪芳,译.上海:上海科学技术出版社.
弗拉森,2002.科学的形象[M].郑祥福,译.上海:上海译文出版社.
格尔兹,1999.文化的解释[M].韩莉,译.北京:译林出版社.
顾志跃,1999.科学教育概论[M].北京:科学出版社.
广重徹,1988.物理学史[M].李醒民,译.北京:求实出版社.
桂起权,沈健,2012.物理学哲学研究[M].武汉:武汉大学出版社.
郭亦玲,沈慧君,1991.物理学史[M].北京:清华大学出版社.
哈经雄,滕星,2002.民族教育通论[M].北京:教育科学出版社.
洪谦,1989.逻辑经验主义[M].北京:商务印书馆.
厚宇德,2004.物理文化与物理学史[M].杭州:浙江科学技术出版社.
胡适,2009.尝试集:我们对西洋文明的态度[M].北京:华夏出版社.
怀特海,2010.教育与科学:理性的功能[M].黄铭,译.郑州:大象出版社.
黄甫全,2002.课程与教学论[M].北京:高等教育出版社.
霍尔顿,2006.爱因斯坦、历史与其他激情:20世纪末对科学的反馈[M].刘鹏,杜延勇,译.南京:南京大学出版社.
加涅,1999.教学设计原理[M].皮连生,译.上海:华东师范大学出版社.
卡琳,巴斯,康坦特,2008.教作为探索的科学[M].北京:人民教育出版社.
科塞,1989.社会冲突的功能[M].孙立平,等译.北京:华夏出版社.
克兰,1988.无形学院:知识在科学共同体中的扩散[M].刘珺珺,顾昕,王德禄,译.北京:华夏出版社.
克屈仁,1991.教学方法原理:教育漫谈[M].王建新,译.北京:人民教育出版社.
库恩,2003.科学革命的结构[M].金吾仑,胡新和,译.北京:北京大学出版社.
库恩,2004.必要的张力[M].范岱年,纪树立,译.北京:北京大学出版社.
夸美纽斯,1984.大教学论[M].傅任敢,译.北京:人民教育出版社.
李克特,1989.科学是一种文化[M].顾昕,张小天,译.北京:生活·读书·新知三联书店.

李荣善,1996.文化学引论[M].西安:西北大学出版社.
李醒民,2007.科学的文化意蕴:科学文化讲座[M].北京:高等教育出版社.
列维-布留尔,1981.原始思维[M].丁由,译.北京:商务印书馆.
林楠,1987.社会研究方法[M].天津:农村读物出版社.
卢卡奇,1992.历史与阶级意识:关于马克思主义辩证法的研究[M].杜章智,任立,燕宏远,译.北京:商务印书馆.
洛西,1982.科学哲学历史导论[M].邱仁宗,金吾伦,林夏水,等译.武汉:华中工学院出版社.
马丁,2008.科学课教学研究[M].薛伟江,译.长春:长春出版社.
马尔凯,2001.科学与知识社会学[M].林聚任,等译.北京:东方出版社.
马克斯维尔,2008.质性研究设计[M].陈浪,译.北京:中国轻工业出版社.
马林诺夫斯基,2002.文化论[M].费孝通,译.北京:华夏出版社.
梅森,1980.自然科学史[M].周煦良,全增嘏,傅季重,等译.上海:上海译文出版社.
美国国家研究理事会,1999.美国国家科学教育标准[M].戢守志,译.北京:科学技术文献出版社.
美国科学促进协会,2001. 面向全体美国人的科学[M].中国科学技术协会,译.北京:科学普及出版社.
默顿,2000.十七世纪英格兰的科学、技术与社会[M].范岱年,吴忠,蒋效东,译.北京:商务印书馆.
默顿,2001.科学社会学:理论与经验研究[M].鲁旭东,林聚任,译.北京:商务印书馆.
培根,1984.新工具[M].许宝骙,译.北京:商务出版社.
彭聃龄,2001.普通心理学[M].北京:北京师范大学出版社.
彭加勒,1989.科学与假设[M].叶蕴理,译.北京:商务印书馆.
彭凯平,王伊兰,2009.跨文化沟通心理学[M].北京:北京师范大学出版社.
皮尔逊,1999.科学的规范[M].李醒民,译.北京:华夏出版社.
皮克林,2006.作为实践和文化的科学[M].柯文,伊梅,译.北京:中国人民大学出版社.
齐曼,2002.真科学:它是什么,它指什么[M].曾国屏,国辉,张成岗,译.上海:上海科技教育出版社.
钱穆,2004.文化与教育[M].桂林:广西师范大学出版社.
萨顿,1989.科学史和新人文主义[M].陈恒六,刘兵,仲维光,译.北京:华夏出版社.
萨默瓦,波特,2010.跨文化传通[M].闵惠泉,王纬,徐沛喜,译.北京:中国人民大学出版社.
沙达,2005.库恩与科学革命战[M].金吾伦,译.北京:北京大学出版社.
史密斯,彭迈克,库查巴莎,2009.跨文化社会心理学[M].严文华,权大勇,译.北京:人民邮电出版社.
斯宾塞,1962.教育论[M].胡毅,译.北京:人民教育出版社.
斯考隆,2009.教师备课指南:有效教学设计[M].陈超,郄海霞,译.北京:中国轻工业出版社.
斯诺,1994.两种文化[M].纪树立,译.北京:生活·读书·新知三联书店.
斯滕伯格,威廉姆斯,2003.教育心理学[M].张厚粲,译.北京:中国轻工业出版社.
泰勒,1994.课程与教学的基本原理[M].施良方,译.北京:人民教育出版社.
泰勒,2005.原始文化[M].连树声,译.桂林:广西师范大学出版社.
谭光鼎,刘美慧,游美惠,2008.多元文化教育[M].台北:高等教育文化事业有限公司.
王静如,2006.传达科学本质之理论与教学实例[M].台北:秀威资讯科技.
王天一,1997.外国教育史[M].北京:北京师范大学出版社.
沃特斯,2000.现代社会学理论[M].杨善华,李康,译.2版.北京:华夏出版社.
雅斯贝尔斯,1991.什么是教育[M].邹进,译.北京:生活·读书·新知三联出版社.
亚里士多德,1983.政治学[M].吴寿彭,译.北京:商务印书馆.
于海波,2007.科学课程发展的文化学研究[M].长春:东北师范大学出版社.
袁方,1997.社会研究方法教程[M].北京:北京大学出版社.
张之沧,1988.科学:人的游戏[M].北京:中国青年出版社.
赵祥麟,王承绪,1981.杜威教育论著选[M].上海:华东师范大学出版社.
郑金洲,2000.教育文化学[M].北京:人民教育出版社.
郑金洲,2004.多元文化教育[M].天津:天津教育出版社.
AIKENHEAD G S,1996. Science education: Border crossing into the subculture of science[J]. Studies in Science Education,27:1-52.
AIKENHEAD G S,2001. Integrating western and aboriginal sciences: Cross-cultural science teaching[J]. Science Education,31(3):337-355.
AIKENHEAD G S,OGAWA M, 2007. Indigenous knowledge and science revisited[J]. Cultural Studies of Science Education,2(3):539-591.
ATWATER M M,1996. Social constructivism: Infusion into the multicultural science education research agenda[J]. Journal of Research in Science Teaching, 33(8):821-837.
BANKS J A,2001. Essential principles for teaching and learning in a multicultural society[EB/OL]. [2023-05-28]. http://depts.washington.edu.
BARBA R, 1998. Science in the multicultural classroom: A guide to teaching and learning[M]. Boston: Allyn & Bacon.

BEAR L，2000. Jagged worldviews colliding[M]//BATTISTE M. Reclaiming indigenous voice and vision. Vancouver：University of British Columbia Press.

BENNETT M J，1993. Towards ethnorelativism：A developmental model of intercultural sensitivity[M]//PAIGE M. Education for the intercultural experience. Yarmouth：Intercultural Press.

BOOK N M，2008. Cultural competence：Education public school teacher candidates in matters of diversity[D]. Akron：The University of Akron.

BROCK C H，2004. Improving literacy instruction for all children：Current concerns and future directions[M]//FENICE B B，BROCK C H. Multicultural and multilingual literacy and language：Contexts and practices[M]. New York：The Guilford Press.

CAJETE G A，2000. Native science：Natural laws of interdependence[M]. Santa Fe：Clear Light.

COBERN W W，AIKENHEAD G S，1998. Cultural aspects of learning science [M] //TOBIN K，FRASER B. International handbook of science education. Dordrecht：Kluwer Academic Publishers.

CRAVIOTTO E，HERAS A，1999. Cultures of the fourth-grade bilingual classroom[J]. Primary Voices，7(3)：25－36.

DART F E，1972. Science and the worldview[J]. Physics Today，25(6)：48－54.

DILLER J V，MOULE J，2005. Cultural competence：A primer for educators [M]. Belmont：Thomson Wadsworth.

GEORGE J，GLASGOW J，1988. Street science and conventional science in the West Indies[J]. Studies in Science Education，15：109－118.

GONZÁLEZ-ESPADA W J，2004. Multicultural education：Helping all students succeed in science[J]. Electronic Journal of Literacy through Science，3(12)：1－14.

GUDYKUNST W B，KIM Y Y，1984. Communicating with strangers：An approach to intercultural communication[M]. Reading：Addison-Wesley.

HARGREAVES A，2001. The emotional geographies of teachers' relations with colleagues[J]. International Journal of Educational Research，35(5)：503－527.

HODSON D，1993. In search of a rationale for multicultural science education [J]. Science Education，77 (6)：685－711.

JEGEDE O，1995. Collateral learning and the eco-cultural paradigm in science and mathematics education in Africa[J]. Studies in Science Education，25：567－582.

JOHNSON J，KEAN E，1992. Improving science teaching in multicultural settings: A qualitative study[J]. Journal of Science Education and Technology, 1(4):275-287.

JONES A, 1985. Which girls are learning to lose? Gender, class, race in the classroom[J]. New Zealand Women's Studies Journal(8):15-27.

KAGAN S. Kagan structures for emotional intelligence[EB/OL]. [2023-05-30]. http://www.kaganonline.com/Newsletter/index.htm.

KEA C, CAMPBELL-WHATLEY G, RICHARDS H V, 2006. Becoming culturally responsive educators: Rethinking teacher education pedagogy[EB/OL]. [2023-05-30]. http://www.nccrest.org/professional/culturally_responsive_pedagogy-and.html.

LOO S P, 2005. The two cultures of science: On language-culture incommensurability concerning 'nature' and 'observation' [M]//LOO W P, SARMIENTO C Q. Proceedings of the Japan foundation intellectual exchange project workshop: Southeast Asian and Japanese cultural influences on the understanding of scientific concepts. Penang, Malaysia: RECSAM-SEAMEO.

LUFT J A, BRAGG J, PETERS C, 1999. Learning to teach in a diverse setting: A case study of a multicultural science education enthusiast[J]. Science Education, 83(5):527-543.

LYNCH J, 1986. Multicultural education: Principles and practice[M]. London: Routledge & Kegan.

MASON T C, 1999. Prospective teachers' attitudes toward urban schools: Can they be changed? [J]. Multicultural Education, 6(4):9-13.

MATTHEWS M, 1994. Science teaching: The role of history and philosophy of science[M]. New York: Routledge Press.

NSTA. Multicultural Science Education[EB/OL]. [2023-05-25]. http://www.nsta.org/about/positions/multicultural.aspx.

O'LOUGHLIN M, 1992. Rethinking science education: Beyond Piagetian constructivism toward a sociocultural model of teaching and learning[J]. Journal of Research in Science Teaching, 29(8):791-820.

OGAWA M, 1995. Science education in a multiscience perspective[J]. Science Education, 79(5):583-593.

OGUNLEYE A O, 2009. Defining science from multicultural and universal perspectives: A review of research and its implications for science education in Africa[J]. Journal of College Teaching & Learning, 6(5):57-72.

OGUNNIYI M B, 2002. Border crossing into school science and the contiguity learning hypothesis [C]. Paper presented at the NAST conference.

PAI Y,ADLER S A,2006. Culture foundation of education[M]. 黄纯敏,译. 台北:学富文化.

PHOON H S,LEE M N,ABDULLAH A C,et al, 2013. Unveiling Malaysian preschool teachers' perceptions and attitudes in multicultural early childhood education[J]. Asia-Pacific Edu Res,22(4):427 - 438.

POP R L,REYNOLDS J A, 2000. Development and initial validation of the multicultural competence in student affairs-Preliminary 2 scale[J]. Journal of College Student Development,41(6):599 - 608.

POPE R L,REYNOLDS A L, 1997. Student affairs core competencies: Integrating multicultural awareness, knowledge, and skills[J]. Journal of College Student Development, 38(3):266 - 277.

REYES W S,HARVEY R M. Developing a multicultural teacher education curriculum using a collaborative-participatory approach[EB/OL]. [2023 - 05 - 28]. www. cetl. hku. hk/conference2010/pdf/Reyes. pdf.

REYHNER J,GILBERT W S. ,LOCKARD L, 2011. Honoring our heritage : Culturally appropriate approaches for teaching indigenous students[M]. Flagstaff: Northern Arizona University.

SAMMEL A,2005. Strengthening community through science curriculum actualization:A research report[R]. Regina: University of Regina.

SOUTHERLAND S A, 2007. Resisting unlearning: Understanding science education's response to the United States's national accountability movement [J]. Review of Research in Education,31:45 - 77.

STANLEY W B,BRICKHOUSE N W, 2001. Teaching sciences: The multicultural question revisited[J]. Science Education, 85(1):35 - 49.

STEPHENS S,2000. Handbook for culturally responsive science curriculum[D]. Anchorage: University of Alaska.

STROMMEN E, LINCOLN B, 1992. Constructivism, technology, and the future of classroom learning[J]. Education and Urban Society, 24(4):466 - 476.

TOLBERT S, 2011. Science education as a pathway to teaching language literacy: A critical book review[J]. Cult Stud of Sci Educ,6(1):251 - 263.

VILLEGAS A M,LUCAS T,2002. Preparing culturally responsive teachers: Rethinking the curriculum[J]. Journal of Teacher Education,53(20):20 - 32.

附　录

附录1　访谈提纲

一、访谈目的

1.了解物理教师对物理学的认识。

2.了解物理教师对地方物理学观点的认识。

3.了解物理教师对物理学和地域传统知识的认识。

4.了解物理教师对物理文化教学的认识和做法。

二、访谈提纲

(一)访谈开场

老师,您好:我知道您在中学工作,要备课、上课、改作业,有时还要做学生的思想工作,真的很辛苦,所以真心地感激您能在百忙之中接受我的访谈。形式上说,这是一次访谈,其实我觉得这个访谈更应该算是咱们进行的一次敞开心扉的交流,是我们针对物理学以及物理教学一些认识进行的一次细致的梳理。

因为我记录的速度比较慢,而且用笔记录起来也不全面,所以我想用录音笔记录下咱们的谈话,您看可以吧?(注意:征得同意后再打开录音笔)

那您看,咱们现在开始交流?

(二)访谈主题一:教师对物理学本质及地域传统知识的认识

1.作为一名物理老师,我很想知道您对物理学的认识(或者这样问:在您的眼中,物理学是一个什么样的学科)?它应该是由哪些内容所构成的?

2.物理学理论是物理学的重要组成部分,如果用“真理”和“假设”来解释物理学理论的话,您认为“物理学理论体系是真理体系”还是“物理学理论体系是假设体系”,您为什么这样认识?

3.我们都知道,每一条物理学原理都是物理学家在长期观察和实验的基础上所做出的各种概念之间关系的表述。我想知道,您觉得这样的表述会不会受到他们所处的社会、文化及其他因素的影响?为什么?

4.您怎么看待不同时代对同一物理问题的本质认识不同这件事儿?(如对光

的本性的认识中，牛顿认为光是一种粒子，笛卡儿则主张光是一种波，爱因斯坦则提出光既是粒子也是一种波）

5.您认为不同地域群体有自己对物理学的理解吗？你怎么看不同地域群体对物理学的理解与咱们现在所学习的物理学之间的关系？

（三）访谈主题二：教师对物理文化教学的认识

1.您所教的班级中都有哪些地域群体？大概的比例各是多少？

2.①您认为物理教学最主要的任务是什么（或者问：物理教学需要达到什么样的目的）？②您觉得让学生们了解不同地域群体的物理学知识是物理教学的目的之一吗？

3.您认为在多地域群体组成的班级中，物理教学存在的最主要问题有哪些？您是如何处理这些问题的？

4.您如何看待不同地域群体传统知识中的那些物理教学资源？您主动地搜集过不同地域群体传统知识中那些与物理学相关的资料、事实或者物品吗？您曾经在物理教学中使用过这些教学资源吗？又是如何使用的？你认为这些教学资源如果整合到物理教学中，其作用应该是什么？

5.来自不同地域群体的学生在班级中的表现如何？他们是否用自己的理解表达过对物理现象或物理事件的理解？您如何看待学生的这些理解？您觉得学生个人对物理现象的理解对于物理教学有什么价值？

6.您觉得不同地域群体学生思考问题的方式相同吗？如果有不同，您觉得他们的不同点有哪些？您在物理教学中是否利用过不同地域群体学生思考问题的方式来进行教学？您是如何做的？

7.您认为小组合作学习这种方式在多地域群体的学生班级中运用效果怎么样？您会尝试将不同地域群体的学生组成合作学习小组吗？小组合作学习中可能存在的问题是什么？您觉得如何去做才能让这种效果更好？

8.您所教班级中山区或牧区学生与城区学生相比，物理学习情况如何？您觉得产生这种现象的原因可能是什么？

三、注意事项

1.搜集材料。

（1）该教师的履历介绍：年龄、性别、学历、教龄、家庭，学习经历，教学经历，进修经历，获奖经历，社会经历等。

（2）该教师的教学素材：与不同地域群体相关的物理资料；与物理文化教学有关的教学案例；与物理文化教学有关的教学反思。

（3）该教师所教班级的信息：学生人数、不同地域群体学生人数及比例、男女学生人数及比例；学生来源（父母所从事的工作）；不同地域群体学生物理学习状况

(分学期的物理成绩状况)。

2.与被访谈者见面穿着要得体,语速要适中,心情要愉悦,要表达对该教师的尊重和感激。

3.访谈前要通过其他方式对该教师的相关信息有一个初步了解,要具有同理心与对方进行交流。

4.访谈前要对本问卷中的内容了如指掌,尽可能要熟记,但不是熟背。如果可能,访谈者最好再列一个模块图,按模块的先后进行访谈。

5.访谈过程中要认真倾听,要紧扣物理文化教学这一主题,要学会静默(等待)、追问,挖掘教师对某一问题更深层次的理解;如果教师脱离主题太远,要想办法将其转到主题上来。

附录 2 开放性问卷

各位老师，您们好：

为了考查中学物理教师的物理文化教育力，我拟订了这份开放性问卷，问卷的答案没有对错之分，只是期望获得您们对这些问题的观点和看法，它对于我的研究来说非常重要。请您认真思考后以一种叙事的方式来阐明自己的观点和看法。

一、基本情况

1. 请尽可能细致地叙述一下您的基本情况。

包括：您的性别、年龄、职称，您小学和中学时的生活环境，您的求学经历等。

2. 您对物理教师这一职业的基本看法。

3. 您所在中小学的基本情况。

包括：学校类型（乡村、城镇、城区，初/高中），学校所处环境（周边环境，学生的来源等），您所教班级学生的人数及来自不同地域学生的比例（仅取一个班级即可）。

二、教学理解

1. 您认为学生们通过中学阶段的物理学习，应该学到物理学哪些方面的内容？（按自己的想法去写即可）

2. 有人说："山区或牧区也有自己的物理学，只是这种物理学与我们课堂上所学的物理学不一样而已"，您认可这种看法吗？为什么？

3. 您如何看待"物理学知识能够准确地表示自然界的某种客观规律"这句话？

4. 您认为面对班级中不同地域群体学生，为了让他们获得对物理学的全面理解，物理教师应该采取哪些措施？

5. 山区或牧区中有许多与物理学有关的贡献（包括器械、物品等）、观念和做法等，您认为这些内容在教学中如何使用？这些内容在物理教学中的作用是什么？另外，您期望学生们应该对这些内容有什么样的理解？（注意是三个问题哟！）

6. 有的人认为"山区或牧区学生的物理学业成就总体上要低于城区学生"，您认可这一看法吗？如认可，请说明产生这种现象的原因；如不认可，请说明理由。

7. 您如何看待"山区或牧区与城区的学生学习方式不一样"这一论题？您认为在教学中应该如何关注或者解决这一问题？

8. 对"山区或牧区学生应该采取不同的评价方式来考查他们的学习成效"这样一种认识，您是如何看待和理解的？

9. 对"物理教学应提高学生对物理学全面的理解"这一目标，您是如何认识"对

物理学全面的理解”这一表述的？您觉得应该采取哪些办法来实现这一目标？（按自己的想法写）

10. 为了能够更好地实现“学生对物理学全面的理解”这一教学目标，物理教师对来自不同地域群体的学生应该具备什么样的教学能力？认为现在的物理教师在教学能力方面还存在哪些方面的问题？您站在中学教师的角度去看，您认为学校或培训机构应该采取什么样的措施来培养物理教师的这些能力？

附录 3 教案

P 老师的教案(第一稿):声音的产生与传播

一、教学目标

(一)知识目标

1. 初步认识声音产生的条件,知道声音是由物体振动产生的。

2. 知道声音的传播需要介质,声音在不同的介质中传播速度不同。

(二)能力目标

1. 探究声音是如何产生的,声音是如何传播的。

2. 锻炼学生初步的观察能力和使其掌握研究问题的方法。

(三)情意目标

1. 激发学生的学习兴趣和对科学的求知欲望,使学生乐于探索自然现象和日常生活现象中的物理学的道理。

2. 注意在活动中培养善于与其他同学合作的意识。

二、重点难点

1. 重点:对声音的产生与传播过程的探究。

2. 难点:①设计探究的实验;②声现象的分析和解释。

三、教学器材

音叉、共鸣箱、铁架台、真空罩实验装置、橡皮筋、泡沫塑料球、冬不拉、多媒体等。

四、教学过程

(一)声音的产生

[活动 1]观察课本第 27 页和第 28 页的几幅图,回答如下问题:

问题 1:课本上各是什么物体在发声? ______________________;

问题 2:它们具有什么共同特征? ______________________;

问题 3:声音是怎样产生的? ______________________。

[活动 2]提供给学生们阿萨塔亚克、色布孜克、节特根、库布孜、冬不拉等地方

乐器，让它们发出声音，听听看，谁发出来的声音比较好听，触动一下它们的弦或者敲击一下，观察这些乐器是怎样发出声音的？

问题 1：你是如何让这些乐器发声的？________________________；

问题 2：你在触动它们的弦后，发现了什么？____________________；

结论：发声的物体在____。

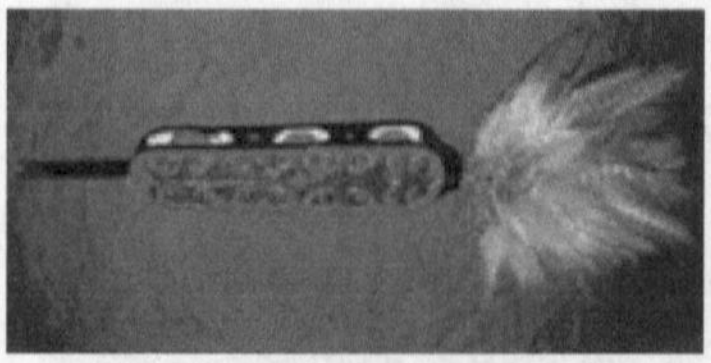
阿萨塔亚克

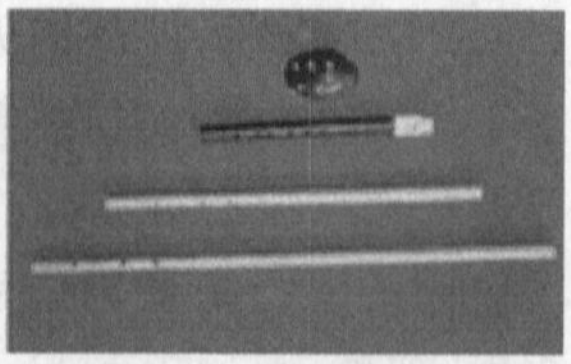
色布孜克

节特根

库布孜

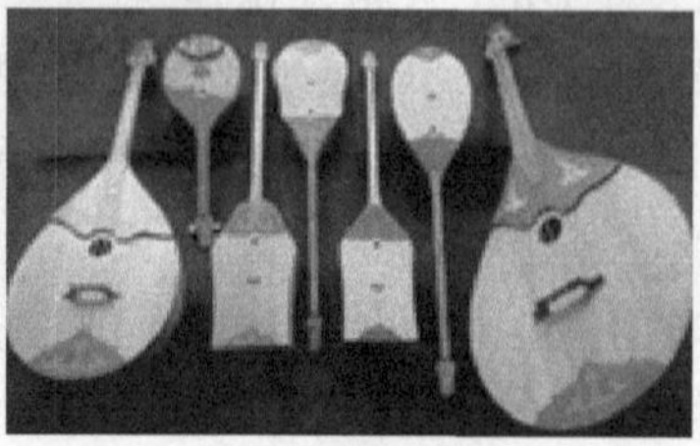
冬不拉

[活动 3]共同体验。

(1)摸着自己的声带，说一句话。体会手上的感觉，说出自己的感受。

(2)击打吾勒帕孜，观察鼓面在振动吗？如果在振动，你如何证明，能否让看的人感受到它的振动？说出你的方法。

(3)敲打桌子，听到声音，却看不见桌子的振动，你能想出什么办法来证明桌子的振动？

吾勒帕孜

____。

问题 1：从上述事例中，你能否总结出一种“验证难以觉察的物体运动”的方法吗？

____。

[活动 4]讲故事。

一群年轻的小伙子住在一棵大树下，白天黑夜苦思冥想，做梦都想让这棵大树开口说话。大树却只是默默地“站”在那里。小伙子们无可奈何，杀了几只羊，吃光了肉，将羊肠子挂在树上，无精打采地回去了。

草原上有一位牧民姑娘，白天，她的脸像初升的太阳，秀丽红润，夜晚，她的脸像十五的月亮，娇媚动人。

成千上万的小伙子们兴冲冲地骑着马赶着羊，从老远的地方赶来求婚。可就是无法打动姑娘的心。姑娘只有一个条件：无论谁来求婚，不能请别人或自己开口，必须委托那棵大树来求婚，而且必须打动她。小伙子都被难住了，大树怎么能开口说话呢？

一天，来了一个青年，他从小是个孤儿，一直四处流浪。他看见一群年轻人唉声叹气地围着大树转圈圈，便好奇地上前打听，别人告诉他原因后转身回去了。

这个年轻人在树下住了下来，他把那些求婚者丢下的羊头和羊蹄子用树枝进行烧烤，填饱了肚子，躺在厚厚的落叶上睡着了。

半夜，青年醒了，想起了白天的事。那些求婚者把姑娘说得跟仙女一样，可怎样能让大树说话呢？想着想着，忽然，草原上刮起了风，吹得大树发出了一种声响，在寂静的夜里，听上去格外悦耳。

原来是那些羊肠子经过风吹日晒绷得很紧，有的长、有的短，风一吹就发出了各种不同的声音。青年跳了起来，拿出斧子砍下了一根较粗的树干，他用树干做成了一件乐器，系上两根羊肠子。

晚上，他坐在姑娘毡房前的草地上，叮咚叮咚地弹起来。他先用沉闷凄苦的音调向姑娘表达自己孤苦伶仃的身世，然后再用缠绵优美的旋律表达自己对姑娘的爱慕之情。

姑娘听到优美的琴声，立刻丢下正在刺绣的活儿，静静聆听起来。很快，她便被彻底打动了。

从此以后，那件会说话的乐器就成为牧民最喜爱的冬不拉，伴着它优美的琴声一日日流传下来。

（二）声音的传播

想一想：老师的说话声是怎样传到同学们的耳朵里的？

探究1：一个同学把耳朵贴在桌子一端，另一个同学轻敲桌子另一端，能听到声音吗？

结论：____。

探究2：在一个玻璃缸内盛有水，手拿两块石头在水中撞击，在外面也能听到撞击声。

结论：________、________、________都能传播声音，它们都是能够传声的介质。

议一议：声音是怎样向外传播的？

声音向外传播时以________的形式（与水波相似）。

探究3：真空也能传播声音吗？

给学生演示真空罩实验。结论：____________________。

小组交流：____________________。

(三)声速

[看一看]阅读课本第 29 页“声速”中的内容,回答下面问题。

1. 声音传播的快慢用________描述,15 ℃时空气中的声速是________。

2. 声速大小跟__________有关,还跟__________有关,一般情况下,__________(填固体、液体、气体)中的声速最大。

3. 同种介质中,温度升高,声速变__________(填大/小)。

(四)巩固练习

1. 弹奏节特根时,优美动听的音乐__________而产生的,并经__________传入人耳。

2. 不能传播声音的是( )。

A. 真空 B. 木头 C. 空气 D. 水

3. 百米赛跑时,终点的计时裁判员正确的计时方法是( )。

A. 听到发令员的枪声开始计时

B. 看到发令员的发令枪冒烟开始计时

C. 听到发令员的最后一声口令开始计时

D. 看到最先起跑的运动员起跑开始计时

4. 通常我们能听到物体发出的声音,是因为( )。

A. 有发声体存在

B. 发声物体在空气中振动

C. 发声物体在真空中振动

D. 人看到了发声物体的振动

5. 下列关于声音传播的说法中,错误的是( )。

A. 学生听到老师的讲课声是靠空气传播的

B. “土电话”靠固体传声

C. 声音在液体中比在空气中传播慢

D. 真空不能传声

6. 在 X 县塔勒德镇制作的乐器中,冬不拉、节特根、色布孜克等乐器在那吾热孜晚会上,它们发出的音乐声是由于乐器中________而产生的;听众能从同一乐曲中分辨出是色布孜克还是冬不拉,主要是因为它们发出声音的________不同。

(五)课堂小结

1. 这节课我们学习了声现象,通过探究,我们知道了一切正在发声的物体都在________;________停止,其发声也就停止了。

2. 声音是靠________传播的,________、________、________都是能传播声音的介质,由于________中什么都没有,所以它不能传声。

3. 声音在空气中(15 ℃)的传播速度为________;声音在气体中的速度小于________中的速度,更小于________中的速度。

(六)作业布置

搜集本地牧民日常生活中与声音的产生与传播有关的记载。

P 老师的教案(第二稿):声音的产生与传播

一、教学目标

(一)知识目标

1. 了解声音的产生和传播条件,知道声音是由于物体的振动而产生的,知道声音的传播需要介质。

2. 了解声音在不同介质中的传播速度是不同的。

(二)能力目标

通过实验活动(弹奏各种民间乐器),让学生探究各种发声体是如何发声的,声音又是如何进行传播的,借此发展学生的观察、分析和总结能力。

(三)情意目标

1. 通过教学活动体会到地方乐器的发明是地方人民智慧的结晶。

2. 地方人民早就发现并利用声音传播的知识。

3. 我们要珍惜、尊重并传承地方传统。

二、教学重点

1. 通过实验和观察探究声音的产生和传播。

2. 学生知道声音的传播靠介质。

3. 各种介质中声音的传播速度是不同的。

三、教学难点

1. 观察现象得出声音的传播。

2. 组织、指导学生并让学生在探究过程中仔细观察分析并得出正确结论。

四、教学方法

实验探究法;观察法;讲解法。

五、教学教具

各种乐器;闹钟;接有抽气机的玻璃罩;干牛皮。

六、教学过程

(一)导入新课

[活动 1]认识一些地方乐器。

教师:同学们,今天我们来认识一些地方乐器。

介绍 1:冬不拉、库布孜、节特根、色布孜克。

介绍 2:吾勒帕孜、达吾勒帕孜。

其实这些乐器是我们地方牧民世代传承的文化遗产,包括文化艺术在内的歌舞、音乐等艺术形式,无一不是适用于畜牧业经济发展和游牧生活的创造性文化。我们知道,歌与马是我们牧民的两只"翅膀",这里的"歌"并不只是"诗歌"的意思,它还应该包括由歌产生的对生活的追求及丰富的情感,以及由此产生的金歌美曲和与之有关的一切文娱活动。同样,为艺术服务的牧民的乐器本身作为一种艺术形式,也经历了历史沧桑而流传至今。作为本地域牧民后代的我们,应该根据时代发展的需要,不仅要积极做好对中华民族优秀传统文化的弘扬工作,还要为我们传统文化遗产的继承和发扬做出贡献。

[展示 1]同学们再看一组乐器。

介绍地方乐器:弹拨尔、都塔尔、塞塔尔、胡西它尔。

同学们可以发现,这些乐器在制作技艺、演奏技巧以及品种类别等方面都是各不相同的,而且所发出的声音也是各不相同的。今天这节课我们就来学习这些乐器是如何发声的知识。

(二)组织新课

1. 声音的产生

[活动 1]让学生弹奏不同的地方乐器,提出问题并让学生观察。

问题 1:哪位同学会弹冬不拉?(教师让会弹的学生出来弹冬不拉)请同学们认真听,并观察冬不拉是如何发声的?

问题 2:哪位同学会弹奏这些乐器呢?(教师要求学生们弹奏库布孜、节特根、色布孜克、吾勒帕孜、达吾勒帕孜、弹拨尔、都塔尔、塞塔尔、胡西它尔等乐器,边介绍并分发给每组学生)请同学们看一看、摸一摸、弹一弹、敲一敲,思考一下这些乐器是如何发声的?

学生回答:同学们用什么方式让这些乐器发出声音呢?________________。

学生回答:触摸弦时有什么感觉?____________________________。

（学生们说出自己的感受和并表达自己的观点）

[活动 2]让所有同学共同体验，摸着自己的声带，说一句话。请同学们体会手上的感觉，并说出自己的感受。

学生回答：同学们，发声时，你们有什么感觉？______________________。

（注意：教师在学生回答的过程中，需要补充的地方要补充一下，引导学生正确归纳和总结）

问题 3：根据以上的体验，哪位同学能给大家总结一下，声音如何发声的？

学生总结：一切发声的物体都在振动，振动停止，声音也就停止。

扩展性问题：同学们通过对声音产生的探究，你们能不能总结出我们用了什么样的方法来“验证难以觉察的物体运动”呢？

学生回答：____。

2. 声音的传播

[探究]声音是怎样从发声体向远处传播的？

探究 1：老师的讲课声是怎样传到同学们的耳朵里的？

学生回答：____。

探究 2：一位同学把耳朵贴在桌子一端，堵着另一只耳朵，另一位同学轻敲桌子的另一端，同学们能听到声音吗？它是怎么样传到同学们的耳朵里的？

（学生们按照如上要求去做）

学生回答：____。

探究 3：在一个玻璃缸内盛有水，把装入塑料袋子里的发声体放到玻璃缸内，同学们在外面能听到声音吗？

（学生们按照如上要求去做）

学生回答：____。

问题 1：通过如上的探究，同学们能从中获得什么样的结论？

学生总结：空气（气体）、水（液体）和桌子（固体）都能传播声音，它们都是能够传声的介质。

探究 4：请同学们再看下面这个实验，从中你又能发现什么？

（教师将一个闹铃放入真空围罩中，将里面的空气抽空，让学生们观察声音的变化情况）

学生回答：____。

问题 2：同学们，将这些探究结合在一起，你们能得出什么样的结论？

学生总结：声音传播需要介质，声音在真空中不能传播。

3. 声速

[活动 1]讲故事。

以前士兵们在晚上睡觉时，会把用牛皮或者马皮做的帽子戴在头上，这样可以提前预料到敌人的情况，他们都知道戴上用牛皮或者马皮做的帽子睡觉时，从敌人那里传来的马蹄声能提前听到。

[活动 2]阅读材料。

组织学生阅读课本第 29 页“声速”中的内容，并让学生们试图回答如下问题。

(1)声音传播的快慢用________描述，15 ℃时空气中的声速是________。

(2)声速大小跟________有关，还跟________有关，一般情况下，________(填固体/液体/气体)中的声速最大。

(3)同种介质中，温度升高，声速变________(填大/小)(学生根据了解到的知识来填空)。

问题 1：现在你们知道古代在马背上的士兵们为什么一定要戴动物皮所做的帽子睡觉了吗？

学生回答：因为帽子是动物皮做的，是硬的，所以声音在动物皮中的传播速度比别的介质快(老师引导并补充)①。

(三)巩固练习

1. 在 X 县塔勒德镇制作的乐器中，像冬不拉、节特根、色布孜克等，它们发出的音乐声是由乐器的________而产生的，并经由______而传入我们人耳当中。

2. 下列选项中，不能传播声音的是(　　)。

A. 真空　　B. 木头　　C. 空气　　D. 水

3. 下列关于声音传播的说法中，错误的是(　　)。

A. 学生听到老师的讲课声是靠空气传播的

B. “土电话”靠固体传声

C. 声音在液体中比在空气中传播的速度要慢

D. 真空不能传声

4. 340 m/s 这一数字在本节课的内容当中代表着什么意思？__________________。

(四)课堂小结

1. 这节课我们学习了声现象，通过探究，我们知道了一切正在发声的物体都在________；________停止，其发声也就停止。

2. 声音靠________传播的，________、________、________都是能传播声音的介质，由于________中不存在介质，所以它不能传播声音。

① 这是教师自己对答案的预设，显然这种预设与物理学的解释有一定的出入，即声音通过固体(大地)传过来比起气体(空气)速度要快，时间要短。

3. 声音在空气中(15 ℃)的传播速度为＿＿＿＿＿；声音在气体中的传播速度小于＿＿＿＿＿中的速度，更小于＿＿＿＿＿中的速度。

(五)作业布置

搜集本地牧民日常生活中与声音的产生与传播有关的记载。

P老师的教案(第三稿)：声音的产生与传播

一、教学目标

(一)知识目标

1. 学生们通过对冬不拉乐器的观察，能够了解冬不拉的结构，并通过学生们的演示，让学生们从不同地域传统角度来理解冬不拉发声的原理。

2. 通过实验探究，学生们能够知道声音的传播是需要介质的。

3. 通过当地民间故事的讲述，了解声音在不同介质中的传播速度是不同的。

(二)能力目标

1. 借助地域群体文化知识和器具，发展学生从不同地域传统角度来理解物理知识的能力。

2. 通过探究的方法，发展学生们的观察、分析和归纳能力。

(三)情意目标

1. 学生们能够体会到冬不拉的发明是地方人民智慧的结晶。

2. 学生们能够体会到每一个地域群体都有理解物质世界的特定方式。

二、教学重点

1. 学生了解冬不拉的结构，并从不同角度理解冬不拉发声的原理。

2. 探究声音的传播是需要介质的。

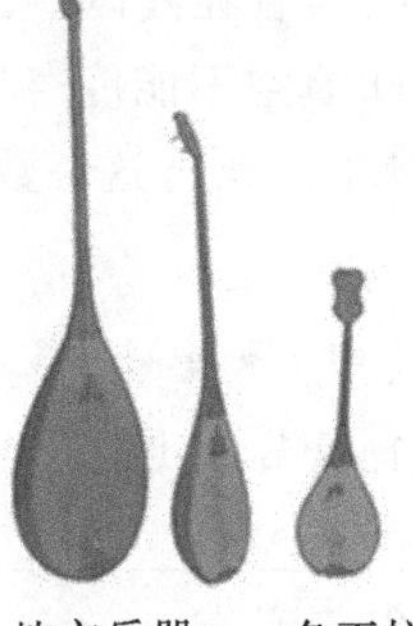

地方乐器——冬不拉

三、教学难点

1. 学生从不同物理文化角度来理解冬不拉的发声原理。

2. 声音传播条件的探究。

四、教学方法

合作探究法；观察法；讨论法。

五、教学教具

冬不拉（教师准备五把，学生们最好每人准备一把）；冬不拉结构的图片；音叉；闹钟；接有抽气机的玻璃罩；干牛皮做的枕头。

六、教学过程

（一）导入新课

［活动 1］观察和接触五种冬不拉（教师提前准备：最高音冬不拉、高音冬不拉、中音冬不拉、次中音冬不拉和低音冬不拉）。

教师：同学们，今天我们来认识咱们地方的乐器冬不拉（教师用手拨动冬不拉，并发出响声），你们听声音上有什么区别？

学生：声音有高有低、有尖有低沉。

教师：很好，我们把这种高音的叫最高音冬不拉，依次是高音冬不拉、中音冬不拉、次中音冬不拉和低音冬不拉。下面同学们来进行观察，这些乐器在构造上有什么相同点和不同点？

学生：（观察并说出冬不拉的相同点和不同点）

教师：（展示冬不拉的构成图片，简单介绍并让学生们认识冬不拉的结构，可以让学生们自己说）

教师：在咱们牧民文化中，每一种乐器都有一个故事，哪位同学能用简练的语言给大家讲述一下冬不拉来历的故事？

学生：（学生们讲述从老人处听来或从书籍上获得的关于冬不拉的故事）

教师：同学们说得非常好。这些故事表明，冬不拉作为咱们牧民的一种乐器，经历了历史变迁流传至今，我们作为牧民后代，应该了解和认识它，并根据时代发展的需要去弘扬它。下面，我们让班上的一位同学弹上一首乐曲，好不好？

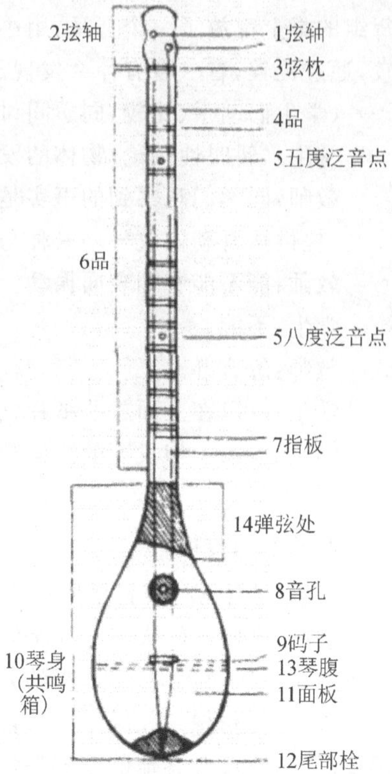

冬不拉的结构

（让学生单独弹，或者合奏）

教师：（对弹琴的学生提出表扬）下面，我想问同学们一个关于物理方面的问题了，刚才这位（这些）同学弹琴，你们认为琴的声音是怎么产生的呢？请同学们从自己理解的角度来进行回答。（板书：声音的产生与传播）

达吾勒帕孜

（二）组织新课

1. 声音的产生

[活动 1]讨论：声音是如何产生的？

（学生们先动手再回答）（鼓励学生们从自己理解的角度来回答，有的可能说与琴箱有关，有的可能说和琴弦有关，有的可能说与琴杆的长短有关，有的可能借助从老人或家长那里听来的故事进行回答。教师注意让学生们说明判断的原因）

教师：你们都从自己理解的角度分析了冬不拉发声的原因。现在，老师给你们每组的桌上都放了一个音叉，用小橡皮锤敲击，音叉会响，你们仔细观察，再进行比较，通过比较，看一看有什么发现。

（学生们动手、比较，同学间讨论）

学生：（暂时性结论）物体的发声是由振动引起的。

教师：同学们观察到的事实是不是如此呢？我们再做一个演示。

（提供达吾勒帕孜——一种与鼓类似的乐器，让学生打击）

教师：能不能看到表面振动？

学生：不能。

教师：怎么办。

学生：可以在上面放些纸片（引导学生观察不易观察到的现象）。

学生总结：一切发声的物体都在振动，振动停止，声音也就停止了。

（板书）

2. 声音的传播

[活动 2]探究：声音是通过什么向远处传播的？

教师：老师想问大家另一个问题，琴声是通过什么向外传播的？或者说，在家里听冬不拉所弹奏的音乐，听的人又是怎么听到的呢？

（讨论并猜想）（鼓励学生从自己理解的角度来阐述原因，有的说，通过空气，老师要反问，就没有其他的方式吗？有的同学会说，通过水，通过固体等，老师还要反问，没有这些物质声音就不能传播了吗？）

教师：同学们刚才提到了很多的猜想，你们能不能用实验给老师证明呢？

（进行探究）（老师要注意给学生们提供帮助，还要注意给学生们提供器材，如玻璃缸、水、闹钟、真空围罩、抽气机等）

教师：同学们，通过你们的探究，你们得到了什么结论？

学生总结：声音传播需要介质，声音在真空中不能传播。

（板书）

3. 声速

[活动 3]讨论：声音传播的速度。

教师：同学们已经知道了声音的传播需要介质。下面老师让你们看一样东西，你们来分析一下，这件东西是做什么用的？（教师提供干牛皮做的枕头）

学生：（观察并分析）（学生们会说出这是牛皮、骆驼皮或马皮做的枕头，有的学生会说出，这是牧民游牧时睡觉经常用的枕头，可以听到远处来的马蹄声等）

教师：这说明了什么？

学生：固体可以传播声音，而且固体传播的声音比空气传播的声音要快。牧民能够快速地惊醒，提前做好应急准备。

教师：通过这个实例，你们还发现了什么？

学生：发现了牧民在长期生活中的聪明才智。

教师：（提供下面图片）同学们，通过这张图片，你们能够得到什么样的结论？

介质	声速/($m \cdot s^{-1}$)	介质	声速/($m \cdot s^{-1}$)
空气(0 ℃)	331	海水(25 ℃)	1 531
空气(15 ℃)	340	冰	3 230
空气(25 ℃)	346	铜(棒)	3 750
软木	500	大理石	3 810
煤油(25 ℃)	1 324	铝(棒)	5 000
水(常温)	1 500	铁(棒)	5 200

学生总结：同种介质，随着温度的升高，声音传播的速度就越快；不同的介质，声音传播的速度是不同的，其中声音在固体中传播的速度最快，在液体中传播的速度次之，在气体中传播的速度最慢。

（三）巩固练习

1. 冬不拉的琴弦在声音的产生过程当中，是起到了________的作用，声音是靠弦的________而产生的。冬不拉的结构包括____等。

2. 悠扬的库布孜在草原上响起的时候，我们之所以能够听到它，是因为琴声是靠________传播的结果。

3. 340 m/s 是声音在空气中什么温度时的传播速度？如果声音在钢管中传播，这个速度会比 340 m/s 要大还是要小？为什么？

（四）课堂小结

1. 冬不拉、库布孜、达吾勒帕孜等是本地民间流行的传统弹拨乐器。冬不拉的音箱是由松木、果木或桑树木制成的，呈扁平或瓢状，琴杆细长，上面有 8～10 个品位，两根羊肠弦或钢丝弦。其结构包括面板、背板、琴杆、琴头、弦轴、马子和缚弦等。

2. 冬不拉、库布孜等乐器是靠琴弦或乐器表面的振动而发声的，振动停止，声音也就停止了。

3. 声音的传播需要介质，真空中是不能传播声音的。并且，声音在不同介质中的传播速度也是不一样的，通常在固体中传播速度最快，液体次之，气体中传播速度最慢。声音在同一介质中传播，温度不同时传播速度也会有差异。

（五）作业布置

搜集一些本地牧民日常生活中与声音的产生与传播有关的记载或传说，并加以分类说明。

Z 老师的教案（第一稿）：汽化和液化

一、教学目标

（一）知识目标

1. 知道汽化、汽化吸热和汽化的两种方式。
2. 知道沸腾现象。
3. 知道蒸发的定义和影响蒸发快慢的因素。

（二）能力目标

1. 运用常见的器材探究液体沸腾现象，写出探究报告。
2. 通过实验探究，总结影响蒸发快慢的因素。

（三）情意目标

通过教学活动，激发学生的学习兴趣和对科学的求知欲望，使学生乐于探索自然现象，乐于了解日常活动中的物理道理。

二、教学重点和教学难点

（一）教学重点

水沸腾时的现象，沸腾和蒸发的异同点。

(二)教学难点

沸腾和蒸发的异同点。

三、教学方法

讲解法、讨论法、科学探究法。

四、教学过程

(一)导入新课

[多媒体展示生活中的几种常见情景,一边展示一边问题导入]

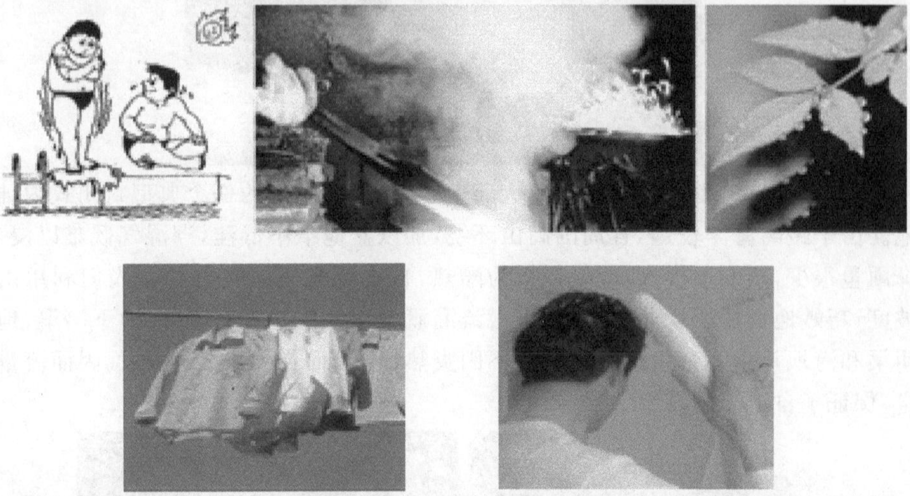

同学们,在夏天,游泳的人从水中上岸会感到冷,如果有风吹过,甚至会冷得打颤;而坐在岸边未下水的人却觉得很热,你知道这是为什么吗?制造金属工具时,为增加工件的硬度,将烧红的工件放入水中进行淬火,此时会发出“吱吱”声,并在水面上冒出“白汽”,这其中经历了哪些物态变化呢?我们实际生活当中有许多这样的现象,比如说夏天洗的衣服晾在太阳底下过一会就变干了;还比如说到了七八月份牧民就开始制作酸奶疙瘩(这个我们班的来自牧区的同学都知道),他们将做好的酸奶疙瘩晾晒在太阳底下,一下午就变干了(通常他们会将酸奶疙瘩放在芨芨草编织的帘子上,这种帘子有很多缝隙,并在底部用树杈支撑起来);还有夏天同学们打扫室外卫生的时候,将水洒在地上,卫生还没打扫完水就变干了(夏天地面的温度有时会烫人);秋天,草木、石块上出现的露是怎样形成的呢?在生活中类似的现象还有许多,你能用所学的物理知识去解释吗?

[给学生们提出思考问题]

问题一:住在非洲的居民,由于没有电,夏天无法使用电冰箱保鲜食品,于是人们发明了一种“沙漠冰箱”——罐中罐。它是由内罐与外罐组成，两罐之间填上湿润的沙子，食品放在内罐中，然后放在干燥通风的地方，并在沙子上洒水，罐口放上湿布。

思考问题：

(1)经常在沙子上洒水是为了什么?

(2)放在干燥的地方是为了什么?

问题二:有些饭店在洗手间外安装了热风干手器，打开它就有热风吹到手上，使张开的手上的水很快变干，这其中的原因是什么，你能用物理知识去解释吗?

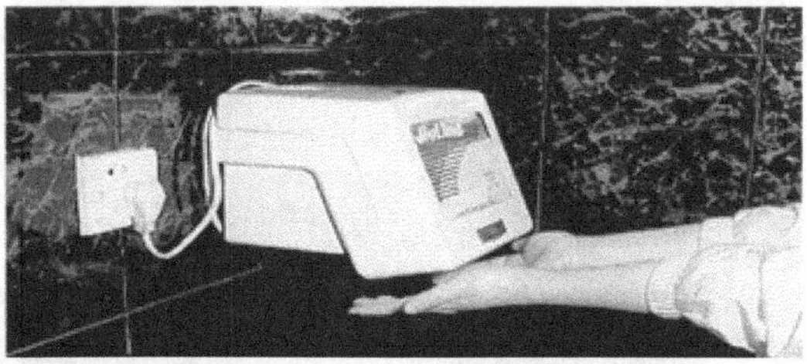

问题三:吐鲁番盆地位于欧亚大陆中心，是天山东部的一个典型封闭式内陆盆地。由于距离海洋较远，且周围高山环绕，加以盆地窄小低洼，潮湿气候难以浸入，降雨量很少，蒸发量极大，故气候极为酷热，自古就有“火州”之称。人们利用山的坡度，巧妙地创造了坎儿井，引地下潜流灌溉农田。坎儿井由竖井、地下暗渠、地面明渠和涝坝几个部分组成。坎儿井不因炎热、狂风而使水分大量蒸发，因而流量稳定，保证了自流灌溉需要。

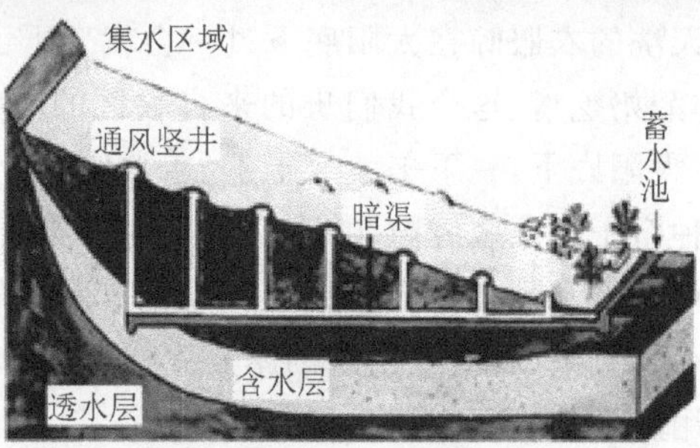

坎儿井是开发利用地下水的一种很古老的集水建筑物，适用于山麓、冲积扇地带，主要是用于截取地下潜水来进行农田灌溉和居民用水。

思考问题：坎儿井为什么能够减少输水过程中的蒸发？

[故事导入]

林则徐设宴请传教士。席上自然少不了云南名吃——过桥米线。这过桥米线是将蔬菜、米线和肉片倒入鸡汤中，用砂锅煮熟的。徐府家人揭开砂锅锅盖，只见锅内汤面上浮着厚厚的一层油，却不冒一丝热气。传教士见此汤颜色诱人，香气扑鼻且又是一道凉汤，便迫不及待地舀来一勺，倒入口中，只见烫得嘴不能合，十分难堪。林则徐连忙招呼："我尚未来得及向阁下介绍此汤，实在失礼，多有得罪。"

思考问题：传教士烫得嘴不能合的原因是什么？

按照教材 3.31 的实验，在透明塑料袋中滴入几滴酒精，排尽空气后把口扎紧，放入 80 ℃以上的热水中。

(一) 在塑料袋中滴入酒精

(二) 把袋挤瘪，把口扎紧

(三) 放到热水里面

提出问题：你看到什么现象？从热水中拿出塑料袋，过一会儿又有什么变化？怎么解释这些变化？你想提出什么疑问？你的想法是什么？

师："酒精到哪里去了？""为什么塑料袋会鼓起来？""酒精为什么会失而复得？"

生：(讨论)塑料袋中的液态酒精受热后变成了气态酒精，降温后气态酒精又变成了液态酒精。

该实验要尽量让学生自己做，所用塑料袋要透明，且尽量薄，使滴入的酒精清晰可见。为了使塑料袋排尽空气，可将塑料袋像拧麻花一样拧紧，再把袋口用线或橡皮筋扎紧。

归纳总结：物质的液态和气态可以相互转化。

物质从液态变成气态的过程叫作汽化。

物质从气态变成液态的过程叫作液化。

日常生活中还有哪些现象和这个类似呢？我们这节课就来研究物体的液化和汽化现象。

(二)新课讲解

知识点一：沸腾

师：你在家烧过开水吗？水烧开时你发现了什么呢？对于沸腾现象，你了解哪些？你能描述一下沸腾现象吗？

生:水沸腾后会冒出大量的白气并且茶壶盖子不停地在跳动。

师:物理学中把液态内部和表面同时发生的剧烈汽化现象称为沸腾。

[实验探究]探究水沸腾时温度变化的特点。

1.提出问题:水在沸腾时有什么特征?水沸腾后如果继续加热,是不是温度会越来越高?水内部的气泡在沸腾前和沸腾后又是怎样变化的呢?

2.猜想和假设:沸腾是日常生活中大家都非常熟悉的现象,可以让同学们相互讨论、思考和猜想,教师将学生提出的问题和猜想列在黑板上,并进行归类。

学生的猜想:水沸腾时温度会上升,停止加热水不会沸腾……

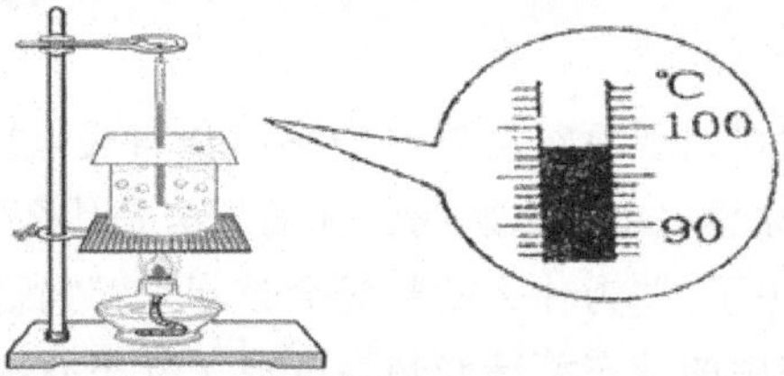

3.明确研究问题:要进一步研究沸腾现象,还需要通过实验仔细观察。

观察:①温度随时间的变化情况;②气泡的生成和变化情况。

明确了实验目的,让学生根据需要确定器材:铁架台、酒精灯、火柴、石棉网、烧杯、中心有孔的纸板、温度计、水、秒表。

为让学生有充分的时间观察水沸腾时发生的现象,应尽量缩短水沸腾前的加热时间。要求,教师在课前应做好充分的准备。节省时间的方法:

(1)减少烧杯中水的质量,但为了便于观察,水还应有相当的深度,所以建议用小烧杯。

(2)实验中用热水进行加热。

(3)从开始加热起至 90 ℃左右,必须在烧杯或试管上加纸盖,90 ℃以后将纸盖拿掉。

(4)建议用酒精喷灯,其火焰比较猛烈。

(5)注意调整酒精喷灯和石棉网之间的距离,用酒精灯的外焰加热。

4.进行实验与收集数据。

学生在进行实验时，要学会分工合作，如计时、观察气泡的变化情况、温度的变化等。温度计的使用方法、酒精灯的正确操作在此得到进一步的复习巩固，要求同学们将观察到的数据和现象记录在下表中。

时间/min	温度/℃
0	78
1	82
2	88
3	93
4	100
5	102
6	102
7	102

特别说明：实验中，要告诉学生注意观察水沸腾前后的气泡和温度的变化；当水温升高时，每隔 1 min 记录一次温度计的读数，直至水沸腾后 3～5 min；实验后，要画出水沸腾前后温度随时间的变化图像。

5. 绘制“温度-时间”图像。

(1)绘制“温度-时间”图像。

实验结束后，根据记录的数据，在书本“水沸腾时的温度-时间图像”中标出相应的坐标点，用平滑的曲线把这些点连接起来。

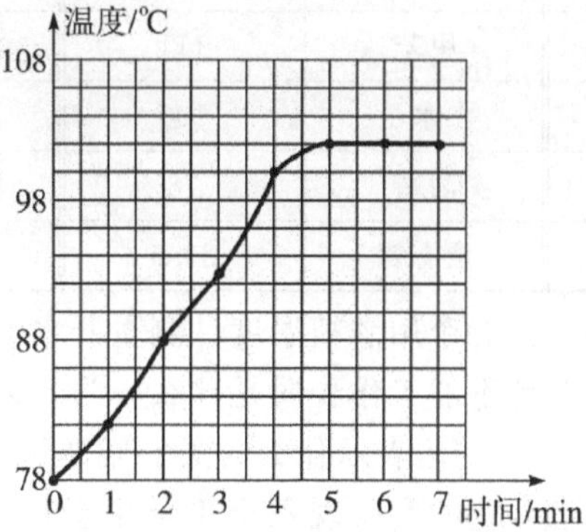

(2)利用多媒体展示学生绘制的水沸腾的“温度-时间”图像。

疑问：小组的同学在实验时，得出水的沸点不是 100 ℃，这时教师要肯定学生实事求是的科学态度，给予鼓励。同时还要帮助学生找出原因，如可能是实验使用的温度计存在质量问题，也可能是本地的气压不是一标准大气压。

讨论：

①水沸腾时，你从水中和水面各看到什么现象？水中气泡内的气体是从哪儿来的？

②水沸腾时，继续加热，水的温度变化吗？

③曲线上的哪一段表示水沸腾前的过程？水的温度怎样变化？

曲线上的哪一段对应水的沸腾过程？水的温度怎样变化？

④根据观察的现象，结合图像分析液体沸腾有什么特点？

小结：

(1)沸腾是在液体内部和表面同时进行的剧烈的汽化现象。沸腾时，继续加热，液体的温度保持不变。

观察要求	观察阶段	
	沸腾前	水在沸腾时
气泡	出现少量的气泡，上升的过程中由大变小	内部出现大量气泡，上升的过程中由小变大
温度	逐渐升高	保持不变
声音	大	小

(2)沸点的概念：液体沸腾时的温度称作沸点。

一些液体的沸点　（在标准大气压下）

物质	沸点/℃	物质	沸点/℃	物质	沸点/℃
液态铁	2750	甲苯	111	液态氧	−183
液态铅	1740	水	100	液态氮	−196
水银	357	酒精	78	液态氢	−253
亚麻仁油	287	液态氨	33.5	气态氦	−268.9

①酒精的沸点是多少？能否用酒精温度计测量开水的温度？

②你实验所用的温度计里的工作物质是什么？为什么要用这种温度计？

③液态氢的沸点是−253 ℃，表示什么含义？常温下的氢是什么状态？

学生活动："纸锅烧水"，它的实验现象出乎学生意料，可以很好地说明由于水的蒸发吸热，使纸的温度低于着火点，纸锅也能够烧开水。

知识点二：蒸发

[情景创设]

(1)盛夏酷暑，奇热难熬，防暑降温，全靠风扇。

问题：人吹电风扇时，为何会感到凉快？

(2)农民们经常在阳光明媚的日子里把粮食放在通风处摊开来晒，这是为什么呢？

(3)医生常将中暑患者扶到通风的地方，并在病人身上擦酒精，这样能使病人的体温很快下降，这一过程包含的物理原理是什么？

(4)牧民在制作风干肉的时候，为什么要把肉摊开且挂在阴凉通风的地方？

[答案]

(1)人吹风扇时，加快了身上汗液的蒸发，而蒸发要吸热，所以降低了人体的温度，人会感到凉快。

(2)这样做可以提高粮食中水分的温度，加快表面空气流动速度，增大了表面积，从而加快了粮食中的水分蒸发，使粮食干得更快。

(3)通风处能加快酒精的蒸发，酒精蒸发时吸热，使病人的体温降低。

(4)摊开是为了加大肉的面积，晾在通风的地方是为了加快水分的蒸发。

小结：蒸发是液体在任何温度下都能发生的汽化现象，蒸发只在液体表面发生。

[实验]

(1)酒精擦在手背上有什么样的感觉？为什么会有这样的感觉？

现象：擦酒精的皮肤有凉的感觉，吹一口气，感觉更凉。

这说明什么呢？

说明：酒精蒸发时要从人的皮肤上吸收热量，使皮肤感到凉；吹气时，酒精蒸发加快，吸收热量更多，皮肤感觉更凉。

(2)取两支温度计，先观察它们的读数。然后在其中一支温度计的玻璃泡上用浸了酒精的棉花抹湿，再观察两支温度计的读数变化情况。

现象：用浸了酒精的棉花抹湿过的温度计读数下降，温度降低。

这说明什么呢？

说明：酒精蒸发时要从温度计的玻璃泡上吸收热量，使温度计读数下降。

实验表明：液体蒸发时，从周围吸热，温度下降。所以，液体蒸发有制冷作用。

拓展探究：怎样使湿衣服干得更快一些？

学生讨论交流：对比以下三幅图，你发现了什么？

归纳总结：影响蒸发快慢的因素。

第一幅图：液体的温度越高，蒸发得越快。

第二幅图：液体的表面积越大，蒸发得越快。

第三幅图：液体表面上的空气流动得越快，蒸发得越快。

学生讨论交流教材图 3.35 事例。

(1)游泳后刚从水中上岸会感到冷，如果有风，甚至会冷得打战，是因为水蒸发带走了许多热量。

(2)没有汗腺的狗酷暑时不能靠身体出汗来散热，只得伸长舌头，大口大口喘气，靠加快呼吸，增加蒸发量来散热。

比较蒸发和沸腾两种现象，找出它们的相同点和不同点。

项目		蒸发	沸腾
相同点	物态变化	都属于汽化现象	
	吸、放热情况	都是吸热过程	
不同点	发生的位置	只在液体表面处进行	在液体内部和表面同时进行
	发生的快慢	缓慢	剧烈
	发生时的现象	不容易观察到	迅速产生大量的水蒸气气泡
	发生需要的温度条件	任何温度下都能进行	只在一定的温度——沸点下进行，且与气压有关
	液体自身温度变化情况	吸热，液体自身温度降低，具有制冷作用	吸热，液体温度保持在沸点处不变
	主要应用	制冷，降温，制冷业	水浴加热，制糖业

(三)课堂小结

一、蒸发

1. 定义：发生在液体表面的一种缓慢的汽化现象。

2. 条件：任何温度。

3. 影响蒸发快慢的因素：①液体表面的大小；②液体的温度；③液体表面空气流动速度。

二、沸腾

1. 定义：发生在液体内部和表面同时进行的一种剧烈的汽化现象。

2. 沸点：液体沸腾时的温度。

3. 沸腾的条件：①必须达到沸点；②继续加热。

4. 影响沸腾的因素：①液体的种类；②液体表面的大气压。

Z 老师的教案(第二稿)：汽化和液化

一、教学目标

(一)知识目标

1. 通过对学生生活经验的归纳与总结，让学生们了解汽化和液化特点。

2. 通过实验观察与探究，让学生们认识沸腾的实质及产生的条件。

3. 能够从地域群体的经验出发，认识蒸发现象并深入探索影响蒸发快慢的因素。

(二)能力目标

1. 能够利用本地域群体文化知识和物理学知识，从不同角度来理解汽化现象的本质和用途。

2. 充分利用学生们不同的地域文化观点，让他们在尊重其他人观点的基础上形成自己的理解。

(三)情意目标

1. 让学生们认识到物理就存在于生活当中，激发学生从日常生活中探索物理的热情。

2. 激发和培养学生们对不同地域群体传统的尊重和欣赏。

二、教学重点和教学难点

(一)教学重点

液体沸腾和蒸发的异同点。

(二)教学难点

理解沸腾过程中气泡的变化情况。

三、教学方法

讲解法、讨论法、科学探究法、练习法。

四、教学过程

(一)导入新课

[取出两个奶酪,一个湿、一个干,湿的松而软,干的实而硬]

师:同学们,你们看我两只手中分别拿的是什么?

生:老师,两只手拿的全是酸奶疙瘩(奶酪的新疆叫法)。

师:对,这就是同学们平时特别喜欢吃的酸奶疙瘩。这可是咱们牧民家庭必备的食品,一般到了牧民家庭,好客的牧民就会把它拿出来招待大家。那么,老师想问大家,你们看这两个酸奶疙瘩有什么不同?

生:一个是干的,一个是湿的。

师:它们的原材料都是一样的吗?

生:是一样的,它们的原材料都是牛奶。

师:既然原材料都是一样的,造成干和湿的原因是什么呢?

生:干的酸奶疙瘩是因为水分没有了,液体变成气体飞走了,被蒸发了;而湿的酸奶疙瘩里面的水分还很多。

师:刚才有同学说,酸奶疙瘩中的水变成气体飞走了,被蒸发了。那老师想问同学们了,你们的生活中还有哪些现象与咱们刚才所说的这种现象相类似?

(学生在举例时,教师注意将学生的这些实例简要地写在黑板的右方,以便同学们进一步分析)

生1:我们洗手后,手一开始是湿的,即使我们不擦手,手也会慢慢变干。

生2:我们家在馕坑里打馕时,一开始馕就是湿的,让火烤后,馕慢慢就变干了。还有就是,馕不放在塑料袋中,过几天,馕就会更干了。

师:你的意思是,馕如果裹在塑料袋里就不会慢慢变干吗?

生2:对,那样水分就没损失,所以它不会变干。

生3:水壶里烧开水的时候,一开始水很多,如果一直开着火去烧,水就会慢慢变少。

生4:像家里的马、牛、羊等这些动物,它们的粪便一开始就是湿的,在草场上太阳晒加上风吹一段时间以后,它们就变成干的了。

生5:家里洗了衣服,衣服一开始是湿的,放在太阳底下或者挂在通风的地方,衣服慢慢就干了。

师:同学们说了这么多,你们能不能给老师总结一下,你们所说的这些现象里有一个共同点,它是什么?

生:老师,它们的共同点就是,物体一开始都是湿的,经过一段时间以后,物体上的水分慢慢就变少了,即水分都变成水汽飞走了。

师:同学们总结得非常好,你们刚才所说的这些例子中,都是水分变成水汽飞走，即液态变成气态的现象，我们把这种现象叫作汽化，即液体化成了气体。那么，你们在生活中有没有遇到过气体变成液体的情况？

（学生在举例时，教师注意将学生的这些实例简要地写在黑板的右方。）

生：老师，你看春天和秋天的时候，草叶或树叶上的露珠应该是气态变成液态的情况。

生：对，天凉的时候，放在院子里的铁锹上、拖拉机的盖子上的水珠也是气态变成液态的情况。有时候，外面很凉而家里比较热的情况下，家里的窗户上会见到一层雾气，那也应该是屋里面的气体变成液体的情况。

师：对，我们就把这种由气态变为液态的现象叫作液化（注："液化"两个字由学生去说）。今天，我们这节课先来研究一下汽化现象。

（板书：第三节　汽化和液化）（板书：一、汽化）

（二）新课教学

（老师继续对同学们的举例进行分析）

师：刚才同学们发现了汽化现象的共同点，即它们都由液体变成气体飞走了。那么，同学们能不能找到它们的不同点呢？

生：老师，它们的不同点就是有的汽化得比较慢，有的汽化得比较快。像让湿手变干、马粪牛粪变干、湿衣服晾干的过程就比较慢；而像烧开水、打馕这些汽化得就比较快。

师：非常好，像烧开水这种汽化速度比较快的现象，咱们日常生活中又叫什么？

生：沸腾。

师：而像前面那种汽化速度比较慢的现象，日常生活中叫什么呢？

生：蒸发。

师：非常好，通过刚才同学们的比较，我们发现汽化有两种类型：一种是沸腾，一种是蒸发。

（板书：汽化的两种类型）

师：下面我们先来看汽化的第一种类型：沸腾。

（板书：二、沸腾）

师：同学们，你们自己先描述一下，沸腾这种汽化现象有什么特点？

生：温度要很高。

生：汽化很剧烈，可以看见水变成水汽飞出来，有时候火大的时候可以看见水溅出来。

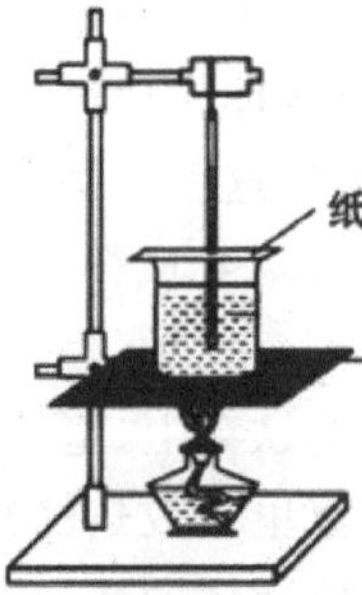

师：同学说得很好，看来同学们平时观察沸腾时非常仔细呀。为了更深入细致地研究它，咱们今天在实验室里再认真去探索一下沸腾的特点。下面，请每一组按黑板上的示意图来组装仪器（教师提前画好示意图），然后同学们带着如下几个问题来进行观察：第一个问题，在温度不断升高时，水中有什么现象发生？第二个问题，水沸腾时，温度变化如何？水中有什么现象发生？第三个问题，水沸腾后不加热，温度如何？水中有什么现象发生？（教师提前将三个问题打在多媒体上）

[学生们组装仪器并做观察和记录]

[特别说明]

(1)注意实验中要告诉学生密切观察水沸腾前后的气泡和温度的变化；当水温升高时，要每隔 1 min 记录一次温度计的读数，直至水沸腾后 3～5 min；实验后要画出水沸腾前后温度随时间的变化图像。

实验记录表格如下

时间/min	温度/℃
0	
1	
2	
3	
4	
5	
6	
7	

(2)绘制“温度-时间”图像。

实验结束后，根据记录的数据，在书本“水沸腾时的温度-时间图像”中标出相应的坐标点，用平滑的曲线把这些点连接起来。

师：同学们，你们观察到了什么？请同学们按照我给你们的三个问题的顺序来回答。

生：在给水加热的过程中，我发现，温度在不断升高，而且水中出现少量的气泡，上升的过程中气泡由大变小；水在沸腾时，温度保持不变，并且水中出现大量的气泡，上升的过程中气泡由小变大，直至在水面破裂；停止加热后，气泡慢慢消失，水面开始趋于平静。

师：那么整个过程说明了什么？

生：说明了沸腾是一种发生在液体内部和表面的剧烈的汽化现象；而且液体沸腾有一个较为固定的温度点；停止加热，沸腾消失，说明液体汽化的过程是一个吸热的过程。

师：同学们理解得非常好！

（板书：沸腾是在液体内部和表面同时进行的剧烈的汽化现象。沸腾时，继续加热，液体的温度保持不变。液体沸腾时的温度称作沸点）

[继续下一个主题：蒸发]

师：我们已经知道了沸腾是一种发生在液体内部和表面同时进行的剧烈的汽化现象。那么，你们认为，沸腾与蒸发有什么区别呢？

生：沸腾的汽化现象比较剧烈，而蒸发显然比较缓慢；沸腾的汽化不但发生在表面，而且也发生在内部，而蒸发只发生在表面；沸腾要吸收大量的热量，相同的时间内，蒸发吸收的热量显然要少得多。

师：你们的意思是，蒸发是一种比较缓慢的只发生在液体表面的汽化现象？

生：对！

（板书：蒸发）

师：既然蒸发是一种比较缓慢的只发生在液体表面的汽化现象，那么蒸发有没有固定的温度点？

生：蒸发应该没有，比如说，我们洗的衣服，在任何温度的时候都会慢慢变干，只是干的有快有慢而已，也就是蒸发的速度有快有慢而已。

师：同学们刚才概述了蒸发的定义和条件，而且还说到了蒸发的速度有快有慢，那么，同学们能否利用咱们平时的生活经验，以及咱们地域群体的文化习俗来猜想一下，影响蒸发快慢的因素可能有哪些？

（板书：影响蒸发快慢的因素）

生1：老师，我认为和温度有关系。

师：为什么呢？

生1：你看晾衣服的时候，阳光充足的时候，衣服干的就快一些，所以汽化就要快一些。

生2：老师，我认为和风吹以及液体摊开的面积有关系。

生2：我就举刚才老师说的酸奶疙瘩的例

子。我们家在做酸奶疙瘩的时候，就不是将它放在有阳光的地方，因为那样酸奶疙瘩做出来颜色就很不好看，而且味道也不好，一般家里就把它放在用芨芨草编成的席子上。在放的时候，我妈妈先把奶酪用手捏成圆形，再把它平铺开，放在芨芨草的席子上，要是放得太挤的话，那样晾得就很慢，而且它上下都和空气接触着，四周都在汽化。在牧区的时候，我们通常把它架在毡房的阴凉处，或者树荫的阴凉处；在山下的时候，我们会把它挂在比较凉的而且通风的偏房里或棚子里，晾上几天，软硬适中的时候就可以吃了(注：老师提前准备好图片)。

师：非常好，那么你通过刚才这个例子可以得到什么？

生 2：一是和液体与空气接触面积有关，其他条件都不变的情况下，接触面积越大，汽化得就越快；二是与通过液体表面的气体的流动速度有关，气体的流动速度越快，汽化得就越快。

生 3：老师，我同意生 2 的说法，我也举一个例子，就是吐鲁番那一块儿晾葡萄干的晾房。

师：晾房能说明汽化的什么呢？

生 3：对，吐鲁番那边的葡萄非常多，而且天气也非常热，如果将葡萄直接放在太阳底下晒，不但颜色上会变黄，而且容易腐烂。于是，那边的人们就想到建成一个晾房(老师提前准备好图片)，用土块或砖块垒成一个洞一个洞的那种房子。把葡萄一串串地挂在风房里，由于风房非常通风，天气还很热，葡萄又是挂着的，过一段时间以后，湿湿的葡萄就变蔫了，然后就变成干了。所以，我认为生 2 的猜想是正确的，但是我需要再加上一条，就是温度。你想，如果温度不高的话，湿葡萄变成葡萄干的时间肯定会拉长。

师：刚才同学们从日常生活经验出发，对影响物质汽化快慢的因素进行了猜想，特别是生 2 和生 3，为我们展现了不同地域群体文化中利用汽化速度快慢现象来进行生产和生活的场景，可以体现出不同地域群体探索自然的智慧。同学们刚才的猜想是，影响物质汽化快慢的因素可能有三个：一是温度；二是物质的接触面积；三是物质表面的流动速度。我们现在再回到实验室里来探究一下，看一下汽化速度快慢是不是和这三个因素有关？老师在这里只提供给同学们酒精，其他物品同学们自选。各小组先设计一下方案，看一下怎么样进行探究？

[学生们设计探究方案]

生：我们要想探究汽化的快慢是不是和这三个因素有关，就应该运用控制变量法。

师：怎么运用控制变量法？

生：第一个，先在相同的温度下，用两个棉球蘸几乎相同的酒精，在平滑的桌面上抹两个大概相同的面积，一个用吹风机去吹风，增大气体的流动速度，一个让它自然汽化，看一下哪个汽化的时间短，汽化时间短的速度就快。第二个，用注射器抽取各 10 mL 的酒精，一个挤成一团，一个铺成一片，在相同温度下用吹风机去吹两片酒精，看一下哪个汽化的时间短，汽化时间短的速度就快。第三个，用注射器抽取各 10 mL 的酒精，分别注射到两个塑料袋中，用细绳扎紧，一个放在 80 ℃的热水中，一个放在 10 ℃左右的凉水中，看一下哪个汽化的时间短，汽化时间短的速度就快。

（不同小组可有不同的方案）

[学生们利用各组设计方案进行探究，老师注意给学生们提供器材]

师：同学们通过刚才的探究，得到了什么样的结论？

生：通过刚才的探究，我们发现，影响蒸发速度快慢的因素有三个：一是温度；二是液体表面的大小；三是液体表面空气流动的速度。

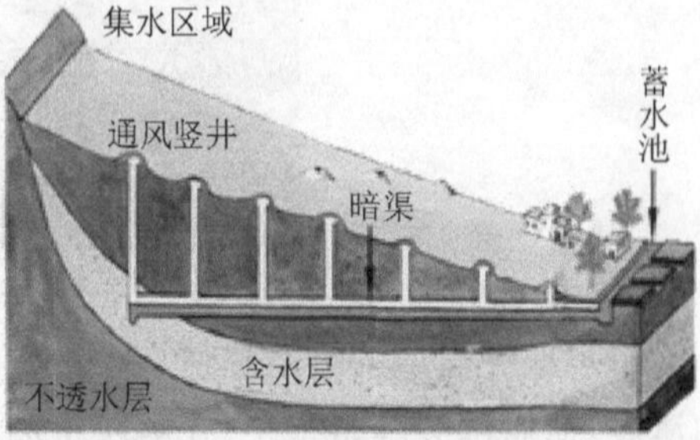

坎儿井示意图

师：通过刚才同学们的猜想，再到你们的实验探究，你们从中能够得到些什么？

生：我们发现，每一个地域群体都在利用自己的智慧探索自然，并且将这种探索自然而获得的方法和知识应用于他们的生活和社会实践当中，因此，每一个地域群体所创造的文化都应该值得我们尊重和欣赏。

师：你们总结得非常好。下面，老师给大家出一道练习题，你们用今天所掌握的物理学知识来解释一下，当地人们这样做的原因是什么？

[老师展示 PPT，进行练习]

[练习题一]

吐鲁番盆地位于欧亚大陆中心，是天山东部的一个典型封闭式内陆盆地。由于距离海洋较远，且周围高山环绕，加以盆地窄小低洼，潮湿气候难以浸入，降雨量很少，蒸发量极大，故气候极为酷热，自古就有“火州”之称。当地的人们利用山的坡度,巧妙地创造了坎儿井,引地下潜流灌溉农田。坎儿井由竖井、地下暗渠、地面明渠和涝坝几个部分组成。坎儿井不因炎热、狂风而使水分大量蒸发,因而流量稳定,保证了自流灌溉。

坎儿井是开发利用地下水的一种很古老的集水建筑物,适用于山麓、冲积扇地带,主要是用于截取地下潜水来满足农田灌溉和居民用水需求。

思考问题:坎儿井为什么能够减少输水过程中的蒸发?

[练习题二]

伊犁地区当地的群众热情、大方、好客,而且家里也非常整洁、干净。每到夏天的清晨,他们都会起得很早,在庭院中洒上水,并把庭院打扫得干干净净。有时,他们也会把自家门前的大马路,提着水泼洒得湿润润的、打扫得干干净净。每当人们走过,就感觉特别凉爽。

思考问题:为什么他们在庭院和路边洒上水,就感觉特别凉爽?

[学生回答]

(三)课堂小结

一、汽化和液化

1.汽化:物质从液态变成气态的过程,它是一个吸热的过程。

2.液化:物质从气态变成液态的过程,它是一个放热的过程。

二、沸腾

1.定义:发生在液体内部和表面同时进行的一种剧烈的汽化现象。

2.沸点:液体沸腾时的温度。

3.沸腾的条件:第一,必须达到沸点;第二,继续加热。

三、蒸发

1.定义:发生在液体表面的一种缓慢的汽化现象。

2.条件:任何温度。

3.影响蒸发快慢的因素:第一,液体表面的大小;第二,液体的温度;第三,液体表面空气流动速度。